GREEK VERBS
IN THE NEW TESTAMENT AND THEIR PRINCIPAL PARTS

Books by Laurence M. Vance

The Other Side of Calvinism
A Brief History of English Bible Translations
The Angel of the Lord
Archaic Words and the Authorized Version
A Practical Grammar of Basic Biblical Hebrew
Double Jeopardy: The NASB Update
Christianity and War and Other Essays Against the
    Warfare State
King James, His Bible, and Its Translators
Greek Verbs in the New Testament and Their Principal Parts

GREEK VERBS
IN THE NEW TESTAMENT AND THEIR PRINCIPAL PARTS

by

Laurence M. Vance

Vance Publications
Pensacola, FL

Greek Verbs in the New Testament and Their Principal Parts
Copyright © 2006 by Laurence M. Vance
All Rights Reserved

ISBN-10: 0-9763448-2-3
ISBN-13: 978-0-9763448-2-7

The Graeca II font used to create this work is available from
Linguist's Software, www.linguistsoftware.com, 425-775-1130

Published and Distributed by: Vance Publications
P.O. Box 11781, Pensacola, FL 32524
Phone: 850-474-1626   Fax: 850-937-1970
E-mail: vancepub@vancepublications.com
Website: www.vancepublications.com
Order Line: 1-800-363-9604

Printed in the United States of America

TABLE OF CONTENTS

Preface vii

Introduction xi

1 Regular Verbs 1
2 "Second" Verbs 41
3 Contract Verbs 49
4 Liquid Verbs 89
5 Μι Verbs 99
6 Irregular Verbs 105

Index 137

PREFACE

One of the most perplexing things encountered by the beginning student of New Testament Greek is the variation in the principal parts of Greek verbs. *Greek Verbs in the New Testament and Their Principal Parts* was written to help students and teachers of New Testament Greek understand these variations. The principal parts of a Greek verb are its tense stems. The first thing the beginning student learns about Greek verbs is that they have a stem with endings that are inflected, which is a process called conjugation. In addition to mood, voice, person, and number, Greek verbs are conjugated for tense. The problem with this is that Greek verbs have six tense stems that may change so as to make a verb unrecognizable outside of the present tense.

Instead of learning why the principal parts of Greek verbs vary, the student is usually faced with the daunting task of trying to memorize all the supposedly irregular forms. Veteran students and even Greek teachers often struggle with this problem as well. *Greek Verbs in the New Testament and Their Principal Parts* is designed to simplify the task of learning not just what each verb's principal parts are, but how and why they may change from one tense to another.

There are several things that this book is not. Although it contains concepts that will certainly be found in many Greek grammars, and is actually the result of research done for a comprehensive beginning–intermediate grammar of New Testament Greek, this is not a grammar book. *Greek Verbs in the New Testament and Their Principal Parts* presupposes a knowledge of the alphabet, diphthongs, accents, breathing marks, and the parts of speech. It is not in any way a syntax manual. As a consequence, only the most basic knowledge of Greek syntax is required. And even though it contains advanced information that will not be found in some Greek grammars, it is not a treatise on the Greek verb. Knowledge of the rudiments of the Greek verb is a prerequisite: tense, voice, mood, person, number, augment, reduplication, principal parts, tense formatives, thematic vowels, personal endings, deponency, and the principles of contraction.

Greek Verbs in the New Testament and Their Principal Parts could be classified as a book on morphology, but it is really much more than that. It is a handbook of Greek verbs. It categorizes every verb in the Greek New Testament, lists all the principal parts that actually occur, provides rules for understanding the variations in the principal parts, and explains any remaining irregularities in simple English. This is all preceded by a detailed introduction that explains the format and use of the book, presents some general rules about the changes in the principal parts of Greek verbs, and reviews more comprehensively than most grammars certain key concepts like the structure of Greek verbs, augment, reduplication, and the formation of compound verbs. The index is a reference work in itself in that it lists alphabetically every verb in the Greek New Testament along with its category, frequency, and principal parts.

Greek Verbs in the New Testament and Their Principal Parts is suitable for beginning and advanced students, as well as teachers and scholars. Not only is it a handy supplement to any Greek grammar at any level course, it is also a reference work that will be used long after any course work. Instead of giving a complete explanation for every variation in all the principal parts of each Greek verb, I have attempted to maximize comprehension without sacrificing scholarship in order to make it as simple as possible to understand the variation in the principal parts of Greek verbs with only a moderate amount of rules to memorize.

Greek Verbs in the New Testament and Their Principal Parts is limited to the study of Greek verbs in the New Testament. There are no references to Homeric Greek, Classical Greek, Septuagint Greek, Koine Greek, First-Century Greek, Byzantine Greek, Modern Greek, Greek manuscripts, or variant readings. It is based on the standard Greek text as found in either of the last two editions of the Nestle-Aland or United Bible Societies text. However, users of Greek texts in the Textus Receptus and Majority Text traditions will find that the only real difference they will encounter is in some of the verb frequency counts. There is no perceptible difference among Greek texts when it comes to the principal parts used by Greek verbs.

Besides the Greek New Testament itself and assorted analytical lexicons, I have made liberal use of William D. Mounce, *The Morphology of Biblical Greek* (Zondervan, 1994); James A. Brooks and Carlton L. Winbery, *A Morphology of New Testament Greek* (University Press of America, 1994); Warren C. Trenchard, *The Complete Vocabulary Guide to the Greek New Testament* (Zondervan, 1998); Philip S. Clapp, Barbara Friberg, and Timothy Friberg, eds., *Analytical Concordance of the Greek New Testament* (Baker Book House, 1991); and Frederick William Danker, *A Greek-English Lexicon of the New Testament and Other Early Christian Literature* (3rd ed., The University of Chicago

Press, 2000). To a lesser extent I have also referred to Herbert Weir Smyth, *Greek Grammar* (Harvard University Press, 1956); and F. Blass, A. Debrunner, and Robert Funk, *A Greek Grammar of the New Testament and Other Early Christian Literature* (The University of Chicago Press, 1961).

Perfection in every respect in a work of this nature is challenging to say the least. For assistance with the arduous task of proofreading, I would like to acknowledge the help of former students Jeffrey Nachimson and Philip Robinson. Any errors which remain are, of course, my own. There are some notable differences between the principal parts of some verbs listed in this book and those appearing in other works. The user can rest assured that all the major lists of principal parts of Greek verbs in the standard (and not so standard) Greek grammar books and reference works have been consulted. Unfortunately, many of these lists contain gross errors. The *Analytical Concordance of the Greek New Testament*, mentioned above, because it contains the actual text of the Greek New Testament, was considered the final authority as far as principal parts were concerned. Because I am committed to accuracy in every detail, any errors discovered in the principal parts of verbs in this book will be corrected and posted at www.vancepublications.com/corrections. Inquiries about why the principal parts of a particular verb in this book differ from those listed elsewhere will also be posted at that site.

INTRODUCTION

This introduction should be considered essential reading for everyone from the beginning student to veteran scholar. It not only explains the format and use of the book, but also presents some general rules about the changes in the principal parts of Greek verbs that must be learned because they apply throughout the book to every category of Greek verb. First, however, is a review of key concepts that relate to the overall appearance of the verb tense stems.

Principal Parts

The principal parts of a verb are the primary forms from which all the other forms are derived.

Verbs in English have four principal parts:

infinitive	present participle	past	past participle
walk	(is) walking	walked	(have) walked

The words in parentheses indicate that the participles are normally used with helping verbs. An English verb is regular if it forms its past and past participle by adding *ed* (or sometimes *d*) to its infinitive form.

Many verbs in English are irregular because their past and past participle are formed in some other way, as can be seen in these representative examples:

drive, drove, driven	ring, rang, rung	set, set, set
speak, spoke, spoken	go, went, gone	lend, lent, lent

The principal parts of a Greek verb are its six tense stems: present active, future active, aorist active, perfect active, perfect middle/passive, and aorist passive.

Using the verb λύω as an example, the six principal parts of a Greek verb are as follows:

present	future	aorist act.	perfect act.	perfect m/p	aorist passive
λύω	λύσω	ἔλυσα	λέλυκα	λέλυμαι	ἐλύθην

From the present active is also derived the present middle/passive, as well as the imperfect active and middle/passive. These two tenses together constitute the present system. From the future active is also derived the future middle. From the aorist active is also derived the aorist middle. From the perfect active is also derived the pluperfect active. From the perfect middle/passive is also derived the pluperfect middle/passive. From the aorist passive is also derived the future passive.

Verbs do not necessarily have to appear in all six principal parts. Some verbs use only one or two principal parts. In fact, the lexical form of some verbs does not even occur in the New Testament.

Two kinds of verb stems should be distinguished: the tense stem (usually called the verb stem) and the verb stem (usually called the verbal root).

The tense stem is the form of a verb in a particular tense. Verb stems can change from one tense to another when the verb is inflected, hence the reason for this book.

The verbal root is the simplest form of a verb. From it six tense stems are derived. In some verbs, the root and all the tense stems are the same. In most verbs, however, the root and some of the tense stems differ. Some verbs form their tense stems from two or more roots.

The word λύω is considered to be a regular verb because its stem does not change throughout its principal parts. Regular verbs have tense stems that remain the same or undergo changes that can be explained by some simple rules. The essence of a regular verb is that the verb will be easily recognized in all of its principal parts. Irregular verbs have tense stems that differ to such an extent that more information is needed to explain them.

There is a great deal of variety among regular verbs—so much so that endless subdivisions can and have been made. The approach in this book is to only divide regular verbs into five distinct classes. So, in addition to "regular" regular verbs, there are chapters on "second" verbs, contract verbs, liquid verbs, and μι verbs. The system of verb classification used herein is designed to make it as simple as possible to understand the variation in the principal parts of Greek verbs with only a moderate amount of rules to memorize.

The factors that determine whether a Greek verb is irregular are somewhat arbitrary. Many verbs classified in this book as irregular are not really that irregular if certain appropriate rules are known. In actuality, few verbs have uniform tense stems, and to only consider them as regular would make most verbs irregular. More information on the rationale of deciding what makes a verb irregular will be found in the chapter on irregular verbs.

Classification of Consonants

Greek consonants can be divided into various classes. A familiarity with these classes is an aid to understanding the variation in the principal parts of Greek verbs.

The letters β, π, φ, and ψ are called labials because they are pronounced with the lips.

The letters γ, κ, χ, and ξ are called velars (from velum, "palate") because they are pronounced with the soft palate. Hence, they are also sometimes called palatals.

The letters δ, θ, and τ are called dentals because they are pronounced with the tongue up behind the teeth.

The letters β, γ, δ, κ, π, and τ are called stops because air flow is completely stopped when they are pronounced.

The letters β, π, and φ are together called labial stops.

The letters γ, κ, and χ are together called velar stops.

The letters θ, φ, and χ are called aspirates because air flow comes out of the mouth unrestricted when they are pronounced. Aspiration is the changing of the letters κ, π, and τ to their counterparts χ, φ, and θ. Deaspiration is just the opposite: χ, φ, and θ go to κ, π, and τ.

The letters μ and ν are called nasals because air flow is through the nasal cavity when they are pronounced.

The letters λ and ρ are called liquids because air flow "flows" around the tongue when they are pronounced.

The letter σ (including ς) is called a sibilant because air flow is over the top of the tongue when it is pronounced, producing a hissing sound.

The letters ζ, ξ, and ψ are called double consonants because they are formed by the combination of certain consonants with σ.

Augment

Secondary tenses (imperfect, aorist, pluperfect) prefix the verb stem with an augment in the indicative mood. Although this alters the stem's spelling, it is independent of the variation in the principal parts.

Some words have an irregular augment; others appear to have an irregular augment. Occasionally, a verb will not have an augment when one is expected, especially in the pluperfect. Exceptions to the augment rules will generally be noted when they occur.

If the verb stem begins with a consonant, the augment consists of the prefixing of the letter ε to the stem:

present form	imperfect form	present form	imperfect form
βλέπω	ἔβλεπον	κλαίω	ἔκλαιον

If the verb stem begins with a single vowel, the augment consists of lengthening that vowel, with some exceptions:

vowels		present form	imperfect form
α	→ η	ἀγοράζω	ἠγόραζον
ε	→ η	ἐλέγχω	ἤλεγχον
η	→ η	ἥκω	ἧκον
ι	→ ι	ἰσχύω	ἴσχυον
ο	→ ω	ὀνομάζω	ὠνόμαζον
υ	→ υ	ὑγιαίνω	ὑγίαινον
ω	→ ω	ὠφελῶ	ὠφέλουν

It should be noted that α lengthens to η and not long α. Because ι and υ are written the same whether they are long or short, the augmented and unaugmented forms will look the same. Because η and ω are already long, the augmented and unaugmented forms will look the same.

If the verb stem begins with a diphthong, the augment consists of lengthening that diphthong, with some exceptions:

diphthongs		present form	imperfect form
αι	→ ῃ	αἰτῶ	ᾐτούμην
αυ	→ ηυ	αὐξάνω	ηὔξανον
ευ	→ ηυ	εὑρίσκω	ηὕρισκον
οι	→ ῳ	οἰκοδομῶ	ᾠκοδόμουν

Once again it should be noted that α lengthens to η and not long α. Verbs beginning with ει do not augment. There are no examples in the New Testament of verbs beginning with ηυ, ου, or υι. If the second vowel of the diphthong is a ι, it will subscript, or in some cases disappear. Many verbs beginning with ευ do not augment; others vary between augmenting and not augmenting.

Reduplication

The perfect and pluperfect tenses prefix the verb stem with a reduplication. The augment on the pluperfect goes before the reduplication. Like the augment, the reduplication changes the spelling of the verb stem, but is independent of the variation in the principal parts.

Some words have an irregular reduplication; others appear to have an irregular reduplication. Exceptions to the reduplication rules will generally be noted when they occur.

The reduplication generally consists in doubling the sound at the beginning of a word. If the verb stem begins with a single consonant (except ρ), the reduplication (called consonantal reduplication) is normal, and consists of prefixing that consonant with the vowel ε:

present form	perfect form	present form	perfect form
δουλεύω	δεδούλευκα	πιστεύω	πεπίστευκα

If the verb stem begins with a single consonant that is an aspirate, it will deaspirate to the corresponding stop when it is reduplicated:

consonants		present form	perfect form
θ	→ τ	θεραπεύω	τεθεράπευκα
φ	→ π	φυτεύω	πεφύτευκα
χ	→ κ	χωρίζω	κεχώρικα

If the verb stem begins with a stop (β, γ, δ, κ, π, or τ) followed by a liquid (λ or ρ), it is reduplicated normally.

If the verb stem begins with a double consonant (ζ, ξ, or ψ) or a consonant cluster other than that mentioned above, the reduplication (called vocalic reduplication) takes the same form as an augment.

If the verb stem begins with σ, it may take vocalic reduplication: ἔσπαρμαι; consonantal reduplication: σέσωκα; or consonantal reduplication with the first σ replaced by a rough breathing: ἕστηκα.

If the verb stem begins with a vowel or diphthong, it uses vocalic reduplication.

If the verb stem begins with ρ, it normally uses vocalic reduplication, but some verbs beginning with ρ use consonantal reduplication.

Compound Verbs

A compound verb is a verb that is prefixed with a preposition. Compound verbs are not a separate class of verbs; they can be regular, irregular, deponent, "second," contract, liquid, or μι verbs.

The compounding of a preposition with a verb may result in changes to the preposition that vary according to the principal part of the verb. These changes are independent of the variation in the principal parts.

Some verbs occur in the New Testament only in compounds; e.g., βαίνω can be found compounded fifteen different ways, but it never occurs once in its simple (uncompounded) form. So, if a verb looks like a compound verb it probably is. However, sometimes a verb that looks like a compound verb is not: διακονῶ.

Some verbs are compounded with two prepositions: ἐπισυνάγω.

The prepositions ἐν and σύν change their ν when joined to verbs beginning with certain consonants. If the verb stem begins with a labial (β, π, φ, or ψ) or μ, the ν will change to μ: βλέπω → ἐμβλέπω. If the verb stem begins with a liquid (λ or ρ), the ν will change to λ: λέγω → συλλέγω. If the verb stem begins with a velar (γ, κ, χ, or ξ), the ν will change to γ: γράφω → ἐγγράφω. If the verb stem begins with ζ or σ, σύν will drop its ν: ζητῶ → συζητῶ.

The preposition ἐκ changes to ἐξ when compounded with a verb beginning with a vowel: ἄγω → ἐξάγω.

A preposition ending in a vowel (except περί and πρό) normally drops the vowel when the next word begins with a vowel or diphthong. The same thing takes place when a preposition is compounded with a verb beginning with a vowel or a diphthong. In the case of a verb, however, no apostrophe is used to mark the elision:

preposition	simple verb	compound verb
ἀνά	ἄγω	ἀνάγω
ἀντί	ἔχω	ἀντέχω
ἀπό	ἔχω	ἀπέχω
διά	ἐγείρω	διεγείρω
ἐπί	αἴρω	ἐπαίρω
κατά	ἐσθίω	κατεσθίω
μετά	ἔχω	μετέχω
παρά	ἔχω	παρέχω
ὑπό	ἀκούω	ὑπακούω

If a verb has a rough breathing, the compounding of a preposition also results in aspiration if the preposition ends in τ or π:

preposition	simple verb	compound verb
ἀντί	ἵστημι	ἀνθίστημι
ἀπό	ὁρίζω	ἀφορίζω
ἐπί	ἵστημι	ἐφίστημι
κατά	αἱρῶ	καθαιρῶ
μετά	ἑρμηνεύω	μεθερμηνεύω

The augment on a compound verb goes between the preposition

INTRODUCTION xvii

and the verb stem.

If the verb stem begins with a consonant, and the preposition compounded is either περί or πρό, or ends in a consonant (except ἐκ), no changes to the preposition take place:

preposition	present form	imperfect form
εἰς	εἰσφέρω	εἰσέφερον
ἐν	ἐντρέπω	ἐνέτρεπον
περί	περιτέμνω	περιέτεμνον
πρό	προπέμπω	προέπεμπον
πρός	προσπίπτω	προσέπιπτον
σύν	συντελῶ	συνετέλουν
ὑπέρ	ὑπέρβάλλω	ὑπερέβαλλον

The addition of an augment to verbs beginning with a consonant that are compounded with ἐκ will cause the preposition to change to ἐξ in just the augmented forms since the verb will now begin with a vowel: ἐκπλήσσω → ἐξέπλησσον

The change that takes place to the ν in the prepositions ἐν and σύν when they are compounded with verbs beginning with certain consonants will be reversed when those verbs are augmented:

ἐμβλέπω → ἐνέβλεπον   συλλέγω → συνέλεγον

If the verb stem begins with a consonant, and the preposition compounded ends in a vowel (except περί and πρό), the preposition will elide since the addition of the augment causes the verb to now have an initial vowel:

preposition	present form	imperfect form
ἀνά	ἀναβλέπω	ἀνέβλεπον
ἀντί	ἀντιλέγω	ἀντέλεγον
ἀπό	ἀπολύω	ἀπέλυον
διά	διασῴζω	διέσῳζον
ἐπί	ἐπιτρέπω	ἐπέτρεπον
κατά	κατακαίω	κατέκαιον
μετά	μεταπέμπω	μετέπεμπον
παρά	παραλαμβάνω	παρελάμβανον
ὑπό	ὑποστρέφω	ὑπέστρεφον

If verb stem already began with a vowel, then the final vowel of the compounded preposition will already have been elided before the addition of the augment:

preposition	present form	imperfect form
ἀνά	ἀνάγω	ἀνῆγον
ἀντί	ἀντέχω	ἀντεῖχον
ἀπό	ἀπαγγέλλω	ἀπήγγελλον
διά	διεγείρω	διήγειρον
ἐπί	ἐπαίρω	ἐπῇρον
κατά	κατεσθίω	κατήσθιον
μετά	μετέχω	μετεῖχον
παρά	παραγγέλλω	παρήγγελλον
ὑπό	ὑπακούω	ὑπήκουον

A few compound verbs are augmented as if they were not compounds: καθεύδω → ἐκάθευδον.

A few verbs that are not compounds augment as if they were compounds: διακονεῶ → διηκόνουν.

A few compound verbs in which the verb stem begins with a vowel or a diphthong do not augment: διερμηνεύω → διερμήευον.

The reduplication of a compound verb also goes between the preposition and the verb stem.

If the verb takes a consonantal reduplication (i.e, the verb stem begins with a single consonant or a consonant cluster composed of a stop and a liquid), no changes to the preposition take place.

If the verb takes a vocalic reduplication (i.e., the verb stem begins with a vowel, a diphthong, a ρ, a double consonant, or a consonant cluster other than a stop and a liquid), the reduplication takes the same form as an augment.

Since it is always the verb stem that is augmented or reduplicated, the above rules for augmenting and reduplicating also apply to double compound verbs, the first preposition being irrevelant. However, if the second preposition of a double compound verb begins with a vowel or certain consonants (κ or π), the first preposition may undergo the usual changes if it ends in a vowel (except περί and πρό) or is ἐκ, ἐν, or σύν: ἐγκαταλείπω.

Verb Stem Changes

Most of the changes that occur in the tense stems of Greek verbs can be explained by the following general rules. Since these rules apply to any type of verb, they will not be repeated in each of the verb chapters. The principal parts of all verbs introduced in the various verb chapters should be studied to determine what changes (if any) to the tense stems have taken place. With the exception of the irregular verbs, none of the changes are enough to cause a verb to not be recognized when it occurs outside of the first principal part.

It will be apparent here and even more so in the chapter on irregular verbs that many of the variations in the principal parts are due to additions to the present stem. It is, therefore, not technically correct to speak of changes from the present stem, although that is how the various changes are usually discussed.

If the stem of a verb ends in a labial stop (β, π, or φ), it will combine with the σ of the tense formative in the future and aorist active (and the second singular ending in the fifth principal part) and result in the double consonant ψ. In the perfect active, a labial stop will change to φ before the κα of the tense formative. In the aorist passive, a labial stop will change to φ before the θ of the tense formative. Using πέμπω as an example:

present	future	aorist active	perfect	aorist passive
πέμπω	πέμψω	ἔπεμψα	πέπεμφκα	ἐπέμφθην

In the fifth principal part, a stem ending in a labial stop will change to μ before the first person endings and π before the third singular ending: θλίβω → τέθλιμμαι → τέθλιπται.

If the stem of a verb ends in a velar stop (γ, κ, or χ), it will combine with the σ of the tense formative in the future and aorist active (and the second singular ending in the fifth principal part) and result in the double consonant ξ. In the perfect active, a velar stop will change to χ before the κα of the tense formative. In the aorist passive, a velar stop will change to χ before the θ of the tense formative. Using διώκω as an example:

present	future	aorist active	perfect	aorist passive
διώκω	διώξω	ἐδιώξα	δεδίωχκα	ἐδιώχθην

In the fifth principal part, a stem ending in a velar stop will change to γ before the first person endings and κ before the third singular ending: ἄρχω → ἦργμαι → ἦρκται.

Since no verb naturally ends in ξ or ψ, the appearance of one of these letters should immediately bring to mind the fact that they are masking a σ.

Some verbs add σ to the perfect middle/passive and/or aorist passive stems: κλείω → κέκλεισμαι → ἐκλείσθην.

A few verbs add η to the future, aorist, perfect, perfect middle/passive, and/or aorist passive stems, but never in conjunction with σ.

A verb with a present stem ending in δ will drop the δ in the other tense stems: σπεύδω → ἔσπευσα.

A verb with a present stem ending in ζ will drop the ζ in the other tense stems: βαπτίζω → ἐβάπτισα.

A verb with a present stem ending in τ will drop the τ in the other tense stems: κλέπτω → ἔκλεψα.

A verb with a present stem ending in λλ will drop one λ in the other tense stems: ἀναγγέλλω → ἀναγγελῶ.

A verb with a present stem ending in σκ will drop the σκ in the other tense stems: γηράσκω → ἐγήρασα.

A verb with a present stem ending in ισκ will drop the ισκ in the other tense stems: εὑρίσκω → εὑρήσω.

A verb with a present stem ending in αν will drop the αν in the other tense stems: αἰσθάνομαι → ᾐσθόμην.

A verb with a present stem ending in νυ will drop the νυ in the other tense stems: δείκνυμι → δείξω (except ἀνύω and μηνύω).

A verb with a present stem ending in νν will drop the νν in the other tense stems: ἐκχύννω → ἐκκέχυμαι.

A verb with a present stem ending in ννυ will drop the ννυ in the other tense stems: στρωννύω → ἔστρωσα.

A verb with a present stem ending in ν will drop the ν in the other tense stems: τίνω → τίσω, unless it is a true liquid verb (chapter 4).

A verb beginning with ρ may double the ρ when it is augmented: ῥύομαι → ἐρρυσάμην.

A verb with a present stem ending in σσ is disguising a stem that ends in velar stop. Outside of the present, the σσ will drop and the original velar stop will reappear, only to be altered in the other principal parts according to the above rules, as can as can be seen by way of example in the principal parts of κηρύσσω:

κηρύσσω, κηρύξω, ἐκήρυξα, κεκήρυχκα, κεκήρυγμαι, ἐκηρύχθην

The final general rule concerns changes in stem vowels from one tense to another (called ablaut or apophony). An example in English would be the change in vowels that occurs in the principal parts of the word *sing*: s*i*ng, s*a*ng, s*u*ng. The most common change is an ε or an αι in the present tense stem changing to an α.

Format and Use

Greek Verbs in the New Testament and Their Principal Parts is divided into two parts: the verb category chapters and the index. There

INTRODUCTION

are six chapters made up of verbs divided into categories, each with a brief introduction. It is here that detailed explanations are given regarding any irregularities in the principal parts that do not fall under the general rules given in the introduction. The index lists all the verbs in one place for easy reference.

A typical entry in the verb chapters looks like this:

κτίζω
κτίζω, ---, ἔκτισα, ---, ἔκτισμαι, ἐκτίσθην

A dash (---) in lieu of a principal part means that that verb does not occur in that tense stem. Frederick Danker's lexicon, mentioned in the preface, has been followed regarding the classification of verbs as deponent, with only rare exceptions.

Compound verbs are listed under their simple form:

βάπτω
---, βάψω, ἔβαψα, ---, βέβαμμαι, ---
ἐμβάπτω
ἐμβάπτω, ---, ἐνέβαψα, ---, ---, ---

The irregular characteristics that apply to the simple form apply to all the compounds as well, unless otherwise noted.

Compound verbs having no simple form in the New Testament are listed under a bracketed simple verb:

[κεντρίζω]
ἐγκεντρίζω
---, ---, ἐνεκέντρισα, ---, ---, ἐνεκεντρίσθην

There are occasions when a comment about a verb is necessary:

θέλω
θέλω, ---, ἠθέλησα, ---, ---, ---
Augments with η instead of ε.

This is very rare in the regular verb chapters, and always the case in the chapter on irregular verbs.

Greek Verbs in the New Testament and Their Principal Parts is very easy to use. If the type of verb is known, it can be looked up in the appropriate chapter. If the type of verb is unknown, it can first be looked up in the index. A typical entry in the index looks like the following:

ἐξαλείφω, r, 5t, p. 3 ἀλείφω
---, ἐξαλείψω, ἐξήλειψα, ---, ---, ἐξηλείφθην

The top line gives the verb, its category, its frequency, and the page number on which it appears in the first part of the book. Categories are indicated by the following abbreviations: r=regular, s=second, c=contract, l=liquid, m=μι verb, i=irregular. The addition of a *d* to any of these letters means that the verb in question is deponent. Compound verbs are listed in normal alphabetical order, with their simple form appearing after the page number, as in the example above. The bottom line obviously lists the verb's principal parts just like the verb chapters.

If the principal parts of verb need to be known without regard to the verb's category or possible irregularities, it can just be looked up in the index.

Chapter 1
REGULAR VERBS

This chapter includes all regular verbs that are not classified as "second," contract, liquid, or μι verbs. Although there is a great deal of variety here, all of the following verbs have either no change in their tense stems or minor changes that can be explained on the basis of the general rules given in the introduction.

The principal parts of the following verbs (and all verbs introduced in the other chapters) should be studied to determine what changes (if any) to the stems have taken place. An ability to recognize these changes is essential to identifying a verb in its various principal parts.

A verb that is irregular outside of present but does not occur in the New Testament outside of present is listed here as a regular verb.

ἀγγαρεύω
ἀγγαρεύω, ἀγγαρεύσω, ἠγγάρευσα, ---, ---, ---

ἁγιάζω
ἁγιάζω, ---, ἡγίασα, ---, ἡγίασμαι, ἡγιάσθην

[ἀγκαλίζομαι]
ἐναγκαλίζομαι
---, ---, ἐνηγκαλισάμην, ---, ---, ---

ἁγνίζω
ἁγνίζω, ---, ἥγνισα, ἥγνικα, ἥγνισμαι, ἡγνίσθην

ἀγοράζω
ἀγοράζω, ---, ἠγόρασα, ---, ἠγόρασμαι, ἠγοράσθην
ἐξαγοράζω
ἐξαγοράζω, ---, ἐξηγόρασα, ---, ---, ---

[ἀγορεύω]
προσαγορεύω
---, ---, ---, ---, ---, προσηγορεύθην

ἀγρεύω
---, ---, ἤγρευσα, ---, ---, ---

[ἄγχω]
ἀπάγχω
---, ---, ἀπῆγξα, ---, ---, ---

ἀγωνίζομαι
ἀγωνίζομαι, ---, ---, ---, ἠγώνισμαι, ---
   ἀνταγωνίζομαι
ἀνταγωνίζομαι, ---, ---, ---, ---, ---
   ἐπαγωνίζομαι
ἐπαγωνίζομαι, ---, ---, ---, ---, ---
   καταγωνίζομαι
---, ---, κατηγωνισάμην, ---, ---, ---
   συναγωνίζομαι
---, ---, συνηγωνισάμην, ---, ---, ---

ᾄδω
ᾄδω, ---, ---, ---, ---, ---

ἀθροίζω
---, ---, ---, ---, ἤθροισμαι, ---
   ἐπαθροίζω
ἐπαθροίζω, ---, ---, ---, ---, ---
   συναθροίζω
---, ---, συνήθροισα, ---, συνήθροισμαι, ---

αἱρετίζω
---, ---, ᾑρέτισα, ---, ---, ---

αἰσθάνομαι
---, ---, ᾐσθόμην, ---, ---, ---

αἰχμαλωτεύω
---, ---, ᾐχμαλώτευσα, ---, ---, ---

αἰχμαλωτίζω
αἰχμαλωτίζω, ---, ---, ---, ---, ᾐχμαλωτίσθην

ἀκμάζω
---, ---, ἤκμασα, ---, ---, ---

ἀλαλάζω
ἀλαλάζω, ---, ---, ---, ---, ---

REGULAR VERBS

ἀλείφω
ἀλείφω, ---, ἤλειψα, ---, ---, ---
   ἐξαλείφω
---, ἐξαλείψω, ἐξήλειψα, ---, ---, ἐξηλείφθην

ἀληθεύω
ἀληθεύω, ---, ---, ---, ---, ---

ἀλήθω
ἀλήθω, ---, ---, ---, ---, ---

ἁλιεύω
ἁλιεύω, ---, ---, ---, ---, ---

ἁλίζω
---, ---, ---, ---, ---, ἡλίσθην
   συναλίζω
συναλίζω, ---, ---, ---, ---, ---

ἀμφιέζω
ἀμφιέζω, ---, ---, ---, ---, ---

ἀναγκάζω
ἀναγκάζω, ---, ἠνάγκασα, ---, ---, ἠναγκάσθην

ἀνδρίζομαι
ἀνδρίζομαι, ---, ---, ---, ---, ---

ἀνεμίζω
ἀνεμίζω, ---, ---, ---, ---, ---

[**ἀνύω**]
   διανύω
---, ---, διήνυσα, ---, ---, ---

ἅπτω
ἅπτω, ---, ἧψα, ---, ---, ---
   ἀνάπτω
ἀνάπτω, ---, ---, ---, ---, ἀνήφθην
   καθάπτω
---, ---, καθῆψα, ---, ---, ---
   περιάπτω
---, ---, περιῆψα, ---, ---, ---

ἀρέσκω
ἀρέσκω, ---, ἤρεσα, ---, ---, ---

ἁρμόζω
---, ---, ἥρμοσα, ---, ---, ---

[ἀρτίζω]
ἐξαρτίζω
---, ---, ἐξήρτισα, ---, ἐξήρτισμαι, ---
καταρτίζω
καταρτίζω, καταρτίσω, κατήρτισα, ---, κατήρτισμαι, ---
προκαταρτίζω
---, ---, προκατήρτισα, ---, ---, ---

ἀρτύω
---, ἀρτύσω, ---, ---, ἤρτυμαι, ἠρτύθην

ἄρχω
ἄρχω, ἄρξω, ἦρξα, ---, ---, ---
ἐνάρχομαι
---, ---, ἐνηρξάμην, ---, ---, ---
προενάρχομαι
---, ---, προενηρξάμην, ---, ---, ---
προϋπάρχω
προϋπάρχω, ---, ---, ---, ---, ---
ὑπάρχω
ὑπάρχω, ---, ---, ---, ---, ---

ἀσπάζομαι
ἀσπάζομαι, ---, ἠσπασάμην, ---, ---, ---
ἀπασπάζομαι
---, ---, ---, ---, ---, ἀπησπασάμην

ἀστράπτω
ἀστράπτω, ---, ---, ---, ---, ---
ἐξαστράπτω
ἐξαστράπτω, ---, ---, ---, ---, ---
περιαστράπτω
---, ---, περιήστραψα, ---, ---, ---

ἀσφαλίζω
ἀσφαλίζω, ---, ἠσφάλισα, ---, ---, ἠσφαλίσθην

ἀτενίζω
ἀτενίζω, ---, ἠτένισα, ---, ---, ---

ἀτιμάζω
ἀτιμάζω, ---, ἠτίμασα, ---, ---, ἠτιμάσθην

αὐγάζω
---, ---, ηὔγασα, ---, ---, ---
διαυγάζω
---, ---, διηύγασα, ---, ---, ---

αὐλίζομαι
---, ---, ---, ---, ---, ηὐλίσθην

ἀφανίζω
ἀφανίζω, ---, ---, ---, ---, ἠφανίσθην

ἀφρίζω
ἀφρίζω, ---, ---, ---, ---, ---
ἐπαφρίζω
ἐπαφρίζω, ---, ---, ---, ---, ---

βαπτίζω
βαπτίζω, βαπτίσω, ἐβάπτισα, ---, βεβάπτισμαι, ἐβαπτίσθην

βάπτω
---, βάψω, ἔβαψα, ---, βέβαμμαι, ---
ἐμβάπτω
ἐμβάπτω, ---, ἐνέβαψα, ---, ---, ---

βασανίζω
βασανίζω, ---, ἐβασάνισα, ---, ---, ἐβασανίσθην

βασιλεύω
βασιλεύω, βασιλεύσω, ἐβασίλευσα, ---, ---, ---
συμβασιλεύω
---, συμβασιλεύσω, συνεβασίλευσα, ---, ---, ---

βαστάζω
βαστάζω, βαστάσω, ἐβάστασα, ---, ---, ---

[βατεύω]
 ἐμβατεύω
ἐμβατεύω, ---, ---, ---, ---, ---

βδελύσσομαι
βδελύσσομαι, ---, ---, ---, ἐβδέλυγμαι, ---

βιάζομαι
βιάζομαι, ---, ---, ---, ---, ---
 παραβιάζομαι
---, ---, παρεβιασάμην, ---, ---, ---

[βιβάζω]
 ἀναβιβάζω
---, ---, ἀνεβίβασα, ---, ---, ---
 ἐμβιβάζω
---, ---, ἐνεβίβασα, ---, ---, ---
 ἐπιβιβάζω
---, ---, ἐπεβίβασα, ---, ---, ---
 προβιβάζω
---, ---, ---, ---, ---, προεβιβάσθην
 συμβιβάζω
συμβιβάζω, συμβιβάσω, συνεβίβασα, ---, ---, συνεβιβάσθην

βλάπτω
---, ---, ἔβλαψα, ---, ---, ---

βλέπω
βλέπω, βλέψω, ἔβλεψα, ---, ---, ---
 ἀναβλέπω
ἀναβλέπω, ---, ἀνέβλεψα, ---, ---, ---
 ἀποβλεπω
ἀποβλεπω, ---, ---, ---, ---, ---
 διαβλέπω
---, διαβλέψω, διέβλεψα, ---, ---, ---
 ἐμβλέπω
ἐμβλέπω, ---, ἐνέβλεψα, ---, ---, ---
 ἐπιβλέπω
---, ---, ἐπέβλεψα, ---, ---, ---

περιβλέπω
περιβλέπω, ---, περιέβλεψα, ---, ---, ---

προβλέπω
---, ---, προέβλεψα, ---, ---, ---

[βολεύομαι]
παραβολεύομαι
---, ---, παρεβολευσάμην, ---, ---, ---

βολίζω
---, ---, ἐβόλισα, ---, ---, ---

βόσκω
βόσκω, ---, ---, ---, ---, ---

βουλεύω
βουλεύω, βουλεύσω, ἐβούλευσα, ---, ---, ---

συμβουλεύω
συμβουλεύω, ---, συνεβούλευσα, ---, ---, ---

βούλομαι
βούλομαι, ---, ---, ---, ---, ἐβουλήθην
The present middle, second person singular is spelled βούλει

βραβεύω
βραβεύω, ---, ---, ---, ---, ---

καταβραβεύω
καταβραβεύω, ---, ---, ---, ---, ---

βραδύνω
βραδύνω, ---, ---, ---, ---, ---

βρέχω
βρέχω, ---, ἔβρεξα, ---, ---, ---

βρύχω
βρύχω, ---, ---, ---, ---, ---

βρύω
βρύω, ---, ---, ---, ---, ---

βυθίζω
βυθίζω, ---, ---, ---, ---, ---

[γαμβρεύω]
ἐπιγαμβρεύω
---, ἐπιγαμβρεύσω, ---, ---, ---, ---

γαμίζω
γαμίζω, ---, ---, ---, ---, ---

γαμίσκω
γαμίσκω, ---, ---, ---, ---, ---

γεμίζω
---, ---, ἐγέμισα, ---, ---, ἐγεμίσθην

γεύομαι
---, γεύσομαι, ---, ἐγευσάμην, ---, ---, ---

γηράσκω
γηράσκω, ---, ἐγήρασα, ---, ---, ---

γνωρίζω
γνωρίζω, γνωρίσω, ἐγνώρισα, ---, ---, ἐγνωρίσθην
ἀναγνωρίζω
---, ---, ---, ---, ---, ἀνεγνωρίσθην

γογγύζω
γογγύζω, ---, ἐγόγγυσα, ---, ---, ---
διαγογγύζω
διαγογγύζω, ---, ---, ---, ---, ---

γυμνάζω
γυμνάζω, ---, ---, ---, γεγύμνασμαι, ---

γυμνιτεύω
γυμνιτεύω, ---, ---, ---, ---, ---

δαιμονίζομαι
δαιμονίζομαι, ---, ---, ---, ---, ἐδαιμονίσθην

δάκνω
δάκνω, ---, ---, ---, ---

δακρύω
---, ---, ἐδάκρυσα, ---, ---, ---

δαμάζω
δαμάζω, ---, ἐδάμασα, ---, δεδάμασμαι, ---

δανίζω
δανίζω, ---, ἐδάνισα, ---, ---, ---

δειγματίζω
---, ---, ἐδειγμάτισα, ---, ---, ---
παραδειγματίζω
παραδειγματίζω, ---, ---, ---, ---, ---

δελεάζω
δελεάζω, ---, ---, ---, ---, ---

δέομαι
δέομαι, ---, ---, ---, ---, ἐδεήθην
προσδέομαι
προσδέομαι, ---, ---, ---, ---, ---

δεσμεύω
δεσμεύω, ---, ---, ---, ---, ---

δέχομαι
δέχομαι, ---, ἐδεξάμην, ---, δέδεγμαι, ---
ἀναδέχομαι
---, ---, ἀνεδεξάμην, ---, ---, ---
ἀπεκδέχομαι
ἀπεκδέχομαι, ---, ---, ---, ---, ---
ἀποδέχομαι
ἀποδέχομαι, ---, ἀπεδεξάμην, ---, ---, ---
διαδέχομαι
---, ---, διεδεξάμην, ---, ---, ---
εἰσδέχομαι
---, εἰσδέξομαι, ---, ---, ---, ---
ἐκδέχομαι
ἐκδέχομαι, ---, ---, ---, ---, ---
ἐνδέχομαι
ἐνδέχομαι, ---, ---, ---, ---, ---
ἐπιδέχομαι
ἐπιδέχομαι, ---, ---, ---, ---, ---

παραδέχομαι
παραδέχομαι, παραδέξομαι, ---, ---, ---, παρεδέχθην
προσδέχομαι
προσδέχομαι, ---, προσεδεξάμην, ---, ---, ---
ὑποδέχομαι
---, ---, ὑπεδεξάμην, ---, ὑποδέδεγμαι, ---

[**διδύσκω**]
ἐνδιδύσκω
ἐνδιδύσκω, ---, ---, ---, ---, ---

[**δικάζω**]
καταδικάζω
καταδικάζω, ---, κατεδίκασα, ---, ---, κατεδικάσθην

διστάζω
---, ---, ἐδίστασα, ---, ---, ---

διχάζω
---, ---, ἐδίχασα, ---, ---, ---

διώκω
διώκω, διώξω, ἐδιώξα, ---, δεδίωγμαι, ἐδιώχθην
ἐκδιώκω
---, ---, ἐξεδίωξα, ---, ---, ---
καταδιώκω
---, ---, κατεδίωξα, ---, ---, ---

δογματίζω
δογματίζω, ---, ---, ---, ---, ---

δοκιμάζω
δοκιμάζω, δοκιμάσω, ἐδοκίμασα, ---, δεδοκίμασμαι, ---
ἀποδοκιμάζω
---, ---, ἀπεδοκίμασα, ---, ἀποδεδοκίμασμαι, ἀπεδοκιμάσθην

δοξάζω
δοξάζω, δοξάσω, ἐδοξάσα, ---, δεδόξασμαι, ἐδοξάσθην
ἐνδοξάζομαι
---, ---, ---, ---, ---, ἐνεδοξάσθην
συνδοξάζω
---, ---, ---, ---, ---, συνεδοξάσθην

δουλεύω
δουλεύω, δουλεύσω, ἐδούλευσα, δεδούλευκα, ---, ---

δράσσομαι
δράσσομαι, ---, ---, ---, ---, ---

[δυναστεύω]
καταδυναστεύω
καταδυναστεύω, ---, ---, ---, ---, ---

[δύω]
ἀπεκδύομαι
---, ---, ἀπεξεδυσάμην, ---, ---, ---
ἐκδύω
---, ---, ἐξέδυσα, ---, ---, ---
ἐνδύω
---, ---, ἐνέδυσα, ---, ἐνδέδυμαι, ---
ἐπενδύομαι
---, ---, ἐπενεδυσάμην, ---, ---, ---
ἐπιδύω
ἐπιδύω, ---, ---, ---, ---, ---
παρεισδύω
---, ---, παρεισέδυσα, ---, ---, ---

[ἐδρεύω]
ἐνεδρεύω
ἐνεδρεύω, ---, ---, ---, ---, ---
παρεδρεύω
παρεδρεύω, ---, ---, ---, ---, ---

ἐθίζω
---, ---, ---, ---, εἴθισμαι, ---
The perfect has an irregular reduplication.

εἴκω
---, ---, εἶξα, ---, ---, ---
ὑπείκω
ὑπείκω, ---, ---, ---, ---, ---

εἰρηνεύω
εἰρηνεύω, ---, ---, ---, ---, ---

ἐλέγχω
ἐλέγχω, ἐλέγξω, ἤλεγξα, ---, ---, ἠλέγχθην
διακατελέγχομαι
διακατελέγχομαι, ---, ---, ---, ---, ---

ἑλίσσω
ἑλίσσω, ἑλίξω, ---, ---, ---, ---

ἐνυπνιάζομαι
ἐνυπνιάζομαι, ---, ---, ---, ---, ἠνυπνιάσθην

ἐξουσιάζω
ἐξουσιάζω, ---, ---, ---, ---, ἠξουσιάσθην
κατεξουσιάζω
κατεξουσιάζω, ---, ---, ---, ---, ---

ἑορτάζω
ἑορτάζω, ---, ---, ---, ---, ---

ἐπηρεάζω
ἐπηρεάζω, ---, ---, ---, ---, ---

[**ἕπομαι**]
συνέπομαι
συνέπομαι, ---, ---, ---, ---, ---
The imperfect auguments with ει.

ἐρεθίζω
ἐρεθίζω, ---, ἠρέθισα, ---, ---, ---

ἐρείδω
---, ---, ἤρεισα, ---, ---, ---

ἐρεύγομαι
---, ἐρεύξομαι, ---, ---, ---, ---

ἐρίζω
---, ἐρίσω, ---, ---, ---, ---

ἑρμηνεύω
ἑρμηνεύω, ---, ---, ---, ---, ---

διερμηνεύω
διερμηνεύω, ---, διερμήνευσα, ---, ---, ---
This compound does not augment.

μεθερμηνεύω
μεθερμηνεύω, ---, ---, ---, ---, ---

[ἐτάζω]

ἀνετάζω
ἀνετάζω, ---, ---, ---, ---, ---

ἐξετάζω
---, ---, ἐξήτασα, ---, ---, ---

ἑτοιμάζω
ἑτοιμάζω, ---, ἡτοίμασα, ἡτοίμακα, ἡτοίμασμαι, ἡτοιμάσθην

προετοιμάζω
---, ---, προητοίμασα, ---, ---, ---

εὐαγγελίζω
εὐαγγελίζω, ---, εὐηγγέλισα, ---, εὐηγγέλισμαι, εὐηγγελίσθην
This is the only verb beginning with ευ that has the augment after the ευ.

προευαγγελίζομαι
---, ---, προευηγγελισάμην, ---, ---, ---

εὐνουχίζω
---, ---, εὐνούχισα, ---, ---, εὐνουχίσθην

εὔχομαι
εὔχομαι, ---, ---, ηὐξάμην, ---, ---, ---

προσεύχομαι
προσεύχομαι, προσεύξομαι, προσηυξάμην, ---, ---, ---

[ἐωρίζω]

μετεωρίζομαι
μετεωρίζομαι, ---, ---, ---, ---, ---

ζέω
ζέω, ---, ---, ---, ---, ---, ---

ζηλεύω
ζηλεύω, ---, ---, ---, ---, ---

ἡγεμονεύω
ἡγεμονεύω, ---, ---, ---, ---, ---

[ἥδομαι]
   συνήδομαι
συνήδομαι, ---, ---, ---, ---, ---

ἥκω
ἥκω, ἥξω, ἧξα, ---, ---, ---
   ἀνήκω
ἀνήκω, ---, ---, ---, ---, ---
   καθήκω
καθήκω, ---, ---, ---, ---, ---

ἡσυχάζω
ἡσυχάζω, ---, ἡσύχασα, ---, ---, ---

θάλπω
θάλπω, ---, ---, ---, ---, ---

θαυμάζω
θαυμάζω, ---, ἐθαύμασα, ---, ---, ἐθαυμάσθην
   ἐκθαυμάζω
ἐκθαυμάζω, ---, ---, ---, ---, ---

θεατρίζω
θεατρίζω, ---, ---, ---, ---, ---

θέλω
θέλω, ---, ἠθέλησα, ---, ---, ---
Augments with η instead of ε.

[θεματίζω]
   ἀναθεματίζω
ἀναθεματίζω, ---, ἀνεθεμάτισα, ---, ---, ---
   καταθεματίζω
καταθεματίζω, ---, ---, ---, ---, ---

θεραπεύω
θεραπεύω, θεραπεύσω, ἐθεράπευσα, ---, τεθεράπευμαι,
 ἐθεραπεύθην

θερίζω
θερίζω, θερίσω, ἐθέρισα, ---, ---, ἐθερίσθην

REGULAR VERBS

θηλάζω
θηλάζω, ---, ἐθήλασα, ---, ---, ---

θηρεύω
---, ---, ἐθήρευσα, ---, ---, ---

θησαυρίζω
θησαυρίζω, ---, ἐθησαύρισα, ---, τεθησαύρισμαι, ---
    ἀποθησαυρίζω
ἀποθησαυρίζω, ---, ---, ---, ---, ---

θλίβω
θλίβω, ---, ---, ---, τέθλιμμαι, ---
    ἀποθλίβω
ἀποθλίβω, ---, ---, ---, ---, ---
    συνθλίβω
συνθλίβω, ---, ---, ---, ---, ---

θορυβάζω
θορυβάζω, ---, ---, ---, ---, ---

θραύω
---, ---, ---, ---, τέθραυσμαι, ---

θριαμβεύω
θριαμβεύω, ---, ἐθριάμβευσα, ---, ---, ---

[θρύπτω]
    συνθρύπτω
συνθρύπτω, ---, ---, ---, ---, ---

ἱερατεύω
ἱερατεύω, ---, ---, ---, ---, ---

ἱλάσκομαι
ἱλάσκομαι, ---, ---, ---, ---, ἱλάσθην

ἱματίζω
---, ---, ---, ---, ἱμάτισμαι, ---

ἰουδαΐζω
ἰουδαΐζω, ---, ---, ---, ---, ---

[**ἰσχυρίζομαι**]
διϊσχυρίζομαι
διϊσχυρίζομαι, ---, ---, ---, ---, ---

ἰσχύω
ἰσχύω, ἰσχύσω, ἴσχυσα, ---, ---, ---
ἐνισχύω
---, ---, ἐνίσχυσα, ---, ---, ---
ἐξισχύω
---, ---, ἐξισχυσα, ---, ---, ---
ἐπισχύω
ἐπισχύω, ---, ---, ---, ---, ---
κατισχύω
κατισχύω, κατισχύσω, κατίσχυσα, ---, ---, ---

καθέζομαι
καθέζομαι, ---, ---, ---, ---, ---
παρακαθέζομαι
---, ---, ---, ---, ---, παρεκαθέσθην

καθεύδω
καθεύδω, ---, ---, ---, ---, ---

καθίζω
καθίζω, καθίσω, ἐκάθισα, κεκάθικα, ---, ---
ἀνακαθίζω
---, ---, ἀνεκάθισα, ---, ---, ---
ἐπικαθίζω
---, ---, ἐπεκάθισα, ---, ---, ---
συγκαθίζω
---, ---, συνεκάθισα, ---, ---, ---

[**καινίζω**]
ἀνακαινίζω
ἀνακαινίζω, ---, ---, ---, ---, ---
ἐγκαινίζω
---, ---, ἐνεκαίνισα, ---, ἐγκεκαίνισμαι, ---

καλύπτω
καλύπτω, καλύψω, ἐκάλυψα, ---, κεκάλυμμαι, ---

 ἀνακαλύπτω
ἀνακαλύπτω, ---, ---, ---, ἀνακεκάλυμμαι, ---
 ἀποκαλύπτω
ἀποκαλύπτω, ἀποκαλύψω, ἀπεκάλυψα, ---, ---, ἀπεκαλύφθην
 ἐπικαλύπτω
---, ---, ---, ---, ---, ἐπεκαλύφθην
 κατακαλύπτω
κατακαλύπτω, ---, ---, ---, ---, ---
 παρακαλύπτω
---, ---, ---, ---, παρακεκάλυμμαι, ---
 περικαλύπτω
περικαλύπτω, ---, περιεκάλυψα, ---, περικεκάλυμμαι, ---
 συγκαλύπτω
---, ---, ---, ---, συγκεκάλυμμαι, ---

καμμύω
---, ---, ἐκάμμυσα, ---, ---, ---

κάμπτω
κάμπτω, κάμψω, ἔκαμψα, ---, ---, ---
 ἀνακάμπτω
---, ἀνακαμψω, ἀνέκαμψα, ---, ---, ---
 συγκάμπτω
---, ---, συνέκαμψα, ---, ---, ---

καπηλεύω
καπηλεύω, ---, ---, ---, ---, ---

κατοπτρίζω
κατοπτρίζω, ---, ---, ---, ---, ---

καυματίζω
---, ---, ἐκαυμάτισα, ---, ---, ἐκαυματίσθην

καυστηριάζω
---, ---, ---, ---, κεκαυστηρίασμαι, ---

κελεύω
κελεύω, ---, ἐκέλευσα, ---, ---, ---

[κεντρίζω]
ἐγκεντρίζω
---, ---, ἐνεκέντρισα, ---, ---, ἐνεκεντρίσθην

[κεφαλίζω]
ἀποκεφαλίζω
---, ---, ἀπεκεφάλισα, ---, ---, ---

κηρύσσω
κηρύσσω, ---, ἐκήρυξα, ---, ---, ἐκηρύχθην
    προκηρύσσω
---, ---, προεκήρυξα, ---, ---, ---

κιθαρίζω
κιθαρίζω, ---, ---, ---, ---, ---

κινδυνεύω
κινδυνεύω, ---, ---, ---, ---, ---

κλαίω
κλαίω, κλαύσω, ἔκλαυσα, ---, ---, ---

κλείω
κλείω, κλείσω, ἔκλεισα, ---, κέκλεισμαι, ἐκλείσθην
    ἀποκλείω
---, ---, ἀπέκλεισα, ---, ---, ---
    ἐκκλείω
---, ---, ἐξέκλεισα, ---, ἐξεκλείσθην
    κατακλείω
---, ---, κατέκλεισα, ---, ---, ---
    συγκλείω
συγκλείω, ---, συνέκλεισα, ---, ---, ---

κλέπτω
κλέπτω, κλέψω, ἔκλεψα, ---, ---, ---

κλυδωνίζομαι
κλυδωνίζομαι, ---, ---, ---, ---, ---

[κλύζω]
κατακλύζω
---, ---, ---, ---, ---, κατεκλύσθην

κνήθω
κνήθω, ---, ---, ---, ---, ---

κολάζω
κολάζω, ---, ἐκόλασα, ---, ---, ---

κολαφίζω
κολαφίζω, ---, ἐκολάφισα, ---, ---, ---

κοπάζω
---, ---, ἐκόπασα, ---, ---, ---,

κουφίζω
κουφίζω, ---, ---, ---, ---, ---

[κρατεύομαι]
ἐγκρατεύομαι
ἐγκρατεύομαι, ---, ---, ---, ---, ---

κραυγάζω
κραυγάζω, κραυγάσω, ἐκραύγασα, ---, ---, ---

[κρημνίζω]
κατακρημνίζω
---, ---, κατεκρήμνισα, ---, ---, ---

κρούω
κρούω, ---, ἔκρουσα, ---, ---, ---

[κρύβω]
περικρύβω
περικρύβω, ---, ---, ---, ---, ---

κρυσταλλίζω
κρυσταλλίζω, ---, ---, ---, ---, ---

κτίζω
κτίζω, ---, ἔκτισα, ---, ἔκτισμαι, ἐκτίσθην

κυκλεύω
---, ---, ἐκύκλευσα, ---, ---, ---

κυλίω
κυλίω, ---, ---, ---, ---, ---

ἀποκυλίω
---, ἀποκυλίσω, ἀπεκύλισα, ---, ἀποκεκύλισμαι, ---
προσκυλίω
---, ---, προσεκύλισα, ---, ---, ---

κύπτω
---, ---, ἔκυψα, ---, ---, ---
    ἀνακύπτω
---, ---, ἀνέκυψα, ---, ---, ---
    κατακύπτω
---, ---, κατέκυψα, ---, ---, ---
    παρακύπτω
---, ---, παρέκυψα, ---, ---, ---
    συγκύπτω
συγκύπτω, ---, ---, ---, ---, ---

κυριεύω
κυριεύω, κυριεύσω, ἐκυρίευσα, ---, ---, ---
    κατακυριεύω
κατακυριεύω, ---, κατεκυρίευσα, ---, ---, ---

κωλύω
κωλύω, ---, ἐκώλυσα, ---, ---, ἐκωλύθην
    διακωλύω
διακωλύω, ---, ---, ---, ---, ---

λακτίζω
λακτίζω, ---, ---, ---, ---, ---

λάμπω
λάμπω, λάμψω, ἔλαμψα, ---, ---, ---
    ἐκλάμπω
---, ἐκλάμψω, ---, ---, ---, ---
    περιλάμπω
---, ---, περιέλαμψα, ---, ---, ---

λατρεύω
λατρεύω, λατρεύσω, ἐλάτρευσα, ---, ---, ---

[λέγω]
    ἐκλέγομαι
ἐκλέγομαι, ---, ἐξελεξάμην, ---, ἐκλέλεγμαι, ---

ἐπιλέγομαι
---, ---, ἐπελεξάμην, ---, ---, ---
καταλέγω
καταλέγω, ---, ---, ---, ---, ---
παραλέγομαι
παραλέγομαι, ---, ---, ---, ---, ---
συλλέγω
συλλέγω, συλλέξω, συνέλεξα, ---, ---, ---

[λείχω]
ἐπιλείχω
ἐπιλείχω, ---, ---, ---, ---, ---

λιθάζω
λιθάζω, ---, ἐλίθασα, ---, ---, ἐλιθάσθην
καταλιθάζω
---, ---, καταλιθάσω, ---, ---, ---

[λιμπάνω]
ὑπολιμπάνω
ὑπολιμπάνω, ---, ---, ---, ---, ---

λογίζομαι
λογίζομαι, ---, ἐλογισάμην, ---, ---, ἐλογίσθην
ἀναλογίζομαι
---, ---, ἀνελογισάμην, ---, ---, ---
διαλογίζομαι
διαλογίζομαι, ---, ---, ---, ---, ---
παραλογίζομαι
παραλογίζομαι, ---, ---, ---, ---, ---
συλλογίζομαι
---, ---, συνελογισάμην, ---, ---, ---

λούω
---, ---, ἔλουσα, ---, λέλουμαι, ---
The perfect middle/passive is also spelled λέλουσμαι.
ἀπολούω
---, ---, ἀπέλουσα, ---, ---, ---

λύω
λύω, ---, ἔλυσα, ---, λέλυμαι, ἐλύθην

    ἀναλύω
---, ---, ἀνέλυσα, ---, ---, ---
    ἀπολύω
ἀπολύω, ἀπολύσω, ἀπέλυσα, ---, ἀπολέλυμαι, ἀπελύθην
    διαλύω
---, ---, ---, ---, ---, διελύθην
    ἐκλύω
ἐκλύω, ---, ---, ---, ---, ἐξελύθην
    ἐπιλύω
ἐπιλύω, ---, ---, ---, ---, ἐπελύθην
    καταλύω
καταλύω, καταλύσω, κατέλυσα, ---, ---, κατελύθην
    παραλύω
---, ---, ---, ---, παραλέλυμαι, ---

μαγεύω
μαγεύω, ---, ---, ---, ---, ---

μαθητεύω
---, ---, ἐμαθήτευσα, ---, ---, ἐμαθητεύθην

μαντεύομαι
μαντεύομαι, ---, ---, ---, ---, ---

[μάσσω]
    ἀπομάσσω
ἀπομάσσω, ---, ---, ---, ---, ---
    ἐκμάσσω
ἐκμάσσω, ---, ἐξέμαξα, ---, ---, ---

μαστίζω
μαστίζω, ---, ---, ---, ---, ---

μάχομαι
μάχομαι, ---, ---, ---, ---, ---
    διαμάχομαι
διαμάχομαι, ---, ---, ---, ---, ---

μεθύσκω
μεθύσκω, ---, ---, ---, ---, ἐμεθύσθην

μεθύω
μεθύω, ---, ---, ---, ---, ---

μέμφομαι
μέμφομαι, ---, ---, ---, ---, ---

μερίζω
---, ---, ἐμέρισα, ---, μεμέρισμαι, ἐμερίσθην

   διαμερίζω
διαμερίζω, ---, διεμέρισα, ---, διαμεμέρισμαι, διεμερίσθην

   συμμερίζω
συμμερίζω, ---, ---, ---, ---, ---

μεσιτεύω
---, ---, ἐμεσίτευσα, ---, ---, ---

μηνύω
---, ---, ἐμήνυσα, ---, ---, ἐμηνύθην

μνημονεύω
μνημονεύω, ---, ἐμνημόνευσα, ---, ---, ---

μνηστεύω
---, ---, ---, ---, ἐμνήστευμαι, ἐμνηστεύθην

μοιχεύω
μοιχεύω, μοιχεύσω, ἐμοίχευσα, ---, ---, ἐμοιχεύθην

[μορφίζω]
   συμμορφίζω
συμμορφίζω, ---, ---, ---, ---, ---

μυκτηρίζω
μυκτηρίζω, ---, ---, ---, ---, ---

   ἐκμυκτηρίζω
ἐκμυκτηρίζω, ---, ---, ---, ---, ---

μυρίζω
---, ---, ἐμύρισα, ---, ---, ---

μυωπάζω
μυωπάζω, ---, ---, ---, ---, ---

νεύω
νεύω, ---, ἔνευσα, ---, ---, ---
διανεύω
διανεύω, ---, ---, ---, ---, ---
ἐκνεύω
---, ---, ἐξένευσα, ---, ---, ---
ἐννεύω
ἐννεύω, ---, ---, ---, ---, ---
ἐπινεύω
---, ---, ἐπένευσα, ---, ---, ---
κατανεύω
---, ---, κατένευσα, ---, ---, ---

νήθω
νήθω, ---, ---, ---, ---, ---

νηπιάζω
νηπιάζω, ---, ---, ---, ---, ---

νηστεύω
νηστεύω, νηστεύσω, ενήστευσα, ---, ---, ---

νήφω
νήφω, ---, ἔνηψα, ---, ---, ---
ἀνανήφω
---, ---, ἀνένηψα, ---, ---, ---
ἐκνήφω
---, ---, ἐξένηψα, ---, ---, ---

νίπτω
νίπτω, ---, ἔνιψα, ---, ---, ---
ἀπονίπτω
---, ---, ἀπένιψα, ---, ---, ---

νομίζω
νομίζω, ---, ἐνόμισα, ---, ---, ---

νοσφίζω
νοσφίζω, ---, ἐνόσφισα, ---, ---, ---

[νυκτερεύω]
διανυκτερεύω
διανυκτερεύω, ---, ---, ---, ---, ---

ξενίζω
ξενίζω, ---, ἐξένισα, ---, ---, ἐξενίσθην

ὁδεύω
ὁδεύω, ---, ---, ---, ---, ---
διοδεύω
διοδεύω, ---, διώδευσα, ---, ---, ---
συνοδεύω
συνοδεύω, ---, ---, ---, ---, ---

ὄζω
ὄζω, ---, ---, ---, ---, ---

οἰκτίρω
οἰκτίρω, οἰκτιρήσω, ---, ---, ---, ---

[οἴχομαι]
παροίχομαι
---, ---, ---, ---, παρῴχημαι, ---

[ὀλεθρεύω]
ἐξολεθρεύω
---, ---, ---, ---, ---, ἐξωλεθρεύθην

ὀλοθρεύω
ὀλοθρεύω, ---, ---, ---, ---, ---

ὀλολύζω
ὀλολύζω, ---, ---, ---, ---, ---

[ὁμοιάζω]
παρομοιάζω
παρομοιάζω, ---, ---, ---, ---, ---

ὀνειδίζω
ὀνειδίζω, ---, ὠνείδισα, ---, ---, ---

ὀνομάζω
ὀνομάζω, ---, ὠνόμασα, ---, ---, ὠνομάσθην

ἐπονομάζω
ἐπονομάζω, ---, ---, ---, ---, ---

ὁπλίζω
---, ---, ὥπλισα, ---, ---, ---
καθοπλίζω
---, ---, ---, ---, καθώπλισμαι, ---

ὀπτάνομαι
ὀπτάνομαι, ---, ---, ---, ---, ---

[**ὀπτεύω**]
ἐποπτεύω
ἐποπτεύω, ---, ἐπώπτευσα, ---, ---, ---

ὀρέγω
ὀρέγω, ---, ---, ---, ---, ---

ὀρθρίζω
ὀρθρίζω, ---, ---, ---, ---, ---

ὁρκίζω
ὁρκίζω, ---, ---, ---, ---, ---
ἐνορκίζω
ἐνορκίζω, ---, ---, ---, ---, ---
ἐξορκίζω
ἐξορκίζω, ---, ---, ---, ---, ---

[**ὁρμίζω**]
προσορμίζω
---, ---, ---, ---, ---, προσωρμίσθην

[**ὀρφανίζω**]
ἀπορφανίζω
---, ---, ---, ---, ---, ἀπωρφανίσθην

ὀρύσσω
---, ---, ὤρυξα, ---, ---, ---
διορύσσω
διορύσσω, ---, ---, ---, ---, διωρύχθην
ἐξορύσσω
---, ---, ἐξώρυξα, ---, ---, ---

[ὀχθίζω]
προσοχθίζω
---, ---, προσώχθισα, ---, ---, ---

παγιδεύω
---, ---, ἐπαγίδευσα, ---, ---, ---

παιδεύω
παιδεύω, ---, ἐπαίδευσα, ---, πεπαίδευμαι, ἐπαιδεύθην

παίω
---, ---, ἔπαισα, ---, ---, ---

παρρησιάζομαι
παρρησιάζομαι, ---, ἐπαρρησιασάμην, ---, ---, ---

πατάσσω
---, πατάξω, ἐπάταξα, ---, ---, ---

πεζεύω
πεζεύω, ---, ---, ---, ---, ---

πειράζω
πειράζω, ---, ἐπείρασα, ---, πεπείρασμαι, ἐπειράσθην
    ἐκπειράζω
ἐκπειράζω, ἐκπειράσω, ---, ---, ---, ---

πελεκίζω
---, ---, ---, ---, πεπελέκισμαι, ---

πέμπω
πέμπω, πέμψω, ἔπεμψα, ---, ---, ἐπέμφθην
    ἀναπέμπω
---, ---, ἀνέπεμψα, ---, ---, ---
    ἐκπέμπω
---, ---, ἐξέπεμψα, ---, ---, ἐξεπέμφθην
    μεταπέμπω
μεταπέμπω, ---, μετέπεμψα, ---, ---, μετεπέμφθην
    προπέμπω
προπέμπω, ---, προέπεμψα, ---, ---, προεπέμφθην
    συμπέμπω
---, ---, συνέπεμψα, ---, ---, ---

περισσεύω
περισσεύω, ---, ἐπερίσσευσα, ---, ---, ἐπερισσεύθην
ὑπερπερισσεύω
ὑπερπερισσεύω, ---, υπερεπερίσσευσα, ---, ---, ---

περπερεύομαι
περπερεύομαι, ---, ---, ---, ---, ---

πέτομαι
πέτομαι, ---, ---, ---, ---, ---

πιέζω
---, ---, ---, ---, πεπίεσμαι, ---

πιστεύω
πιστεύω, πιστεύσω, ἐπίστευσα, πεπίστευκα, πεπίστευμαι, ἐπιστεύθην

πλεονάζω
πλεονάζω, ---, ἐπλεόνασα, ---, ---, ---
ὑπερπλεονάζω
---, ---, ὑπερεπλεόνασα, ---, ---, ---

πλουτίζω
πλουτίζω, ---, ---, ---, ---, ἐπλουτίσθην

πολιτεύομαι
πολιτεύομαι, ---, ---, ---, πεπολίτευμαι, ---

[**ποντίζω**]
καταποντίζω
καταποντίζω, ---, ---, ---, ---, κατεποντίσθην

πορεύομαι
πορεύομαι, πορεύσομαι, ---, ---, πεπόρευμαι, ἐπορεύθην
διαπορεύομαι
διαπορεύομαι, ---, ---, ---, ---, ---
εἰσπορεύομαι
εἰσπορεύομαι, ---, ---, ---, ---, ---
ἐκπορεύομαι
ἐκπορεύομαι, ἐκπορεύσομαι, ---, ---, ---, ---
ἐμπορεύομαι
---, ἐμπορεύσομαι, ---, ---, ---, ---

ἐπιπορεύομαι
ἐπιπορεύομαι, ---, ---, ---, ---, ---
παραπορεύομαι
παραπορεύομαι, ---, ---, ---, ---, ---
προπορεύομαι
---, προπορεύσομαι, ---, ---, ---, ---
προσπορεύομαι
προσπορεύομαι, ---, ---, ---, ---, ---
συμπορεύομαι
συμπορεύομαι, ---, ---, ---, ---, ---

πορνεύω
πορνεύω, ---, ἐπόρνευσα, ---, ---, ---
ἐκπορνεύω
---, ---, ἐξεπόρνευσα, ---, ---, ---

ποτίζω
ποτίζω, ---, ἐπότισα, πεπότικα, ---, ἐποτίσθην

πραγματεύομαι
---, ---, ἐπραγματευσάμην, ---, ---, ---
διαπραγματεύομαι
---, ---, διεπραγματευσάμην, ---, ---, ---

πρέπω
πρέπω, ---, ---, ---, ---, ---

πρεσβεύω
πρεσβεύω, ---, ---, ---, ---, ---

πρίζω
---, ---, ---, ---, ---, ἐπρίσθην

[πρίω]
διαπρίω
διαπρίω, ---, ---, ---, ---, ---

προφητεύω
προφητεύω, προφητεύσω, ἐπροφήτευσα, ---, ---, ---

πρωτεύω
πρωτεύω, ---, ---, ---, ---, ---

πταίω
πταίω, ---, ἔπταισα, ---, ---, ---

πτύσσω
---, ---, ἔπτυξα, ---, ---, ---
    ἀναπτύσσω
---, ---, ἀνέπτυξα, ---, ---, ---

πτύω
---, ---, ἔπτυσα, ---, ---, ---
    ἐκπτύω
---, ---, ἐξέπτυσα, ---, ---, ---
    ἐμπτύω
ἐμπτύω, ἐμπτύσω, ἐνέπτυσα, ---, ---, ἐνεπτύσθην

πτωχεύω
---, ---, ἐπτώχευσα, ---, ---, ---

πυκτεύω
πυκτεύω, ---, ---, ---, ---, ---

πυρέσσω
πυρέσσω, ---, ---, ---, ---, ---

πυρράζω
πυρράζω, ---, ---, ---, ---, ---

ῥαβδίζω
ῥαβδίζω, ---, ---, ---, ---, ἐραβδίσθην

ῥαντίζω
ῥαντίζω, ---, ἐράντισα, ---, ῥεράντισμαι, ---

ῥαπίζω
ῥαπίζω, ---, ἐράπισα, ---, ---, ---

[ῥάπτω]
    ἐπιράπτω
ἐπιράπτω, ---, ---, ---, ---, ---

ῥιπίζω
ῥιπίζω, ---, ---, ---, ---, ---

ῥύομαι
ῥύομαι, ῥύσομαι, ἐρρυσάμην, ---, ---, ἐρρύσθην

σαλεύω
σαλεύω, ---, ἐσάλευσα, ---, σεσάλευμαι, ἐσαλεύθην

σαλπίζω
σαλπίζω, σαλπίσω, ἐσάλπισα, ---, ---, ---

σεβάζομαι
---, ---, ---, ---, ---, ἐσεβάσθην

σέβω
σέβω, ---, ---, ---, ---, ---

σείω
σείω, σείσω, ---, ---, ---, ἐσείσθην
   ἀνασείω
ἀνασείω, ---, ἀνέσεισα, ---, ---, ---
   διασείω
---, ---, διέσεισα, ---, ---, ---
   κατασείω
---, ---, κατέσεισα, ---, ---, ---

σεληνιάζομαι
σεληνιάζομαι, ---, ---, ---, ---, ---

σινιάζω
---, ---, ἐσινίασα, ---, ---, ---

σκανδαλίζω
σκανδαλίζω, ---, ἐσκανδάλισα, ---, ---, ἐσκανδαλίσθην

σκάπτω
σκάπτω, ---, ἔσκαψα, ---, ---, ---
   κατασκάπτω
---, ---, κατέσκαψα, ---, κατέσκαμμαι, ---

[σκέπτομαι]
   ἐπισκέπτομαι
ἐπισκέπτομαι, ἐπισκέψομαι, ἐπεσκεψάμην, ---, ---, ---

[σκευάζω]
    ἀνασκευάζω
ἀνασκευάζω, ---, ---, ---, ---, ---
    ἐπισκευάζομαι
---, ---, ἐπεσκευασάμην, ---, ---, ---
    κατασκευάζω
κατασκευάζω, κατασκευάσω, κατεσκεύασα, ---, κατεσκεύασμαι, κατεσκευάσθην
    παρασκευάζω
παρασκευάζω, παρασκευάσω, ---, ---, παρεσκεύασμαι, ---

[σκιάζω]
    ἐπισκιάζω
ἐπισκιάζω, ἐπισκιάσω, ἐπεσκίασα, ---, ---, ---
    κατασκιάζω
κατασκιάζω, ---, ---, ---, ---, ---

σκορπίζω
σκορπίζω, ---, ἐσκόρπισα, ---, ---, ἐσκορπίσθην
    διασκορπίζω
διασκορπίζω, ---, διεσκόρπισα, ---, διεσκόρπισμαι, διεσκορπίσθην

σκοτίζω
---, ---, ---, ---, ---, ἐσκοτίσθην

σμυρνίζω
---, ---, ---, ---, ἐσμύρνισμαι, ---

σοφίζω
---, ---, ἐσόφισα, ---, σεσόφισμαι, ---
    κατασοφίζομαι
---, ---, κατεσοφισάμην, ---, ---, ---

σπαράσσω
σπαράσσω, ---, ἐσπάραξα, ---, ---, ---
    συσπαράσσω
---, ---, συνεσπάραξα, ---, ---, ---

σπένδω
σπένδω, ---, ---, ---, ---, ---

σπεύδω
σπεύδω, ---, ἔσπευσα, ---, ---, ---

σπλαγχνίζομαι
σπλαγχνίζομαι, ---, ---, ---, ---, ἐσπλαγχνίσθην

σπουδάζω
σπουδάζω, σπουδάσω, ἐσπούδασα, ---, ---, ---

[στεγάζω]
   ἀποστεγάζω
---, ---, ἀπεστέγασα, ---, ---, ---

στέγω
στέγω, ---, ---, ---, ---, ---

στήκω
στήκω, ---, ---, ---, ---, ---

στίλβω
στίλβω, ---, ---, ---, ---, ---

[στομίζω]
   ἐπιστομίζω
ἐπιστομίζω, ---, ---, ---, ---, ---

[στοματίζω]
   ἀποστοματίζω
ἀποστοματίζω, ---, ---, ---, ---, ---

στρατεύομαι
στρατεύομαι, ---, ---, ---, ---, ---
   ἀντιστρατεύομαι
ἀντιστρατεύομαι, ---, ---, ---, ---, ---

στρωννύω
στρωννύω, ---, ἔστρωσα, ---, ἔστρωμαι, ---
   καταστρωννύω
---, ---, ---, ---, ---, κατεστρώθην
   ὑποστρωννύω
ὑποστρωννύω, ---, ---, ---, ---, ---

στυγνάζω
στυγνάζω, ---, ἐστύγνασα, ---, ---, ---

σφραγίζω
σφραγίζω, ---, ἐσφράγισα, ---, ἐσφράγισμαι, ἐσφραγίσθην
    κατασφραγίζω
---, ---, ---, ---, κατεσφράγισμαι, ---

[σχηματίζω]
    μετασχηματίζω
μετασχηματίζω, μετασχηματίσω, μετεσχημάτισα, ---, ---, ---
    συσχηματίζω
συσχηματίζω, ---, ---, ---, ---, ---

σχίζω
σχίζω, σχίσω, ἔσχισα, ---, ---, ἐσχίσθην

σχολάζω
σχολάζω, ---, ἐσχόλασα, ---, ---, ---

σῴζω
σῴζω, σώσω, ἔσωσα, σέσωκα, σέσῳσμαι, ἐσώθην
    διασῴζω
---, ---, διέσωσα, ---, --- διεσώθην

σωρεύω
---, σωρεύσω, ---, ---, σεσώρευμαι, ---
    ἐπισωρεύω
---, ἐπισωρεύσω, ---, ---, ---, ---

σωφρονίζω
σωφρονίζω, ---, ---, ---, ---, ---

ταράσσω
ταράσσω, ---, ἐτάραξα, ---, τετάραγμαι, ἐταράχθην
    διαταράσσω
---, ---, ---, ---, ---, διεταράχθην
    ἐκταράσσω
ἐκταράσσω, ---, ---, ---, ---, ---

[ταφιάζω]
ἐνταφιάζω
ἐνταφιάζω, ---, ἐνεταφίασα, ---, ---, ---

τήκω
τήκω, ---, ---, ---, ---, ---

[τινάσσω]
ἀποτινάσσω
ἀποτινάσσω, ---, ἀπετίναξα, ---, ---, ---
ἐκτινάσσω
---, ---, ἐξετίναξα, ---, ---, ---

τίνω
---, τίσω, ---, ---, ---, ---
ἀποτίνω
---, ἀποτίσω, ---, ---, ---, ---

τραυματίζω
---, ---, ἐτραυμάτισα, ---, τετραυμάτισμαι, ---

τραχηλίζω
---, ---, ---, ---, τετραχήλισμαι, ---

τρίζω
τρίζω, ---, ---, ---, ---, ---

τρώγω
τρώγω, ---, ---, ---, ---, ---

[τυλίσσω]
ἐντυλίσσω
---, ---, ἐνετύλιξα, ---, ἐντετύλιγμαι, ---

τυμπανίζω
---, ---, ---, ---, ---, ἐτυμπανίσθην

τύπτω
τύπτω, ---, ---, ---, ---, ---

τύφω
τύφω, ---, ---, ---, ---, ---

ὑβρίζω
ὑβρίζω, ---, ὕβρισα, ---, ---, ὑβρίσθην
    ἐνυβρίζω
---, ---, ἐνύβρισα, ---, ---, ---

[ὑλίζω]
    διϋλίζω
διϋλίζω, ---, ---, ---, ---, ---

[ὑπνίζω]
    ἐξυπνίζω
---, ---, ἐξύπνισα, ---, ---, ---

[φανίζω]
    ἐμφανίζω
ἐμφανίζω, ἐμφανίσω, ἐνεφάνισα, ---, ---, ἐνεφανίσθην

φαντάζω
φαντάζω, ---, ---, ---, ---, ---

φάσκω
φάσκω, ---, ---, ---, ---, ---

[φαύσκω]
    ἐπιφαύσκω
---, ἐπιφαύσω, ---, ---, ---, ---

φείδομαι
φείδομαι, φείσομαι, ἐφεισάμην, ---, ---, ---

[φημίζω]
    διαφημίζω
διαφημίζω, ---, διεφήμισα, ---, ---, διεφημίσθην

φθάνω
---, ---, ἔφθασα, ---, ---, ---
    προφθάνω
---, ---, προέφθασα, ---, ---, ---

φθέγγομαι
φθέγγομαι, ---, ἐφθεγξάμην, ---, ---, ---
    ἀποφθέγγομαι
ἀποφθέγγομαι, ---, ἀπεφθεγξάμην, ---, ---, ---

φιλοπρωτεύω
φιλοπρωτεύω, ---, ---, ---, ---, ---

φλογίζω
φλογίζω, ---, ---, ---, ---, ---

φονεύω
φονεύω, φονεύσω, ἐφόνευσα, ---, ---, ---

φορτίζω
φορτίζω, ---, ---, ---, πεφόρτισμαι, ---
    ἀποφορτίζομαι
ἀποφορτίζομαι, ---, ---, ---, ---, ---

φράζω
---, ---, ἔφρασα, ---, ---, ---

φρίσσω
φρίσσω, ---, ---, ---, ---, ---

φροντίζω
φροντίζω, ---, ---, ---, ---, ---

φρυάσσω
---, ---, ἐφρύαξα, ---, ---, ---

φυλακίζω
φυλακίζω, ---, ---, ---, ---, ---

φυλάσσω
φυλάσσω, φυλάξω, ἐφύλαξα, ---, ---, ---
    διαφυλάσσω
---, ---, διεφύλαξα, ---, ---, ---

φυτεύω
φυτεύω, ---, ἐφύτευσα, ---, πεφύτευμαι, ἐφυτεύθην

[φώσκω]
    ἐπιφώσκω
ἐπιφώσκω, ---, ---, ---, ---, ---

φωτίζω
φωτίζω, φωτίσω, ἐφώτισα, ---, πεφώτισμαι, ἐφωτίσθην

χαρίζομαι
χαρίζομαι, χαρίσομαι, ἐχαρισάμην, ---, κεχάρισμαι, ἐχαρίσθην

χειμάζω
χειμάζω, ---, ---, ---, ---, ---
παραχειμάζω
---, παραχειμάσω, ---, παρεχείμασα, παραχείμακα, ---, ---

[χειρίζω]
προχειρίζομαι
---, ---, προεχειρισάμην, ---, προκεχείρισμαι, ---
διαχειρίζω
---, ---, διεχείρισα, ---, ---, ---

χλευάζω
χλευάζω, ---, ---, ---, ---, ---
διαχλευάζω
διαχλευάζω, ---, ---, ---, ---, ---

χορτάζω
χορτάζω, ---, ἐχόρτασα, ---, ---, ἐχορτάσθην

χρῄζω
χρῄζω, ---, ---, ---, ---, ---

χρηματίζω
χρηματίζω, χρηματίσω, ἐχρημάτισα, ---, κεχρημάτισμαι, ἐχρηματίσθην

χρηστεύομαι
χρηστεύομαι, ---, ---, ---, ---, ---

χρίω
---, ---, ἔχρισα, ---, ---, ---
ἐγχρίω
---, ---, ἐνέχρισα, ---, ---, ---
ἐπιχρίω
---, ---, ἐπέχρισα, ---, ---, ---

χρονίζω
χρονίζω, χρονίσω, ---, ---, ---, ---

[χύννω]
 ἐκχύννω
ἐκχύννω, ---, ---, ---, ἐκκέχυμαι, ἐξεχύθην
 συγχύννω
συγχύννω, ---, ---, ---, συγκέχυμαι, συνεχύθην
 ὑπερεκχύννω
ὑπερεκχύννω, ---, ---, ---, ---, ---

χωρίζω
χωρίζω, χωρίσω, ἐχώρισα, ---, κεχώρισμαι, ἐχωρίσθην
 ἀποχωρίζω
---, ---, ---, ---, ---, ἀπεχωρίσθην
 διαχωρίζω
διαχωρίζω, ---, ---, ---, ---, ---

[ψαύω]
 προσψαύω
προσψαύω, ---, ---, ---, ---, ---

ψεύδομαι
ψεύδομαι, ---, ἐψευσάμην, ---, ---, ---

ψηφίζω
ψηφίζω, ---, ἐψήφισα, ---, ---, ---
 συμψηφίζω
---, ---, συνεψήφισα, ---, ---, ---
 συγκαταψηφίζομαι
---, ---, ---, ---, ---, συγκατεψηφίσθην

ψωμίζω
ψωμίζω, ---, ἐψώμισα ---, ---, ---

ψώχω
ψώχω, ---, ---, ---, ---, ---

ὠρύομαι
ὠρύομαι, ---, ---, ---, ---, ---

[ὠτίζομαι]
 ἐνωτίζομαι
---, ---, ἐνωτισάμην, ---, ---, ---

Chapter 2
"SECOND" VERBS

"Second" verbs have alternate forms of the aorist and/or perfect called, respectively, second aorist and second perfect. The alterations concern only the suffixes added to the verb stem. Thus, aside from the minor variations in their tense formatives and connecting vowels, these verbs are not any different from those in the first chapter.

Some irregular verbs can also be classified in some way as "second" verbs. Although everything said in this chapter applies to any kind of "second" verb, only regular "second" verbs will be introduced here.

The second aorist active drops the aorist tense formative, while the second perfect and second aorist passive change their tense formatives.

The second aorist is further characterized by a change (usually one letter) in the verb stem. The second perfect and second aorist passive may or may not have a change in the verb stem.

Because they share the same principal part, a second aorist active will also have a second aorist middle, a second perfect active will also have a second pluperfect active, and a second aorist passive will also have a second future passive.

Reference to *second aorist* always refers to the third principal part which encompasses the aorist active and middle. When reference to the sixth principal part is intended, the term *passive* will always be added.

It is not necessary to refer to regular aorists and perfects as first aorists and first perfects; the bare mention of the words alone indicates that they are first aorists and first perfects.

There is no connection between a verb being a "second" verb in the aorist active and the aorist passive. And likewise for the perfect. Some verbs have a second aorist only in the active, some have just a second perfect, and some have just a second aorist passive. Other verbs have a combination of two or more principal parts with "second" characteristics.

There is no way to tell from the lexical form of a verb if it will have one or more "second" characteristics in its other principal parts.

Second Aorist

The characteristic of the second aorist is the dropping of the tense formative σα and the use of the ο/ε connecting vowel. The same secondary endings are used.

The second aorist endings are, therefore, exactly the same as the imperfect endings, except for one thing—the second aorist stem is always different from the present stem. If the change is enough to obscure the identification of the verb, it would be classified as irregular, and explained in that chapter.

Sometimes a second aorist verb will also have a regular first aorist form. An analogy with English would be the past tense of *shine*, which can be either *shined* or *shone*. This phenomenon does not necessarily make the verb irregular, and will be noted when it occurs.

Some verbs use first aorist endings on second aorist stems. In that case, the verb would be classified as irregular, and explained in that chapter.

To determine if a verb will have a second aorist, the third principal part should be examined. If it ends in σα then the verb is a first aorist; if it ends in ον then it is a second aorist.

Second Perfect and Second Aorist Passive

Unlike the second aorist, the second perfect and second aorist passive do not drop their tense formatives—they change their tense formatives.

The characteristic of the second perfect is the dropping of the κ from the tense formative κα. The characteristic of the second aorist passive is the dropping of the θ from the tense formative θη.

No other changes have to take place to the verb stems, although a few cases of ablaut can be found. If the change is enough to obscure the identification of the verb, it would be classified as irregular, and explained in that chapter.

Sometimes a second aorist passive verb will also have a regular first aorist passive form. This phenomenon does not necessarily make the verb irregular, and will be noted when it occurs.

To determine if a verb will have a second perfect, the fourth principal part should be examined. If it ends in κα then the verb is a first perfect; if it ends in α then it is a second perfect.

To determine if a verb will have a second aorist passive, the sixth principal part should be examined. If it ends in θην then the verb is a first aorist passive; if it ends in ην then the verb is a second aorist passive.

"SECOND" VERBS

ἀλλάσσω
---, ἀλλάξω, ἤλλαξα, ---, ---, ἠλλάγην
   ἀπαλλάσσω
ἀπαλλάσσω, ---, ἀπήλλαξα, ---, ἀπήλλαγμαι, ---
   ἀποκαταλλάσσω
---, ---, ἀποκατήλλαξα, ---, ---, ---
   διαλλάσσομαι
---, ---, ---, ---, ---, διηλλάγην
   καταλλάσσω
καταλλάσσω, ---, κατήλλαξα, ---, ---, κατηλλάγην
   μεταλλάσσω
---, ---, μετήλλαξα, ---, ---, ---
   συναλλάσσω
συναλλάσσω, ---, ---, ---, ---, ---

γράφω
γράφω, γράψω, ἔγραψα, γέγραφα, γέγραμμαι, ἐγράφην
   ἀπογράφω
ἀπογράφω, ---, ἀπέγραψα, ---, ἀπογέγραμμαι, ---
   ἐγγράφω
---, ---, ---, ---, ἐγγέγραμμαι, ---
   ἐπιγράφω
---, ἐπιγράψω, ---, ---, ἐπιγέγραμμαι, ---
   καταγράφω
καταγράφω, ---, ---, ---, ---, ---
   προγράφω
---, ---, προέγραψα, ---, προγέγραμμαι, προεγράφην

κάμνω
κάμνω, ---, ἔκαμον, ---, ---, ---

κόπτω
κόπτω, κόψω, ἔκοψα, ---, ---, ---
   ἀποκόπτω
---, ἀποκόψω, ἀπεκόψα, ---, ---, ---
   ἐγκόπτω
ἐγκόπτω, ---, ἐνέκοψα, ---, ---, ---
   ἐκκόπτω
ἐκκόπτω, ἐκκόψω, ἐξέκοψα, ---, ---, ἐξεκόπην

    κατακόπτω
κατακόπτω, ---, ---, ---, ---, ---
    προκόπτω
προκόπτω, προκόψω, προέκοψα, ---, ---, ---
    προσκόπτω
προσκόπτω, ---, προσέκοψα, ---, ---, ---

λείπω
λείπω, ---, ---, ---, ---, ---
    ἀπολείπω
ἀπολείπω, ---, ἀπέλιπον, ---, ---, ---
    διαλείπω
---, ---, διέλιπον, ---, ---, ---
    ἐγκαταλείπω
ἐγκαταλείπω, ἐγκαταλείψω, ἐγκατέλιπον, ---, ---, ἐγκατελείφθην
    ἐκλείπω
---, ἐκλείψω, ἐξέλιπον, ---, ---, ---
    ἐπιλείπω
---, ἐπιλείψω, ---, ---, ---, ---
    καταλείπω
καταλείπω, καταλείψω, κατέλιπον, ---, καταλέλειμμαι, κατελείφθην
The aorist also occurs once as a first aorist: κατέλειψα.
    περιλείπομαι
περιλείπομαι, ---, ---, ---, ---, ---
    ὑπολείπω
---, ---, ---, ---, ---, ὑπελείφθην

νύσσω
---, ---, ἔνυξα, ---, ---, ---
    κατανύσσομαι
---, ---, ---, ---, ---, κατενύγην

πλέκω
---, ---, ἔπλεξα, ---, ---, ---
    ἐμπλέκω
ἐμπλέκω, ---, ---, ---, ---, ἐνεπλάκην

πλήσσω
---, ---, ---, ---, ---, ἐπλήγην

"SECOND" VERBS

ἐκπλήσσω
ἐκπλήσσω, ---, ---, ---, ---, ἐξεπλάγην
The η in this compound changes to α.
ἐπιπλήσσω
---, ---, ἐπέπληξα, ---, ---, ---

πνίγω
πνίγω, ---, ἔπνιξα, ---, ---, ---
ἀποπνίγω
---, ---, ἀπέπνιξα, ---, ---, ἀπεπνίγην
συμπνίγω
συμπνίγω, ---, συνέπνιξα, ---, ---, ---

πράσσω
πράσσω, πράξω, ἔπραξα, πέπραχα, πέπραγμαι, ---

σήπω
---, ---, ---, σέσηπα, ---, ---

στρέφω
στρέφω, ---, ἔστρεψα, ---, ---, ἐστράφην
ἀναστρέφω
ἀναστρέφω, ἀναστρέψω, ἀνέστρεψα, ---, ---, ἀνεστράφην
ἀποστρέφω
ἀποστρέφω, ἀποστρέψω, ἀπέστρεψα, ---, ---, ἀπεστράφην
διαστρέφω
διαστρέφω, ---, διέστρεψα, ---, διέστραμμαι, ---
ἐκστρέφω
---, ---, ---, ---, ἐξέστραμμαι, ---
ἐπιστρέφω
ἐπιστρέφω, ἐπιστρέψω, ἐπέστρεψα, ---, ---, ἐπεστράφην
καταστρέφω
---, ---, κατέστρεψα, ---, ---, ---
μεταστρέφω
---, ---, μετέστρεψα, ---, ---, μετεστράφην
συστρέφω
συστρέφω, ---, συνέστρεψα, ---, ---, ---
ὑποστρέφω
ὑποστρέφω, ὑποστρέψω, ὑπέστρεψα, ---, ---, ---

τάσσω
τάσσω, ---, ἔταξα, ---, τέταγμαι, ---
    ἀνατάσσομαι
---, ---, ἀνεταξάμην, ---, ---, ---
    ἀντιτάσσω
ἀντιτάσσω, ---, ---, ---, ---, ---
    ἀποτάσσω
ἀποτάσσω, ---, ἀπέταξα, ---, ---, ---
    διατάσσω
διατάσσω, διατάξω, διέταξα, διατέταχα, διατέταγμαι, διετάγην

The aorist passive also occurs once as a first aorist passive: διετάχθην.
    ἐπιδιατάσσομαι
ἐπιδιατάσσομαι, ---, ---, ---, ---, ---
    ἐπιτάσσω
ἐπιτάσσω, ---, ἐπέταξα, ---, ---, ---
    προστάσσω
προστάσσω, ---, προσέταξα, ---, προστέταγμαι, ---
    συντάσσω
---, ---, συνέταξα, ---, ---, ---
    ὑποτάσσω
ὑποτάσσω, ---, ὑπέταξα, ---, ὑποτέταγμαι, ὑπετάγην

[τρέπω]
    ἀνατρέπω
ἀνατρέπω, ---, ἀνέτρεψα, ---, ---, ---
    ἀποτρέπω
ἀποτρέπω, ---, ---, ---, ---, ---
    ἐκτρέπω
ἐκτρέπω, ---, ---, ---, ---, ἐξετράπην
    ἐντρέπω
ἐντρέπω, ---, ---, ---, ---, ἐνετράπην
    ἐπιτρέπω
ἐπιτρέπω, ---, ἐπέτρεψα, ---, ---, ἐπετράπην
    μετατρέπω
---, ---, ---, ---, ---, μετετράπην
    περιτρέπω
περιτρέπω, ---, ---, ---, ---, ---
    προτρέπω
---, ---, προέτρεψα, ---, ---, ---

[τρίβω]
    διατρίβω
διατρίβω, ---, διέτριψα, ---, ---, ---

    συντρίβω
συντρίβω, συντρίψω, συνέτριψα, ---, συντέτριμμαι, συνετρίβην

φράσσω
---, ---, ἔφραξα, ---, ---, ἐφράγην

φύω
φύω, ---, ---, ---, ---, ἐφύην
    ἐκφύω
ἐκφύω, ---, ---, ---, ---, ---
    συμφύω
---, ---, ---, ---, ---, συμεφύην

Chapter 3
CONTRACT VERBS

Contract verbs have alternate forms in the first principal part. Unlike "second" verbs, contract verbs have the same connecting vowels and endings as regular verbs, but have altered resultant endings because contraction takes place between the final stem vowel and the initial vowel of the resultant endings. Thus, aside from the minor variations in their resultant endings, these verbs are not any different from those in the first chapter.

Some irregular verbs can also be classified in some way as contract verbs. Although everything said in this chapter applies to any kind of contract verb, only regular contract verbs will be introduced here.

Contract verbs have stems that end in α, ε, η, or ο. However, although the vast majority of verbs that end in these vowels are contract verbs, not all verbs whose stems end in these vowels are contract verbs.

Contract verbs are categorized according to their final stem vowels. Stems ending in α are alpha contracts, stems ending in ε are epsilon contracts, stems ending in η are eta contracts, and stems ending in ο are omicron contracts.

Because a verb's resultant endings don't always begin with a vowel, contraction only takes place in the present system (the present and imperfect tenses), but occurs in all voices and moods, including the infinitive and participle. Although second aorist endings also begin with a vowel, contract verbs only occur in the first aorist.

The principal parts of contract verbs are extremely regular. Outside of the first principal part, contract verbs generally lengthen their final stem vowel. Since there is no way to tell if a contract verb will not lengthen its final stem vowel, the principal parts must be examined to make that determination. Compound verbs follow their simple forms. The few contract verbs that do not undergo this lengthening are listed below. There are no cases of ablaut. The only other verb stem change that takes place is the addition of a σ to the perfect middle/passive and/or aorist passive stems of six verbs, all listed below.

Contract verbs never occur in the New Testament in their uncontracted forms. As is traditional, they are always referred to using their uncontracted forms. As a matter of convenience, in the presentation of the principal parts of contract verbs, the headword appears in the uncontracted form and the first principal part appears in the contracted form.

The contract verbs αἱρέω, γαμέω, ζήω, καλέω, οἴομαι, ὁράω, and χέω are considered to be irregular verbs, and will be covered in that chapter.

The irregular verbs δοκέω, ἱκνέομαι, πλέω, πνέω, ῥέω, ῥιπτέω, and ὠθέω appear to be contract verbs because they end in ε. However, δοκέω and ῥιπτέω add ε to form their present stem, ἱκνέομαι adds νε, πλέω, πνέω, and ρέω drop υ, and ὠθέω adds θε.

The following alpha contract verbs do not lengthen their final stem vowel: ἀγαλλιάω, -αἰτιάομαι, -ἀράομαι, γελάω, ἐάω, θεάομαι, -θλάω, θυμιάω, ἰάομαι, κλάω, κονιάω, κοπιάω, πεινάω, -περάω, σπάω, στρηνιάω, χαλάω. The following epsilon contract verbs do not lengthen their final stem vowel: αἰνέω, ἀρκέω, δέω, ἐμέω, τελέω, φορέω.

The following alpha contract verbs add σ to the perfect middle/passive and/or aorist passive stems: θλάω, κλάω, σπάω, χαλάω. The following epsilon contract verbs add σ to the perfect middle/passive and/or aorist passive stems: ἀρκέω, τελέω.

Alpha Contract Verbs

ἀγαλλιάω
ἀγαλλιῶ, ---, ἠγαλλίασα, ---, ---, ἠγαλλιάθην

ἀγαπάω
ἀγαπῶ, ἀγαπήσω, ἠγάπησα, ἠγάπηκα, ἠγάπημαι, ἠγαπήθην

[**αἰτιάομαι**]
προαιτιάομαι
---, ---, προῃτιασάμην, ---, ---, ---

[**ἀκροάομαι**]
ἐπακροάομαι
ἐπακροῶμαι, ---, ---, ---, ---, ---

ἀλοάω
ἀλοῶ, ---, ---, ---, ---, ---

ἀμάω
---, ---, ἤμησα, ---, ---, ---

CONTRACT VERBS

[ἀντάω]
ἀπαντάω
---, ἀπαντήσω, ἀπήντησα, ---, ---, ---
καταντάω
---, ---, κατήντησα, κατήντηκα, ---, ---
συναντάω
---, συναντήσω, συνήντησα, ---, ---, ---
ὑπαντάω
---, ---, ὑπήντησα, ---, ---, ---

ἀπατάω
ἀπατῶ, ---, ---, ---, ---, ἠπατήθην
ἐξαπατάω
ἐξαπατῶ, ---, ἐξηπάτησα, ---, ---, ἐξηπατήθην

[ἀράομαι]
καταράομαι
καταρῶμαι, ---, κατηρασάμην, ---, κατήραμαι, ---

ἀριστάω
---, ---, ἠρίστησα, ---, ---, ---

ἀροτριάω
ἀροτριῶ, ---, ---, ---, ---, ---

βλαστάω
βλαστῶ, ---, ἐβλάστησα, ---, ---, ---

βοάω
βοῶ, ---, ἐβόησα, ---, ---, ---
ἀναβοάω
---, ---, ἀνεβόησα, ---, ---, ---

[βριμάομαι]
ἐμβριμάομαι
ἐμβριμῶμαι, ---, ἐνεβριμησάμην, ---, ---, ἐνεβριμήθην

γεννάω
γεννῶ, γεννήσω, ἐγέννησα, γεγέννηκα, γεγέννημαι, ἐγεννήθην
ἀναγεννάω
---, ---, ἀνεγέννησα, ---, ἀναγεγέννημαι, ---

γελάω
γελῶ, γελάσω, ---, ---, ---, ---
    καταγελάω
καταγελῶ, ---, ---, ---, ---, ---

δαπανάω
---, δαπανήσω, ἐδαπάνησα, ---, ---, ---
    ἐκδαπανάω
---, ---, ---, ---, ---, ἐξεδαπανήθην
    προσδαπανάω
---, ---, προσεδαπάνησα, ---, ---, ---

δειλιάω
δειλιῶ, ---, ---, ---, ---, ---

διψάω
διψῶ, διψήσω, ἐδίψησα, ---, ---, ---

[δοκάω]
    προσδοκάω
προσδοκῶ, ---, ---, ---, ---, ---

ἐάω
ἐῶ, ἐάσω, εἴασα, ---, ---, ---
The imperfect and aorist augment with ει.
    προσεάω
προσεῶ, ---, ---, ---, ---, ---

ἐλεάω
ἐλεῶ, ---, ---, ---, ---, ---

ἐραυνάω
ἐραυνῶ, ---, ἠραύνησα, ---, ---, ---
    ἐξεραυνάω
---, ---, ἐξηραύνησα, ---, ---, ---

ἐρωτάω
ἐρωτῶ, ἐρωτήσω, ἠρώτησα, ---, ---, ---
    διερωτάω
---, ---, διηρώτησα, ---, ---, ---
    ἐπερωτάω
ἐπερωτῶ, ἐπερωτήσω, ἐπηρώτησα, ---, ---, ἐπηρωτήθην

ἡττάομαι
ἡττῶμαι, ---, ---, ---, ἥττημαι, ---

θεάομαι
---, ---, ἐθεασάμην, ---, τεθέαμαι, ἐθεάθην

[**θλάω**]
συνθλάω
---, ---, ---, ---, ---, συνεθλάσθην

θυμιάω
---, ---, ἐθυμίασα, ---, ---, ---

ἰάομαι
ἰῶμαι, ἰάσομαι, ἰασάμην, ---, ἴαμαι, ἰάθην

καυχάομαι
καυχῶμαι, καυχήσομαι, ἐκαυχησάμην, ---, κεκαύχημαι, ---
ἐγκαυχάομαι
ἐγκαυχῶμαι, ---, ---, ---, ---, ---
κατακαυχάομαι
κατακαυχῶμαι, ---, ---, ---, ---, ---

κλάω
κλῶ, ---, ἔκλασα, ---, ---, ---
ἐκκλάω
---, ---, ---, ---, ---, ἐξεκλάσθην
κατακλάω
---, ---, κατέκλασα, ---, ---, ---

κοιμάω
κοιμῶ, ---, ---, ---, κεκοίμημαι, ἐκοιμήθην

κολλάω
κολλῶ, ---, ---, ---, ---, ἐκολλήθην
προσκολλάω
---, ---, ---, ---, ---, προσεκόλληθην

κολυμβάω
κολυμβῶ, ---, ---, ---, ---, ---
ἐκκολυμβάω
---, ---, ἐξεκολύμβησα, ---, ---, ---

κομάω
κομῶ, ---, ---, ---, ---, ---

κονιάω
---, ---, ---, ---, κεκονίαμαι, ---

κοπιάω
κοπιῶ, ---, ἐκοπίασα, κεκοπίακα, ---, ---, ---

κτάομαι
κτῶμαι, ---, ἐκτησάμην, ---, ---, ---

λακάω
---, ---, ἐλάκησα, ---, ---, ---

λικμάω
---, λικμήσω, ---, ---, ---, ---

μασάομαι
μασῶμαι, ---, ---, ---, ---, ---

μελετάω
μελετῶ, ---, ἐμελέτησα, ---, ---, ---
    προμελετάω
προμελετῶ, ---, ---, ---, ---, ---

μεριμνάω
μεριμνῶ, μεριμνήσω, ἐμερίμνησα, ---, ---, ---
    προμεριμνάω
προμεριμνῶ, ---, ---, ---, ---, ---

μοιχάω
μοιχῶ, ---, ---, ---, ---, ---

μυκάομαι
μυκῶμαι, ---, ---, ---, ---, ---

μωμάομαι
---, ---, ἐμωμησάμην, ---, ---, ἐμωμήθην

[ναρκάω]
    καταναρκάω
---, καταναρκήσω, κατενάρκησα, ---, ---, ---

CONTRACT VERBS

νικάω
νικῶ, νικήσω, ἐνίκησα, νενίκηκα, ---, ---
   ὑπερνικάω
ὑπερνικῶ, ---, ---, ---, ---, ---

ξυράω
ξυρῶ, ξυρήσω, ---, ---, ἐξύρημαι, ---

ὀδυνάω
ὀδυνῶ, ---, ---, ---, ---, ---

ὁρμάω
---, ---, ὥρμησα, ---, ---, ---

πεινάω
πεινῶ, πεινάσω, ἐπείνασα, ---, ---, ---

πειράομαι
πειροῦμαι, ---, ---, ---, ---, ---

[περάω]
   διαπεράω
διαπερῶ, ---, διεπέρασα, ---, ---, ---

[πηδάω]
   ἀναπηδάω
---, ---, ἀνεπήδησα, ---, ---, ---
   εἰσπηδάω
---, ---, εἰσεπήδησα, ---, ---, ---
   ἐκπηδάω
---, ---, ἐξεπήδησα, ---, ---, ---

πλανάω
πλανῶ, πλανήσω, ἐπλάνησα, ---, πεπλάνημαι, ἐπλανήθην
   ἀποπλανάω
ἀποπλανῶ, ---, ---, ---, ---, ἀπεπλανήθην

σιγάω
σιγῶ, ---, ἐσίγησα, ---, σεσίγημαι, ---

σιωπάω
σιωπῶ, σιωπήσω, ἐσιώπησα, ---, ---, ---

σκιρτάω
---, ---, ἐσκίρτησα, ---, ---, ---

σπαταλάω
σπαταλῶ, ---, ἐσπατάλησα, ---, ---, ---

σπάω
---, ---, ἔσπασα, ---, ---, ---
ἀνασπάω
---, ἀνασπάσω, ---, ---, ---, ἀνεσπάσθην
ἀποσπάω
ἀποσπῶ, ---, ἀπέσπασα, ---, ---, ἀπεσπάσθην
διασπάω
---, ---, ---, ---, διέσπαμαι, διεσπάσθην
ἐπισπάομαι
ἐπισπῶμαι, ---, ---, ---, ---, ---
περισπάω
περισπῶ, ---, ---, ---, ---, ---

στρηνιάω
---, ---, ἐστρηνίασα, ---, ---, ---
καταστρηνιάω
---, ---, κατεστρηνίασα, ---, ---, ---

συλάω
---, ---, ἐσύλησα, ---, ---, ---

τελευτάω
τελευτῶ, ---, ἐτελεύτησα, τετελεύτηκα, ---, ---

τιμάω
τιμῶ, τιμήσω, ἐτίμησα, ---, τετίμημαι, ---
ἐπιτιμάω
ἐπιτιμῶ, ---, ἐπετίμησα, ---, ---, ---

τολμάω
τολμῶ, τολμήσω, ἐτόλυησα, ---, ---, ---
ἀποτολμάω
ἀποτολμῶ, ---, ---, ---, ---, ---

τρυγάω
τρυγῶ, ---, ἐτρύγησα, ---, ---, ---

CONTRACT VERBS

τρυφάω
---, ---, ἐτρύφησα, ---, ---, ---
   ἐντρυφάω
ἐντρυφῶ, ---, ---, ---, ---, ---

φρεναπατάω
φρεναπατῶ, ---, ---, ---, ---, ---

[φυσάω]
   ἐμφυσάω
---, ---, ἐνεφύσησα, ---, ---, ---

χαλάω
χαλῶ, χαλάσω, ἐχάλασα, ---, ---, ἐχαλάσθην

χολάω
χολῶ, ---, ---, ---, ---, ---

χράομαι
χρῶμαι, ---, ἐχρησάμην, ---, κέχρημαι, ---
The present middle subjunctive is contracted as χρῆται.
   καταχράομαι
καταχρῶμαι, ---, κατεχρησάμην, ---, ---, ---
   συγχράομαι
συγχρῶμαι, ---, ---, ---, ---, ---

ψηλαφάω
ψηλαφῶ, ---, ἐψηλάφησα, ---, ---, ---

Epsilon Contract Verbs

ἀγαθοεργέω
ἀγαθοεργῶ, ---, ---, ---, ---, ---
The present participle is spelled ἀγαθουργῶ.

ἀγαθοποιέω
ἀγαθοποιῶ, ---, ἠγαθοποίησα, ---, ---, ---

ἀγανακτέω
ἀγανακτῶ, ---, ἠγανάκτησα, ---, ---, ---

ἀγνοέω
ἀγνοῶ, ---, ἠγνόησα, ---, ---, ---

ἀγραυλέω
ἀγραυλῶ, ---, ---, ---, ---, ---

ἀγρυπνέω
ἀγρυπνῶ, ---, ---, ---, ---, ---

ἀδημονέω
ἀδημονῶ, ---, ---, ---, ---, ---

ἀδικέω
ἀδικεῶ, ἀκικήσω, ἠδίκησα, ---, ---, ἠδικήθην

ἀδυνατέω
---, ἀδυνατήσω, ---, ---, ---, ---

ἀθετέω
ἀθετῶ, ἀθετήσω, ἠθέτησα, ---, ---, ---

ἀθλέω
ἀθλῶ, ---, ἤθλησα, ---, ---, ---

ἀθυμέω
ἀθυμῶ, ---, ---, ---, ---, ---

αἱμορροέω
αἱμορροῶ, ---, ---, ---, ---, ---

αἰνέω
αἰνῶ, ---, ---, ---, ---, ---
ἐπαινέω
ἐπαινῶ, ἐπαινέσω, ἐπῄνεσα, ---, ---, ---
παραινέω
παραινῶ, ---, ---, ---, ---, ---

αἰτέω
αἰτῶ, αἰτήσω, ᾔτησα, ᾔτηκα, ---, ---
ἀπαιτέω
ἀπαιτῶ, ---, ---, ---, ---, ---
ἐξαιτέω
---, ---, ἐξῄτησα, ---, ---, ---

ἐπαιτέω
ἐπαιτῶ, ---, ---, ---, ---, ---

παραιτέομαι
παραιτοῦμαι, ---, παρῃτησάμην, ---, παρῄτημαι, ---

προσαιτέω
προσαιτῶ, ---, ---, ---, ---, ---

ἀκαιρέομαι
ἀκαιροῦμαι, ---, ---, ---, ---, ---

ἀκολουθέω
ἀκολουθῶ, ἀκολουθήσω, ἠκολούθησα, ἠκολούθηκα, ---, ---

ἐξακολουθέω
---, ἐξακολουθήσω, ἐξηκολούθησα, ---, ---, ---

ἐπακολουθέω
ἐπακολουθῶ, ---, ἐπηκολούθησα, ---, ---, ---

κατακολουθέω
κατακολουθῶ, ---, κατηκολούθησα, ---, ---, ---

παρακολουθέω
---, παρακολουθήσω, παρηκολούθησα, παρηκολούθηκα, ---, ---

συνακολουθέω
συνακολουθῶ, ---, συνηκολούθησα, ---, ---, ---

[**ἀλγέω**]
ἀπαλγέω
---, ---, ---, ἀπήλγηκα, ---, ---

ἀλληγορέω
ἀλληγορῶ, ---, ---, ---, ---, ---

ἀμελέω
ἀμελῶ, ---, ἠμέλησα, ---, ---, ---

ἀντλέω
ἀντλῶ, ---, ἤντλησα, ἤντληκα, ---, ---

ἀντοφθαλμέω
ἀντοφθαλμῶ, ---, ---, ---, ---, ---

ἀπειθέω
ἀπειθῶ, ---, ἠπείθησα, ---, ---, ---

ἀπιστέω
ἀπιστῶ, ---, ἠπίστησα, ---, ---, ---

ἀπορέω
ἀπορῶ, ---, ---, ---, ---, ---
    ἐξαπορέομαι
ἐξαποροῦμαι, ---, ---, ---, ---, ἐξηπορήθην

ἀργέω
ἀργῶ, ---, ---, ---, ---, ---
    καταργέω
καταργῶ, καταργήσω, κατήργησα, κατήργηκα, κατήργημαι, κατηργήθην

ἀριθμέω
---, ---, ἠρίθμησα, ---, ἠρίθμημαι, ---
    καταριθμέω
---, ---, ---, ---, κατηρίθμημαι, ---

ἀρκέω
ἀρκῶ, ---, ἤρκεσα, ---, ---, ἠρκέσθην
    ἐπαρκέω
ἐπαρκῶ, ---, ἐπήρκεσα, ---, ---, ---

ἀρνέομαι
ἀρνοῦμαι, ἀρνήσομαι, ἠρνησάμην, ---, ἤρνημαι, ---
    ἀπαρνέομαι
---, ἀπαρνήσομαι, ἀπηρνησάμην, ---, ---, ἀπηρνήθην

ἀσεβέω
---, ---, ἠσέβησα, ---, ---, ---

ἀσθενέω
ἀσθενῶ, ---, ἠσθένησα, ἠσθένηκα, ---, ---

ἀσκέω
ἀσκῶ, ---, ---, ---, ---, ---

ἀστατέω
ἀστατῶ, ---, ---, ---, ---, ---

ἀστοχέω
---, ---, ἠστόχησα, ---, ---, ---

ἀσχημονέω
ἀσχημονῶ, ---, ---, ---, ---, ---

ἀτακτέω
---, ---, ἠτάκτησα, ---, ---, ---

αὐθεντέω
αὐθεντῶ, ---, ---, ---, ---, ---

αὐλέω
αὐλῶ, ---, ηὔλησα, ---, ---, ---

αὐχέω
αὐχῶ, ---, ---, ---, ---, ---

βαρέω
βαρῶ, ---, ---, ---, βεβάρημαι, ἐβαρήθην

ἐπιβαρέω
ἐπιβαρῶ, ---, ἐπεβάρησα, ---, ---, ---

καταβαρέω
---, ---, κατεβάρησα, ---, ---, ---

βατταλογέω
---, ---, ἐβατταλόγησα, ---, ---, ---

βλασφημέω
βλασφημῶ, ---, ἐβλασφήμησα, ---, ---, ἐβλασφημήθην

βοηθέω
βοηθῶ, ---, ἐβοήθησα, ---, ---, ---

βραδυπλοέω
βραδυπλοῶ, ---, ---, ---, ---, ---

γενεαλογέω
γενεαλογῶ, ---, ---, ---, ---, ---

γεωργέω
γεωργῶ, ---, ---, ---, ---, ---

γονυπετέω
γονυπετῶ, ---, ἐγονυπέτησα, ---, ---, ---

γρηγορέω
γρηγορῶ, ---, ἐγρηγόρησα, ---, ---, ---
    διαγρηγορέω
---, ---, διεγρηγόρησα, ---, ---, ---

δέω
---, δήσω, ἔδησα, δέδεκα, δέδεμαι, ἐδέθην
This verb only lengthens its final vowel in the future and aorist tenses.
    καταδέω
---, ---, κατέδησα, ---, ---, ---
    περιδέω
---, ---, ---, ---, περιδέδεμαι, ---
    συνδέω
---, ---, ---, ---, συνδέδεμαι, ---
    ὑποδέω
---, ---, ὑπέδησα, ---, ὑποδέδεγμαι, ---

δειπνέω
---, δειπνήσω, ἐδείπνησα, ---, ---, ---

[δημέω]
    ἀποδημέω
ἀποδημῶ, ---, ἀπεδήμησα, ---, ---, ---
    ἐκδημέω
ἐκδημῶ, ---, ἐξεδήμησα, ---, ---, ---
    ἐνδημέω
ἐνδημῶ, ---, ἐνεδήμησα, ---, ---, ---
    ἐπιδημέω
ἐπιδημῶ, ---, ---, ---, ---, ---

δημηγορέω
δημηγορῶ, ---, ---, ---, ---, ---

διακονέω
διακονῶ, διακονήσω, διηκόνησα, ---, ---, διηκονήθην
Augments as if a compound.

[δικέω]
    ἐκδικέω
ἐκδικῶ, ἐκδικήσω, ἐξεδίκησα, ---, ---, ---

διχοτομέω
---, διχοτομήσω, ---, ---, ---, ---

δουλαγωγέω
δουλαγωγῶ, ---, ---, ---, ---, ---

δυνατέω
δυνατῶ, ---, ---, ---, ---, ---

δυσφηυέω
δυσφημῶ, ---, ---, ---, ---, ---

δωρέομαι
---, ---, ἐδωρησάμην, ---, δεδώρημαι, ---

[**εἰλέω**]
ἀπειλέω
ἀπειλῶ, ---, ἠπείλησα, ---, ---, ---
This compound augments the preposition in both the imperfect and the aorist.
ἐνειλέω
---, ---, ἐνείλησα, ---, ---, ---
προσαπειλέω
---, ---, προσαπείλησα, ---, ---, ---

εἰρηνοποιέω
---, ---, εἰρηνοποίησα, ---, ---, ---

ἐλαττονέω
---, ---, ἠλαττόνησα, ---, ---, ---

ἐλεέω
ἐλεῶ, ἐλεήσω, ἠλέησα, ---, ἠλέημαι, ἠλεήθην

ἐμέω
---, ---, ἤμεσα, ---, ---, ---

[**ἐργέω**]
ἐνεργέω
ἐνεργῶ, ---, ἐνήργησα, ---, ---, ---
συνεργέω
συνεργῶ, ---, ---, ---, ---, ---

συνυπουργέω
συνυπουργῶ, ---, ---, ---, ---, ---
The ε in ἐργέω has contracted with the ο of the second preposition.

ἑτεροδιδασκαλέω
ἑτεροδιδασκαλῶ, ---, ---, ---, ---, ---

ἑτεροζυγέω
ἑτεροζυγῶ, ---, ---, ---, ---, ---

εὐαρεστέω
εὐαρεστῶ, ---, εὐαρεστῆσα, εὐαρέστηκα, ---, ---

εὐδοκέω
εὐδοκῶ, ---, εὐδόκησα, ---, ---, ---
συνευδοκέω
συνευδοκῶ, ---, ---, ---, ---, ---

εὐεργετέω
εὐεργετῶ, ---, ---, ---, ---, ---

εὐθυδρομέω
---, ---, εὐθυδρόμησα, ---, ---, ---

εὐθυμέω
εὐθυμῶ, ---, ---, ---, ---, ---

εὐκαιρέω
εὐκαιρῶ, ---, εὐκαίρησα, ---, ---, ---
The imperfect augments with either ευ or ηυ.

εὐλαβέομαι
---, ---, ---, ---, ---, ηὐλαβήθην

εὐλογέω
εὐλογῶ, εὐλογήσω, εὐλόγησα, εὐλόγηκα, εὐλόγημαι, ---
ἐνευλογέω
---, ---, ---, ---, ---, ἐνευλογήθην
κατευλογέω
κατευλογῶ, ---, ---, ---, ---, ---

εὐνοέω
εὐνοῶ, ---, ---, ---, ---, ---

CONTRACT VERBS

εὐπορέω
εὐπορῶ, ---, ---, ---, ---, ---

εὐπροσωπέω
---, ---, εὐπροσώπησα, ---, ---, ---

εὐσεβέω
εὐσεβῶ, ---, ---, ---, ---, ---

εὐφορέω
---, ---, εὐφόρησα, ---, ---, ---

εὐχαριστέω
εὐχαριστῶ, ---, εὐχαρίστησα, ---, ---, εὐχαριστήθην

εὐψυχέω
εὐψυχῶ, ---, ---, ---, ---, ---

[εὐωχέομαι]
    συνευωχέομαι
συνευωχοῦμαι, ---, ---, ---, ---, ---

ζητέω
ζητῶ, ζητήσω, ἐζήτησα, ---, ---, ἐζητήθην
    ἀναζητέω
ἀναζητῶ, ---, ἀνεζήτησα, ---, ---, ---
    ἐκζητέω
ἐκζητῶ, ---, ἐξεζήτησα, ---, ---, ἐξεζητήθην
    ἐπιζητέω
ἐπιζητῶ, ---, ἐπεζήτησα, ---, ---, ---
    συζητέω
συζητῶ, ---, ---, ---, ---, ---

ζωγρέω
ζωγρῶ, ---, ---, ---, ἐζώγρημαι, ---

ζῳογονέω
ζῳογονῶ, ζῳογονήσω, ---, ---, ---, ---

ζῳοποιέω
ζῳοποιῶ, ζῳοποιήσω, ἐζῳοποίησα, ---, ---, ἐζῳοποιήθην

συζωοποιέω
---, ---, συνεζωοποίησα, ---, ---, ---

[ζωπυρέω]
    ἀναζωπυρέω
ἀναζωπυρῶ, ---, ---, ---, ---, ---

ἡγέομαι
ἡγοῦμαι, ---, ἡγησάμην, ---, ἥγημαι, ---
    διηγέομαι
διηγοῦμαι, διηγήσομαι, διηγησάμην, ---, ---, ---
    ἐκδιηγέομαι
ἐκδιηγοῦμαι, ---, ---, ---, ---, ---
    ἐξηγέομαι
ἐξηγοῦμαι, ---, ἐξηγησάμην, ---, ---, ---
    προηγέομαι
προηγοῦμαι, ---, ---, ---, ---, ---

ἠχέω
ἠχῶ, ---, ---, ---, ---, ---
    ἐξηχέω
---, ---, ---, ---, ἐξήχημαι, ---
    κατηχέω
κατηχῶ, ---, κατήχησα, ---, κατήχημαι, κατηχήθην

θαμβέω
θαμβῶ, ---, ---, ---, ---, ἐθαμβήθην
    ἐκθαμβέω
ἐκθαμβῶ, ---, ---, ---, ---, ἐξεθαμβήθην

θαρρέω
θαρρῶ, ---, ἐθάρρησα, ---, ---, ---

θαρσέω
θαρσῶ, ---, ---, ---, ---, ---

θεωρέω
θεωρῶ, θεωρήσω, ἐθεώρησα, ---, ---, ---
    ἀναθεωρέω
ἀναθεωρῶ, ---, ---, ---, ---, ---
    παραθεωρέω
παραθεωρῶ, ---, ---, ---, ---, ---

CONTRACT VERBS

θηριομαχέω
---, ---, ἐθηριομάχησα, ---, ---, ---

θορυβέω
θορυβῶ, ---, ---, ---, ---, ---

θρηνέω
θρηνῶ, θρηνήσω, ἐθρήνησα, ---, ---, ---

θροέω
θροῶ, ---, ---, ---, ---, ---

[θυμέω]
διενθυμέομαι
διενθυμοῦμαι, ---, ---, ---, ---, ---
ἐνθυμέομαι
ἐνθυμοῦμαι, ---, ---, ---, ---, ἐνεθυμήθην
ἐπιθυμέω
ἐπιθυμῶ, ἐπιθυμήσω, ἐπεθύμησα, ---, ---, ---

θυμομαχέω
θυμομαχῶ, ---, ---, ---, ---, ---

ἱεροσυλέω
ἱεροσυλῶ, ---, ---, ---, ---, ---

ἱερουργέω
ἱερουργῶ, ---, ---, ---, ---, ---

ἱστορέω
---, ---, ἱστόρησα, ---, ---, ---

[κακέω]
ἐγκακέω
ἐγκακῶ, ---, ἐνέκακησα, ---, ---, ---

κακολογέω
κακολογῶ, ---, ἐκακολόγησα, ---, ---, ---

κακοπαθέω
κακοπαθῶ, ---, ἐκακοπάθησα, ---, ---, ---
συγκακοπαθέω
---, ---, συνεκακοπάθησα, ---, ---, ---

κακοποιέω
κακοποιῶ, ---, ἐκακοποίησα, ---, ---, ---

κακουχέω
κακουχῶ, ---, ---, ---, ---, ---
συγκακουχέομαι
συγκακουχοῦμαι, ---, ---, ---, ---, ---

καλοποιέω
καλοποιῶ, ---, ---, ---, ---, ---

καρποφορέω
καρποφορῶ, ---, ἐκαρποφόρησα, ---, ---, ---

καρτερέω
---, ---, ἐκαρτέρησα, ---, ---, ---
προσκαρτερέω
προσκαρτερῶ, προσκαρτερήσω, ---, ---, ---, ---

κατηγορέω
κατηγορῶ, κατηγορήσω, κατηγόρησα, ---, ---, ---

[κεντέω]
ἐκκεντέω
---, ---, ἐξεκέντησα, ---, ---, ---

κινέω
κινῶ, κινήσω, ἐκίνησα, ---, ---, ἐκινήθην
μετακινέω
μετακινῶ, ---, ---, ---, ---, ---
συγκινέω
---, ---, συνεκίνησα, ---, ---, ---

κληρονομέω
κληρονομῶ, κληρονομήσω, ἐκληρονόμησα, κεκληρονόμηκα, ---, ---
κατακληρονομέω
---, ---, κατεκληρονόμησα, ---, ---, ---

κοινωνέω
κοινωνῶ, ---, ἐκοινώνησα, κεκοινώνηκα, ---, ---

συγκοινωνέω
συγκοινωνῶ ---, συνεκοινώνησα, ---, ---, ---

κοσμέω
κοσμῶ, ---, ἐκόσμησα, ---, κεκόσμημαι, ---

κρατέω
κρατῶ, κρατήσω, ἐκράτησα, κεκράτηκα, κεκράτημαι, ---

[κυέω]
ἀποκυέω
ἀποκυῶ ---, ἀπεκύησα, ---, ---, ---

[κυνέω]
προσκυνέω
προσκυνῶ, προσκυνήσω, προσεκύνησα, ---, ---, ---

λαλέω
λαλῶ, λαλήσω, ἐλάλησα, λελάληκα, λελάλημαι, ἐλαλήθην
διαλαλέω
διαλαλῶ, ---, ---, ---, ---, ---
ἐκλαλέω
---, ---, ἐξελάλησα, ---, ---, ---
καταλαλέω
καταλαλῶ, ---, ---, ---, ---, ---
προσλαλέω
προσλαλῶ, ---, προσελάλησα, ---, ---, ---
συλλαλέω
συλλαλῶ, ---, συνελάλησα, ---, ---, ---

λατομέω
---, ---, ἐλατόμησα, ---, λελατόμημαι, ---

λειτουργέω
λειτουργῶ, ---, ἐλειτούργησα, ---, ---, ---

λιθοβολέω
λιθοβολῶ, ---, ἐλιθοβόλησα, ---, ---, ἐλιθοβολήθην

[λογέομαι]
    ἀπολογέομαι
ἀπολογοῦμαι, ---, ἀπελογησάμην, ---, ---, ἀπελογήθην
    ἐλλογέω
ἐλλογῶ, ---, ---, ---, ---, ---
The present imperative uses α instead of ε as the final stem vowel.

λογομαχέω
λογομαχῶ, ---, ---, ---, ---, ---

λοιδορέω
λοιδορῶ, ---, ---, ἐλοιδόρησα, ---, ---
    ἀντιλοιδορέω
ἀντιλοιδορῶ, ---, ---, ---, ---, ---

λυπέω
λυπῶ, ---, ἐλύπησα, λελύπηκα, ---, ἐλυπήθην
    συλλυπέω
συλλυπῶ, ---, ---, ---, ---, ---

λυσιτελέω
λυσιτελῶ, ---, ---, ---, ---, ---

μακροθυμέω
μακροθυμῶ, ---, ἐμακροθύμησα, ---, ---, ---

μαρτυρέω
μαρτυρῶ, μαρτυρήσω, ἐμαρτύρησα, μεμαρτύρηκα, μεμαρτύρημαι, ἐμαρτυρήθην
    ἐπιμαρτυρέω
ἐπιμαρτυρῶ, ---, ---, ---, ---, ---
    καταμαρτυρέω
καταμαρτυρῶ, ---, ---, ---, ---, ---
    συμμαρτυρέω
συμμαρτυρῶ, ---, ---, ---, ---, ---
    συνεπιμαρτυρέω
συνεπιμαρτυρῶ, ---, ---, ---, ---, ---

μετρέω
μετρῶ, ---, ἐμέτρησα, ---, ---, ἐμετρήθην
    ἀντιμετρέω
---, ---, ---, ---, ---, ἀντεμετρήθην

μετριοπαθέω
μετριοπαθῶ, ---, ---, ---, ---, ---

μιμέομαι
μιμοῦμαι, ---, ---, ---, ---, ---

μισέω
μισῶ, μισήσω, ἐμίσησα, μεμίσηκα, μεμίσημαι, ---

μοσχοποιέω
---, ---, ἐμοσχοποίησα, ---, ---, ---

μυέω
---, ---, ---, ---, μεμύημαι, ---

[μυθέομαι]
παραμυθέομαι
παραμυθοῦμαι, ---, παρεμυθησάμην, ---, ---, ---

ναυαγέω
---, ---, ἐναυάγησα, ---, ---, ---

νοέω
νοῶ, ---, ἐνόησα, ---, ---, ---
κατανοέω
κατανοῶ, ---, κατενόησα, ---, ---, ---
μετανοέω
μετανοῶ, μετανοήσω, μετενόησα, ---, ---, ---
προνοέω
προνοῶ, ---, ---, ---, ---, ---
ὑπονοέω
ὑπονοῶ, ---, ---, ---, ---, ---

[νομέω]
παρανομέω
παρανομῶ, ---, ---, ---, ---, ---

νοσέω
νοσῶ, ---, ---, ---, ---, ---

νουθετέω
νουθετῶ, ---, ---, ---, ---, ---

ξενοδοχέω
---, ---, ἐξενοδόχησα, ---, ---, ---

ὁδηγέω
ὁδηγῶ, ὁδηγήσω, ---, ---, ---, ---

ὁδοιπορέω
ὁδοιπορῶ, ---, ---, ---, ---, ---

οἰκέω
οἰκῶ, ---, ---, ---, ---, ---

ἐγκατοικέω
ἐγκατοικῶ, ---, ---, ---, ---, ---

ἐνοικέω
ἐνοικῶ, ἐνοικήσω, ἐνῴκησα, ---, ---, ---

κατοικέω
κατοικῶ, ---, κατῴκησα, ---, ---, ---

παροικέω
παροικῶ, ---, παρῴκησα, ---, ---, ---

περιοικέω
περιοικῶ, ---, ---, ---, ---, ---

συνοικέω
συνοικῶ, ---, ---, ---, ---, ---

οἰκοδεσποτέω
οἰκοδεσποτῶ, ---, ---, ---, ---, ---

οἰκοδομέω
οἰκοδομῶ, οἰκοδομήσω, ᾠκοδόμησα, ---, ᾠκοδομήμαι, οἰκοδομήθην
The aorist and the perfect of the simple form do not always augment. The aorist passive does not augment. Compounds do not augment.

ἀνοικοδομέω
---, ἀνοικοδομήσω, ---, ---, ---, ---

ἐποικοδομέω
ἐποικοδομῶ, ---, ἐποικοδόμησα, ---, ---, ἐποικοδομήθην

συνοικοδομέω
συνοικοδομῶ, ---, ---, ---, ---, ---

οἰκονομέω
οἰκονομῶ, ---, ---, ---, ---, ---

CONTRACT VERBS 73

ὀκνέω
---, ---, ὤκνησα, ---, ---, ---

ὀλιγωρέω
ὀλιγωρῶ, ---, ---, ---, ---, ---

ὁμιλέω
ὁμιλῶ, ---, ὡμίλησα, ---, ---, ---
συνομιλέω
συνομιλῶ, ---, ---, ---, ---, ---

ὁμολογέω
ὁμολογῶ, ὁμολογήσω, ὡμολόγησα, ---, ---, ---
ἀνθομολογέομαι
ἀνθομολογοῦμαι, ---, ---, ---, ---, ---
ἐξομολογέω
ἐξομολογῶ, ἐξομολογήσω, ἐξωμολόγησα, ---, ---, ---

[**ὁμορέω**]
συνομορέω
συνομορῶ, ---, ---, ---, ---, ---

ὀρθοποδέω
ὀρθοποδῶ, ---, ---, ---, ---, ---

ὀρθοτομέω
ὀρθοτομῶ, ---, ---, ---, ---, ---

[**ὀρκέω**]
ἐπιορκέω
---, ἐπιορκήσω, ---, ---, ---, ---

ὀρχέομαι
---, ---, ὠρχησάμην, ---, ---, ---

[**οὐδενέω**]
ἐξουδενέω
---, ---, ---, ---, ---, ἐξουδενήθην

[**οὐθενέω**]
ἐξουθενέω
ἐξουθενῶ, ---, ἐξουθένησα, ---, ἐξουθένημαι, ἐξουθενήθην

ὀχλέω
ὀχλῶ, ---, ---, ---, ---, ---
   ἐνοχλέω
ἐνοχλῶ, ---, ---, ---, ---, ---
   παρενοχλέω
παρενοχλῶ, ---, ---, ---, ---, ---

ὀχλοποιέω
---, ---, ὠχλοποίησα, ---, ---, ---

[παθέω]
   συμπαθέω
---, ---, συνεπάθησα, ---, ---, ---

πατέω
πατῶ, πατήσω, ---, ---, ---, ἐπατήθην
   ἐμπεριπατέω
---, ἐμπεριπατήσω, ---, ---, ---, ---
   καταπατέω
καταπατῶ, καταπατήσω, κατεπάτησα, ---, ---, κατεπατήθην
   περιπατέω
περιπατῶ, περιπατήσω, περιεπάτησα, ---, ---, ---

πειθαρχέω
πειθαρχῶ, ---, ἐπειθάρχησα, ---, ---, ---

πενθέω
πενθῶ, πενθήσω, ἐπένθησα, ---, ---, ---

πλεονεκτέω
πλεονεκτῶ, ---, ἐπλεονέκτησα, ---, ---, ἐπλεονεκτήθην

πληροφορέω
πληροφορῶ, ---, ἐπληροφόρησα, ---, πεπληροφόρημαι, ἐπληροφορήθην

πλουτέω
πλουτῶ, ---, ἐπλούτησα, πεπλούτηκα, ---, ---

[ποθέω]
   ἐπιποθέω
ἐπιποθῶ, ---, ἐπεπόθησα, ---, ---, ---

ποιέω
ποιῶ, ποιήσω, ἐποίησα, πεποίηκα, πεποίημαι, ---
περιποιέω
περιποιῶ, ---, περιεποίησα, ---, ---, ---
προσποιέω
---, ---, προσεποίησα, ---, ---, ---

πολεμέω
πολεμῶ, πολεμήσω, ἐπολέμησα, ---, ---, ---

[πονέω]
διαπονέομαι
διαπονοῦμαι, ---, ---, ---, ---, διεπονήθην
καταπονέω
καταπονῶ, ---, ---, ---, ---, ---

[πορέω]
διαπορέω
διαπορῶ, ---, ---, ---, ---, ---

πορθέω
πορθῶ, ---, ἐπόρθησα, ---, ---, ---

προσωπολημπτέω
προσωπολημπτῶ, ---, ---, ---, ---, ---

πτοέω
---, ---, ---, ---, ---, ἐπτοήθην

πωλέω
πωλῶ, ---, ἐπώλησα, ---, ---, ---

[σαφέω]
διασαφέω
---, ---, διεσάφησα, ---, ---, ---

σκοπέω
σκοπῶ, ---, ---, ---, ---, ---
ἐπισκοπέω
ἐπισκοπῶ, ---, ---, ---, ---, ---
κατασκοπέω
---, ---, κατεσκόπησα, ---, ---, ---

στενοχωρέω
στενοχωρῶ, ---, ---, ---, ---, ---

[στερέω]
ἀποστερέω
ἀποστερῶ, ---, ἀπεστέρησα, ---, ἀπεστέρημαι, ---

στοιχέω
στοιχῶ, στοιχήσω, ---, ---, ---, ---
    συστοιχέω
συστοιχῶ, ---, ---, ---, ---, ---

στρατολογέω
---, ---, ἐστρατολόγησα, ---, ---, ---

[στυγέω]
ἀποστυγέω
ἀποστυγῶ, ---, ---, ---, ---, ---

συκοφαντέω
---, ---, ἐσυκοφάντησα, ---, ---, ---

συλαγωγέω
συλαγωγῶ, ---, ---, ---, ---, ---

σωφρονέω
σωφρονῶ, ---, ἐσωφρόνησα, ---, ---, ---

ταλαιπωρέω
---, ---, ἐταλαιπώρησα, ---, ---, ---

τεκνογονέω
τεκνογονῶ, ---, ---, ---, ---, ---

τεκνοτροφέω
---, ---, ἐτεκνοτρόφησα, ---, ---, ---

τελεσφορέω
τελεσφορῶ, ---, ---, ---, ---, ---

τελέω
τελῶ, ---, ἐτέλεσα, τετέλεκα, τετέλεσμαι, ἐτελέσθην
    ἀποτελέω
ἀποτελῶ, ---, ---, ---, ---, ἀπετελέσθην

διατελέω
διατελῶ, ---, ---, ---, ---, ---
    ἐκτελέω
---, ---, ἐξετέλεσα, ---, ---, ---
    ἐπιτελέω
ἐπιτελῶ, ἐπιτελέσω, ἐπετέλεσα, ---, ---, ---
    συντελέω
συντελῶ, συντελέσω, συνετέλεσα, ---, ---, συνετελέσθην

τετρααρχέω
τετρααρχῶ, ---, ---, ---, ---, ---

τηρέω
τηρῶ, τηρήσω, ἐτήρησα, τετήρηκα, τετήρημαι, ἐτηρήθην
    διατηρέω
διατηρῶ, ---, ---, ---, ---, ---
    παρατηρέω
παρατηρῶ, ---, παρετήρησα, ---, ---, ---
    συντηρέω
συντηρῶ, ---, ---, ---, ---, ---

τιμωρέω
τιμωρῶ, ---, ---, ---, ---, ἐτιμωρήθην

τροποφορέω
---, ---, ἐτροποφόρησα, ---, ---, ---

ὑδροποτέω
ὑδροποτῶ, ---, ---, ---, ---, ---

ὑμνέω
ὑμνῶ, ὑμνήσω, ὕμνησα, ---, ---, ---

ὑπηρετέω
ὑπηρετῶ, ---, ὑπηρέτησα, ---, ---, ---

ὑστερέω
ὑστερῶ, ---, ὑστέρησα, ὑστέρηκα, ---, ὑστερήθην

ὑψηλοφρονέω
ὑψηλοφρονῶ, ---, ---, ---, ---, ---

φθονέω
φθονῶ, ---, ---, ---, ---, ---

φιλέω
φιλῶ, ---, ἐφίλησα, πεφίληκα, ---, ---
    καταφιλέω
καταφιλῶ, ---, κατεφίλησα, ---, ---, ---

φιλοτιμέομαι
φιλοτιμοῦμαι, ---, ---, ---, ---, ---

φλυαρέω
φλυαρῶ, ---, ---, ---, ---, ---

φοβέω
φοβῶ, ---, ---, ---, ---, ἐφοβήθην
    ἐκφοβέω
ἐκφοβῶ, ---, ---, ---, ---, ---

φορέω
φορῶ, φορέσω, ἐφόρεσα, ---, ---, ---

φρονέω
φρονῶ, φρονήσω, ---, ---, ---, ---
    καταφρονέω
καταφρονῶ, καταφρονήσω, κατεφρόνησα, ---, ---, ---
    παραφρονέω
παραφρονῶ, ---, ---, ---, ---, ---
    περιφρονέω
πειφρονῶ, ---, ---, ---, ---, ---
    ὑπερφρονέω
ὑπερφρονῶ, ---, ---, ---, ---, ---

φρουρέω
φρουρῶ, φρουρήσω, ---, ---, ---, ---

φωνέω
φωνῶ, φωνήσω, ἐφώνησα, ---, ---, ἐφωνήθην
    ἀναφωνέω
---, ---, ἀνεφώνησα, ---, ---
    ἐπιφωνέω
ἐπιφωνῶ, ---, ---, ---, ---, ---

προσφωνέω
προσφωνῶ, ---, προσεφώνησα, ---, ---, ---
συμφωνέω
συμφωνῶ, συμφωνήσω, συνεφώνησα, ---, ---, συνεφωνήθην

χαλιναγωγέω
χαλιναγωγῶ, ---, ἐχαλιναγώγησα, ---, ---, ---

[χειρέω]
ἐπιχειρέω
ἐπιχειρῶ, ---, ἐπεχείρησα, ---, ---, ---

χειραγωγέω
χειραγωγῶ, ---, ---, ---, ---, ---

χειροτονέω
---, ---, ἐχειροτόνησα, ---, ---, ἐχειροτονήθην
προχειροτονέω
---, ---, ---, ---, προκεχειροτόνημαι, ---

χορηγέω
χορηγῶ, χορηγήσω, ---, ---, ---, ---
ἐπιχορηγέω
ἐπιχορηγῶ, ---, ἐπεχορήγησα, ---, ---, ἐπεχορηγήθην

χρονοτριβέω
---, ---, ἐχρονοτρίβησα, ---, ---, ---

χωρέω
χωρῶ, ---, ἐχώρησα, ---, ---, ---
ἀναχωρέω
ἀναχωρῶ, ---, ἀνεχώρησα, ---, ---, ---
ἀποχωρέω
ἀποχωρῶ, ---, ἀπεχώρησα, ---, ---, ---
ἐκχωρέω
ἐκχωρῶ, ---, ---, ---, ---, ---
ὑποχωρέω
ὑποχωρῶ, ---, ὑπεχώρησα, ---, ---, ---

ψευδομαρτυρέω
ψευδομαρτυρῶ, ψευδομαρτυρήσω, ἐψευδομαρτύρησα, ---, ---, ---

ὠνέομαι
---, ---, ὠνησάμην, ---, ---, ---

ὠφελέω
ὠφελῶ, ὠφελήσω, ὠφέλησα, ---, ---, ὠφελήθην

Omicron Contract Verbs

ἀκριβόω
---, ---, ἠκρίβωσα, ---, ---, ---

ἀκυρόω
ἀκυρῶ, ---, ἠκύρωσα, ---, ---, ---

[ἀλλοτριόω]
ἀπαλλοτριόω
---, ---, ---, ---, ἀπηλλοτρίωμαι, ---

ἀξιόω
ἀξιῶ, ---, ἠξίωσα, ---, ἠξίωμαι, ἠξιώθην
καταξιόω
---, ---, ---, ---, ---, κατηξιώθην

ἀχρεόω
---, ---, ---, ---, ---, ἠχρεώθην

βεβαιόω
βεβαιῶ, βεβαιώσω, ἐβεβαίωσα, ---, ---, ἐβεβαιώθην
διαβεβαιόομαι
διαβεβαιοῦμαι, ---, ---, ---, ---, ---

βεβηλόω
βεβηλῶ, ---, ἐβεβήλωσα, ---, ---, ---

βιόω
---, ---, ἐβίωσα, ---, ---, ---

δεκατόω
---, ---, ---, δεδεκάτωκα, δεδεκάτωμαι, ---
ἀποδεκατόω
ἀποδεκατῶ, ---, ---, ---, ---, ---

δηλόω
δηλῶ, δηλώσω, ἐδήλωσα, ---, ---, ἐδηλώθην

CONTRACT VERBS

δικαιόω
δικαιῶ, δικαιώσω, ἐδικαίωσα, ---, δεδικαίωμαι, ἐδικαιώθην

διπλόω
---, ---, ἐδίπλωσα, ---, ---, ---

δολιόω
δολιῶ, ---, ---, ---, ---, ---

δολόω
δολῶ, ---, ---, ---, ---, ---

δουλόω
---, δουλώσω, ἐδούλωσα, δεδούλωμαι, ἐδουλώθην
καταδουλόω
καταδουλῶ, καταδουλώσω, ---, ---, ---, ---

δυναμόω
δυναμῶ, ---, ---, ---, ---, ἐδυναμώθην
ἐνδυναμόω
ἐνδυναμῶ, ---, ἐνεδυνάμωσα, ---, ---, ἐνεδυναμώθην

ἐλαττόω
ἐλαττῶ, ---, ἠλάττωσα, ---, ἠλάττωμαι, ---

ἐλευθερόω
---, ἐλευθερώσω, ἠλευθέρωσα, ---, ---, ἠλευθερώθην

ἑλκόω
---, ---, ---, ---, εἵλκωμαι, ---
The perfect has an irregular reduplication.

ἐρημόω
ἐρημῶ, ---, ---, ---, ἠρήμωμαι, ἠρημώθην

ἑσσόομαι
---, ---, ---, ---, ---, ἡσσώθην

εὐοδόω
εὐοδῶ, ---, ---, ---, ---, εὐοδώθην

ζηλόω
ζηλῶ, ---, ἐζήλωσα, ---, ---, ---

παραζηλόω
παραζηλῶ, παραζηλώσω, παρεζήλωσα, ---, ---, ---

ζημιόω
---, ---, ---, ---, ---, ἐζημιώθην

ζυμόω
ζυμῶ, ---, ---, ---, ---, ἐζυμώθην

[**ἡλόω**]
προσηλόω
---, ---, προσήλωσα, ---, ---, ---

θανατόω
θανατῶ, θανατώσω, ἐθανάτωσα, ---, ---, ἐθανατώθην

θεμελιόω
---, θεμελιώσω, ἐθεμελίωσα, ---, τεθεμελίωμαι, ---

θυμόω
---, ---, ---, ---, ---, ἐθυμώθην

ἱκανόω
---, ---, ἱκάνωσα, ---, ---, ---

[**καινόω**]
ἀνακαινόω
ἀνακαινῶ, ---, ---, ---, ---, ---

κακόω
---, κακώσω, ἐκάκωσα, ---, ---, ---

κατιόω
---, ---, ---, ---, κατίωμαι, ---

καυσόω
καυσῶ, ---, ---, ---, ---, ---

κενόω
---, κενώσω, ἐκένωσα, ---, κεκένωμαι, ἐκενώθην

[**κεφαλαιόω**]
ἀνακεφαλαιόω
ἀνακεφαλαιῶ, ---, ἀνεκεφαλαίωσα, ---, ---, ---

κεφαλιόω
---, ---, ἐκεφαλίωσα, ---, ---, ---

κημόω
---, κημώσω, ---, ---, ---, ---

κληρόω
---, ---, ---, ---, ---, ἐκληρώθην
προσκληρόω
---, ---, ---, ---, ---, προσεκληρώθην

κοινόω
κοινῶ, ---, ἐκοίνωσα, κεκοίνωκα, κεκοίνωμαι, ---

κολοβόω
---, ---, ἐκολόβωσα, ---, ---, ἐκολοβώθην

[κομβόομαι]
ἐγκομβόομαι
---, ---, ἐνεκομβωσάμην, ---, ---, ---

κραταιόω
κραταιῶ, ---, ---, ---, ---, ἐκραταιώθην

κυκλόω
κυκλῶ, ---, ἐκύκλωσα, ---, ---, ἐκυκλώθην
περικυκλόω
---, περικυκλώσω, ---, ---, ---, ---

κυρόω
---, ---, ἐκύρωσα, ---, κεκύρωμαι, ---
προκυρόω
---, ---, ---, ---, προκεκύρωμαι, ---

λυτρόω
λυτρῶ, ---, ἐλύτρωσα, ---, ---, ἐλυτρώθην

μαστιγόω
μαστιγῶ, μαστιγώσω, ἐμαστίγωσα, ---, ---, ---

ματαιόω
---, ---, ---, ---, ---, ἐματαιώθην

μεσόω
μεσῶ, ---, ---, ---, ---, ---

μεστόω
---, ---, ---, ---, μεμέστωμαι, ---

μισθόω
---, ---, ἐμίσθωσα, ---, ---, ---

μονόω
---, ---, ---, ---, μεμόνωμαι, ---

μορφόω
---, ---, ---, ---, ---, ἐμορφώθην
    μεταμορφόω
μεταμορφῶ, ---, ---, ---, ---, μετεμορφώθην

νεκρόω
---, ---, ἐνέκρωσα, ---, νενέκρωμαι, ---

[νεόω]
    ἀνανεόω
ἀνανεῶ, ---, ---, ---, ---, ---

ὁμοιόω
---, ὁμοιώσω, ὡμοίωσα, ---, ---, ὡμοιώθην
    ἀφομοιόω
---, ---, ---, ---, ἀφωμοίωμαι, ---

[ὀρθόω]
    ἀνορθόω
---, ἀνορθώσω, ἀνώρθωσα, ---, ---, ἀνωρθώθην
    ἐπιδιορθόω
---, ---, ἐπιδιώρθωσα, ---, ---, ---

παλαιόω
παλαιῶ, ---, ---, πεπαλαίωκα, ---, ἐπαλαιώθην

πιστόω
---, ---, ---, ---, ---, ἐπιστώθην

πληρόω
πληρῶ, πληρώσω, ἐπλήρωσα, πεπλήρωκα, πεπλήρωμαι, ἐπληρώθην

ἀναπληρόω
ἀναπληρῶ, ἀναπληρώσω, ἀνεπλήρωσα, ---, ---, ---

ἀνταναπληρόω
ἀνταναπληρῶ, ---, ---, ---, ---, ---

ἐκπληρόω
---, ---, ---, ἐκπεπλήρωκα, ---, ---

προσαναπληρόω
προσαναπληρῶ, ---, προσανεπλήρωσα, ---, ---, ---

συμπληρόω
συμπληρῶ, ---, ---, ---, ---, ---

πυρόω
πυρῶ, ---, ---, ---, πεπύρωμαι, ---

πωρόω
---, ---, ἐπώρωσα, ---, πεπώρωμαι, ἐπωρώθην

ῥιζόω
---, ---, ---, ---, ἐρρίζωμαι, ---

ἐκρίζόω
---, ---, ἐξερίζωσα, ---, ---, ἐξερριζώθην

σαρόω
σαρῶ, ---, ---, ---, σεσάρωμαι, ---

σημειόω
σημειῶ, ---, ---, ---, ---, ---

σθενόω
---, σθενώσω, ---, ---, ---, ---

σκηνόω
σκηνῶ, σκηνώσω, ἐσκήνωσα, ---, ---, ---

ἐπισκηνόω
---, ---, ἐπεσκήνωσα, ---, ---, ---

κατασκηνόω
κατασκηνῶ, κατασκηνώσω, κατεσκήνωσα, ---, ---, ---

σκοτόω
---, ---, ---, ---, ἐσκότωμαι, ἐσκοτώθην

σπαργανόω
---, ---, ἐσπαργάνωσα, ---, ἐσπαργάνωμαι, ---

σπιλόω
σπιλῶ, ---, ---, ---, ἐσπίλωμαι, ---

[στατόω]
   ἀναστατόω
ἀναστατῶ, ---, ἀνεστάτωσα, ---, ---, ---

σταυρόω
σταυρῶ, σταυρώσω, ἐσταύρωσα, ---, ἐσταύρωμαι, ἐσταυρώθην
   ἀνασταυρόω
ἀνασταυρῶ, ---, ---, ---, ---, ---
   συσταυρόω
---, ---, ---, ---, συνεσταύρωμαι, συνεσταυρώθην

στερεόω
στερεῶ, ---, ἐστερέωσα, ---, ---, ἐστερεώθην

στεφανόω
στεφανῶ, ---, ἐστεφάνωσα, ---, ἐστεφάνωμαι, ---

στρεβλόω
στρεβλῶ, ---, ---, ---, ---, ---

ταπεινόω
ταπεινῶ, ταπεινώσω, ἐταπείνωσα, ---, ---, ἐταπεινώθην

ταρταρόω
---, ---, ἐταρτάρωσα, ---, ---, ---

τελειόω
τελειῶ, ---, ἐτελείωσα, τετελείωκα, τετελείωμαι, ἐτελειώθην

τεφρόω
---, ---, ἐτέφρωσα, ---, ---, ---

[τυπόω]
   ἐντυπόω
---, ---, ---, ---, ἐντέτυπωμαι, ---

CONTRACT VERBS

τυφλόω
---, ---, ἐτύφλωσα, τετύφλωκα, ---, ---

τυφόω
---, ---, ---, ---, τετύφωμαι, ἐτυφώθην

[ὑπνόω]
ἀφυπνόω
---, ---, ἀφύπνωσα, ---, ---, ---

ὑψόω
ὑψῶ, ὑψώσω, ὕψωσα, ---, ---, ὑψώθην
   ὑπερυψόω
---, ---, ὑπερύψωσα, ---, ---, ---

φανερόω
φανερῶ, φανερώσω, ἐφανέρωσα, ---, πεφανέρωμαι, ἐφανερώθην

φιμόω
φιμῶ, φιμώσω, ἐφίμωσα, ---, πεφίμωμαι, ἐφιμώθην

φραγελλόω
---, ---, ἐφραγέλλωσα, ---, ---, ---

φυσιόω
φυσιῶ, ---, ---, ---, πεφυσίωμαι, ἐφυσιώθην

χαριτόω
---, ---, ἐχαρίτωσα, ---, κεχαρίτωμαι, ---

χρυσόω
---, ---, ---, ---, κεχρύσωμαι, ---

Chapter 4
LIQUID VERBS

Liquid verbs have alternate forms in the second and third principal parts—the future and aorist stems. Like "second" verbs, the alterations concern only the suffixes added to the verb stem. Thus, aside from the minor variations in their tense formatives, these verbs are not any different from those in the first chapter.

Some irregular verbs can also be classified in some way as liquid verbs. Although everything said in this chapter applies to any kind of liquid verb, only regular liquid verbs will be introduced here.

Liquid verbs are verbs in which the last letter of the verb stem is a liquid consonant (λ or ρ). Verbs ending in a nasal (μ or ν) are also included because they behave in exactly the same manner. Therefore, any reference to liquid verbs refers to verbs ending in λ, μ, ν, or ρ.

Because they share the same principal part, a liquid verb in the future is irregular in both the active and middle, and likewise for the aorist.

In the future, the tense formative εσ is used instead of the usual σ. Because it is between two vowels (the ε of the tense formative and the ε/ο connecting vowel), the σ drops out, and the vowels contract according to the general rules for contraction. Since it is the vowel ε that contracts with the connecting vowel, liquid verbs in the future look exactly like epsilon contract verbs in the present.

In the aorist, the tense formative α is used instead of the usual σα. This does not result in contraction or any other changes to the endings on the verb other than the absence of the σ.

The main thing to remember about liquid verbs is the absence of the usual σ from the future and aorist endings.

Liquid verbs are regular in the aorist and future passive since the passive in those tenses is formed from a different principal part and does not use a tense formative that begins with σ.

To determine if a verb will have a liquid future and/or aorist, the second and third principal parts should be examined. If the second principal part ends in σω (including ξω or ψω), the verb does not have a liquid future; if it has no σ (or ξ or ψ) then it has a liquid future.

If the third principal part ends in σα (including ξα, or ψα) or ον (second aorist) then the verb does not have a liquid aorist; if it ends in α alone then it does.

Not all verbs with present stems ending in a liquid are liquid verbs; conversely, just because a verb does not end in a liquid does not mean it is not a liquid verb. This is possible because of the tense stem changes that take place on many verbs, and especially verbs that make additions to their root to form the present stem. A verb can even have a liquid stem in the future but not in the aorist, and vice versa. This could be due to tense stem changes or because the verb takes second aorist, in which case there is no tense formative.

The following verbs appear to be liquid verbs because the present stem ends in ν; however, ν or αν has merely been added to form the present stem:

ἁμαρτάνω	θιγγάνω	μανθάνω
αὐξάνω	κάμνω	πίνω
-βαίνω	κερδαίνω	πυνθάνομαι
βραδύνω	λαγχάνω	-τέμνω
δάκνω	λαμβάνω	τίνω
δύνω	λανθάνω	τυγχάνω
ἐλαύνω	-λιμπάνω	φθάνω

Additionally, the verbs γίνομαι, -μέλω, μέλλω, οἰκτίρω, and φέρω, although they appear to be liquid verbs, have altered or different stems outside of the present that do not end in a liquid.

There are three verbs that do not end in a liquid in the present but yet have liquid stems in the future: αἱρέω, θνῄσκω and λέγω. Another verb, γαμέω, which is actually a contract verb, has an alternate liquid aorist form. These are all included in the irregular verb chapter.

The liquid verbs βάλλω, ἐγείρω, and φαίνω are also considered to be irregular verbs, and will be covered in that chapter.

Aside from the general rules given in the introduction regarding tense stem changes, the following specific things about liquid verbs should be noted.

A liquid verb with a present stem ending in ν will change the ν to μ before the first person endings of the fifth principal part.

Ablaut is the rule rather than the exception.

Many liquid verbs have a second aorist passive.

Two liquid verbs with a present stem ending in ν (κλίω & κρίνω) drop the ν in the last three principal parts.

LIQUID VERBS

ἀγγέλλω
ἀγγέλλω, ---, ---, ---, ---, ---
   ἀναγγέλλω
ἀναγγέλλω, ἀναγγελῶ, ἀνήγγειλα, ---, ---, ἀνηγγέλην
   ἀπαγγέλλω
ἀπαγγέλλω, ἀπαγγελῶ, ἀπήγγειλα, ---, ---, ἀπηγγέλην
   διαγγέλλω
διαγγέλλω, ---, ---, ---, ---, διηγγέλην
   ἐξαγγέλλω
---, ---, ἐξήγγειλα, ---, ---, ---
   ἐπαγγέλλομαι
ἐπαγγέλλομαι, ---, ἐπηγγειλάμην, ---, ἐπήγγελμαι, ---
   καταγγέλλω
καταγγέλλω, ---, κατήγγειλα, ---, ---, κατηγγέλην
   παραγγέλλω
παραγγέλλω, ---, παρήγγειλα, ---, παρήγγελμαι, ---
   προεπαγγέλλομαι
---, ---, προεπηγγειλάμην, ---, προεπήγγελμαι, ---
   προκαταγγέλλω
---, ---, προκατήγγειλα, ---, ---, ---

αἴρω
αἴρω, ἀρῶ, ἦρα, ἦρκα, ἦρμαι, ἤρθην
   ἀπαίρω
---, ---, ---, ---, ----, ἀπήρθην
   ἐξαίρω
---, ---, ἐξῆρα, ---, ---, ---
   ἐπαίρω
ἐπαίρω, ---, ἐπῆρα, ---, ---, ἐπήρθην
   μεταίρω
---, ---, μετῆρα, ---, ---, ---
   συναίρω
συναίρω, ---, συνῆρα, ---, ---, ---
   ὑπεραίρω
ὑπεραίρω, ---, ---, ---, ---, ---

αἰσχύνω
αἰσχύνω, ---, ---, ---, ---, ᾐσχύνθην
   ἐπαισχύνομαι
ἐπαισχύνομαι, ---, ---, ---, ---, ἐπῃσχύνθην

καταισχύνω
καταισχύνω, ---, ---, ---, ---, κατῃσχύνθην

ἅλλομαι
ἅλλομαι, ---, ἡλάμην, ---, ---, ---
ἐξάλλομαι
ἐξάλλομαι, ---, ---, ---, ---, ---
ἐφάλλομαι
---, ---, ἐφηλόμην, ---, ---, ---
This compound takes a second aorist.

ἀμύνομαι
---, ---, ἠμυνάμην, ---, ---, ---

βαθύνω
----, ----, ἐβάθυνα, ---, ---, ---

[**βαρύνω**]
καταβαρύνω
καταβαρύνω, ---, ---, ---, ---, ---

βασκαίνω
---, ---, ἐβάσκανα, ---, ---, ---

γέμω
γέμω, ---, ---, ---, ---, ---

δέρω
δέρω, ---, ἔδειρα, ---, ---, ἐδάρην

εὐθύνω
εὐθύνω, ---, εὔθυνα, ---, ---, ---
κατευθύνω
---, ---, κατεύθυνα, ---, ---, ---

εὐφραίνω
εὐφραίνω, ---, ---, ---, ---, ηὐφράνθην

[**θάλλω**]
ἀναθάλλω
---, ---, ἀνέθαλον, ---, ---, ---

θερμαίνω
θερμαίνω, ---, ---, ---, ---, ---

LIQUID VERBS

καθαίρω
καθαίρω, ---, ---, ---, ---, ---
    διακαθαίρω
---, ---, διεκάθαρα, ---, ---, ---
    ἐκκαθαίρω
---, ---, ἐξεκάθαρα, ---, ---, ---

κείρω
---, ---, ἔκειρα, ---, ---, ---

[κέλλω]
    ἐπικέλλω
---, ---, ἐπέκειλα, ---, ---, ---

κλίνω
κλίνω, ---, ἔκλινα, κέκλικα, ---, ---
    ἀνακλίνω
---, ἀνακλινῶ, ἀνέκλινα, ---, ---, ἀνεκλίθην
    ἐκκλίνω
ἐκκλίνω, ---, ἐξέκλινα, ---, ---, ---
    κατακλίνω
---, ---, κατέκλινα, ---, ---, κατεκλίθην
    προσκλίνω
---, ---, ---, ---, ---, προσεκλίθην

κρίνω
κρίνω, κρινῶ, ἔκρινα, κέκρικα, κέκριμαι, ἐκρίθην
    ἀνακρίνω
ἀνακρίνω, ---, ἀνέκρινα, ---, ---, ἀνεκρίθην
    ἀνταποκρίνομαι
ἀνταποκρίνομαι, ---, ---, ---, ---, ἀνταπεκρίθην
    ἀποκρίνομαι
ἀποκρίνομαι, ---, ἀπεκρινάμην, ---, ---, ἀπεκρίθην
    διακρίνω
διακρίνω, ---, διέκρινα, ---, ---, διεκρίθην
    ἐγκρίνω
---, ---, ἐνέκρινα, ---, ---, ---
    ἐπικρίνω
---, ---, ἐπέκρινα, ---, ---, ---

κατακρίνω
κατακρίνω, κατακρινῶ, κατέκρινα, ---, κατακέκριμαι, κατεκρίθην

συγκρίνω
συγκρίνω, ---, συνέκρινα, ---, ---, ---

συνυποκρίνομαι
---, ---, ---, ---, ---, συνυπεκρίθην

ὑποκρίνομαι
ὑποκρίνομαι, ---, ---, ---, ---, ---

[κτείνω]
ἀποκτείνω
ἀποκτείνω, ἀποκτενῶ, ἀπέκτεινα, ---, ---, ἀπεκτάνθην
The present participle occurs twice from a form spelled ἀποκτέννω.

λευκαίνω
---, ---, ἐλεύκανα, ---, ---, ---

λυμαίνω
λυμαίνω, ---, ---, ---, ---, ---

μαίνομαι
μαίνομαι, ---, ---, ---, ---, ---

ἐμμαίνομαι
ἐμμαίνομαι, ---, ---, ---, ---, ---

μαραίνω
---, ---, ---, ---, ---, ἐμαράνθην

μαρτύρομαι
μαρτύρομαι, ---, ---, ---, ---, ---

διαμαρτύρομαι
διαμαρτύρομαι, ---, διεμαρτυράμην, ---, ---, ---

προμαρτύρομαι
προμαρτύρομαι, ---, ---, ---, ---, ---

μεγαλύνω
μεγαλύνω, ---, ἐμεγάλυνα, ---, ---, ἐμεγαλύνθην

μένω
μένω, μενῶ, ἔμεινα, μεμένηκα, ---, ---

ἀναμένω
ἀναμένω, ---, ---, ---, ---, ---

LIQUID VERBS

διαμένω
διαμένω, ---, διέμεινα, διαμεμένηκα, ---, ---
ἐμμένω
ἐμμένω, ----, ἐνέμεινα, ---, ---, ---
ἐπιμένω
ἐπιμένω, ἐπιμενῶ, ἐπέμεινα, ---, ---, ---
καταμένω
καταμένω, ---, ---, ---, ---, ---
παραμένω
παραμένω, παραμενῶ, παρέμεινα, ---, ---, ---
περιμένω
περιμένω, ---, ---, ---, ---, ---
προσμένω
προσμένω, ---, προσέμεινα, ---, ---, ---
ὑπομένω
ὑπομενω, ὑπομενῶ, ὑπέμεινα, ὑπομεμένηκα, ---, ---

μηκύνω
μηκύνω, ---, ---, ---, ---, ---

μιαίνω
μιαίνω, ---, ---, ---, μεμίαμμαι, ἐμιάνθην

μολύνω
μολύνω, ---, ἐμόλυνα, ---, ---, ἐμολύνθην

μωραίνω
---, ---, ἐμώρανα, ---, ---, ἐμωράνθην

[νέμω]
ἀπονέμω
ἀπονέμω, ---, ---, ---, ---, ---
διανέμω
---, ---, ---, ---, ---, διενεμήθην

ξηραίνω
ξηραίνω, ---, ἐξήρανα, ---, ἐξήραμμαι, ἐξηράνθην

ὁμείρομαι
ὁμείρομαι, ---, ---, ---, ---, ---

[ὀξύνω]
παροξύνω
παροξύνω, ---, ---, ---, ---, ---

[ὀτρύνω]
παροτρύνω
---, ---, παρώτρυνα, ---, ---, ---

ὀφείλω
ὀφείλω, ---, ---, ---, ---, ---
προσοφείλω
προσοφείλω, ---, ---, ---, ---, ---

παχύνω
---, ---, ---, ---, ----, ἐπαχύνθην

[πείρω]
περιπείρω
---, ---, περιέπειρα, ---, ---, ---

πικραίνω
πικραίνω, πικρανῶ, ---, ---, ---, ἐπικράνθην
παραπικραίνω
---, ---, παρεπίκρανα, ---, ---, ---

πλατύνω
πλατύνω, ----, ----, ----, πεπλάτυμμαι, ἐπλατύνθην

πληθύνω
πληθύνω, πληθυνῶ, ---, ---, ---, ἐπληθύνθην

πλύνω
πλύνω, ---, ἔπλυνα, ---, ---, ---

ποιμαίνω
ποιμαίνω, ποιμανῶ, ἐποίμανα, ---, ---, ---

πτύρω
πτύρω, ---, ---, ---, ---, ---

ῥυπαίνω
---, ---, ---, ---, ---, ἐρρυπάνθην

σαίνω
σαίνω, ---, ---, ---, ---, ---

LIQUID VERBS

σημαίνω
σημαίνω, ---, ἐσήμανα, ---, ---, ---

σκληρύνω
σκληρύνω, ---, ἐσκλήρυνα, ---, ---, ἐσκληρύνθην

σκύλλω
σκύλλω, ---, ---, ---, ἔσκυλμαι, ---

σπείρω
σπείρω, ---, ἔσπειρα, ---, ἔσπαρμαι, ἐσπάρην
    διασπείρω
---, ---, ---, ---, ---, διεσπάρην
    ἐπισπείρω
---, ---, ἐπέσπειρα, ---, ---, ---

στέλλω
στέλλω, ---, ---, ---, ---, ---
    ἀποστέλλω
ἀποστέλλω, ἀποστελῶ, ἀπέστειλα, ἀπέσταλκα, ἀπέσταλμαι, ἀπεστάλην
    διαστέλλω
διαστέλλω, ---, διέστειλα, ---, ---, ---
    ἐξαποστέλλω
---, ἐξαποστελῶ, ἐξαπέστειλα, ---, ---, ἐξαπεστάλην
    ἐπιστέλλω
---, ---, ἐπέστειλα, ---, ---, ---
    καταστέλλω
---, ---, κατέστειλα, ---, κατέσταλμαι, ---
    συναποστέλλω
---, ---, συναπέστειλα, ---, ---, ---
    συστέλλω
---, ---, συνέστειλα, ---, συνέσταλμαι, ---
    ὑποστέλλω
ὑποστέλλω, ---, ὑπέστειλα, ---, ---, ---

σύρω
σύρω, ---, ---, ---, ---, ---
    κατασύρω
κατασύρω, ---, ---, ---, ---, ---

[τείνω]
   ἐκτείνω
ἐκτείνω, ἐκτενῶ, ἐξέτεινα, ---, ---, ---
   ἐπεκτείνομαι
ἐπεκτείνομαι, ---, ---, ---, ---, ---
   παρατείνω
παρατείνω, ---, ---, ---, ---, ---
   προτείνω
---, ---, προέτεινα, ---, ---, ---
   ὑπερεκτείνω
ὑπερεκτείνω, ---, ---, ---, ---, ---

[τέλλω]
   ἀνατέλλω
ἀνατέλλω, ---, ἀνέτειλα, ἀνατέταλκα, ---, ---
   ἐντέλλομαι
ἐντέλλομαι, ἐντελοῦμαι, ἐνετειλάμην, ---, ἐντέταλμαι, ---
   ἐξανατέλλω
---, ---, ἐξανέτειλα, ---, ---, ---

τίλλω
τίλλω, ---, ---, ---, ---, ---

τρέμω
τρέμω, ---, ---, ---, ---, ---

ὑγιαίνω
ὑγιαίνω, ---, ---, ---, ---, ---

φθείρω
φθείρω, φθερῶ, ἔφθειρα, ---, ---, ἐφθάρην
   διαφθείρω
διαφθείρω, ---, διέφθειρα, ---, διέφθαρμαι, διεφθάρην
   καταφθείρω
---, ---, ---, ---, κατέφθαρμαι, ---

ψάλλω
ψάλλω, ψαλῶ, ---, ---, ---, ---

ὠδίνω
ὠδίνω, ---, ---, ---, ---, ---
   συνωδίνω
συνωδίνω, ---, ---, ---, ---, ---

Chapter 5
MI VERBS

Μι verbs have alternate endings in the first singular, third singular, and third plural of the present active indicative. They are called μι verbs because their lexical form ends in μι instead of ω. They are also termed *athematic*, because they do not use a connecting vowel (a thematic vowel) between their stems and endings.

Some irregular verbs can also be classified in some way as μι verbs Although everything said in this chapter applies to any kind of μι verb, only regular μι verbs will be introduced here. It should be noted, however, that regular μι verbs are not as "regular" as the verbs in the previous chapters.

There are seven μι verbs that are included in the chapter on irregular verbs: [ἄγνυμι], εἰμί, [εἶμι], [ἵημι], ἵστημι, [ὄλλυμι], and ὀνίνημι.

The stem vowels of μι verbs that have present stems ending in α, ε, or ο will lengthen or become a diphthong in some forms. This may not always be evident in the principal parts. For example, the root of δίδωμι is δο. The short vowel shows up in the plural of the present active indicative as well as in all of the middle/passive forms. The stem vowel in the imperfect becomes a diphthong: ἐδίδουν.

All μι verbs take a first aorist in the indicative active and a second aorist elsewhere. Because μι verbs do not use a connecting vowel, this second aorist is technically a root aorist since the secondary endings are added directly to the stem.

The μι verbs δίδωμι, [ἵημι], and τίθημι use κα as the tense formative in the aorist active indicative instead of σα.

The μι verbs δίδωμι, [ἵημι], ἵστημι, κίχρημι, ὀνίνημι, πιμπλημι, πιμπρημι, and τίθημι reduplicate to form their present stem. The reduplication (except in the case of ὀνίνημι, which is irregular) consists of prefixing the initial consonant with the vowel ι.

Some μι verbs have alternate forms of the thematic conjugation in the present stem. This will be noted when it occurs.

Most of the verbs with a present stem ending in νυ or ννυ are μι verbs. As mentioned in the introduction, these letters will drop in the other tense stems. Other than this, and the occasional changing of the stem vowel on verbs that end in a vowel, the principal parts of μι verbs are very regular.

ἀμφιέννυμι

ἀμφιέννυμι, ---, ---, ---, ἠμφίεσμαι, ---

δείκνυμι

δείκνυμι, δείξω, ἔδειξα, ---, ---, ἐδειχθην
The present stem uses the thematic conjugation once: δεικνύω.

ἀναδείκνυμι
---, ---, ἀνέδειξα, ---, ---, ---

ἀποδείκνυμι
ἀποδείκνυμι, ---, ἀπέδειξα, ---, ἀποδέδειγμαι, ---

ἐνδείκνυμι
ἐνδείκνυμι, ---, ἐνέδειξα, ---, ---, ---

ἐπιδείκνυμι
ἐπιδείκνυμι, ---, ἐπέδειξα, ---, ---, ---

ὑποδείκνυμι
---, ὑποδείξω, ὑπέδειξα, ---, ---, ---

δίδωμι

δίδωμι, δώσω, ἔδωκα, δέδωκα, δέδομαι, ἐδόθην
The present stem uses the thematic conjugation once: διδῶ. The aorist active uses κα endings. The aorist active in the simple verb also has a root aorist form: δῶ.

ἀναδίδωμι
---, ---, ἀνέδωκα, ---, ---, ---

ἀνταποδίδωμι
---, ἀνταποδώσω, ἀνταπέδωκα, ---, ---, ἀνταπεδόθην

ἀποδίδωμι
ἀποδίδωμι, ἀποδώσω, ἀπέδωκα, ---, ---, ἀπεδόθην

διαδίδωμι
διαδίδωμι, ---, διέδωκα, ---, ---, ---

ἐκδίδωμι
---, ἐκδώσω, ἐξέδωκα, ---, ---, ---

ἐπιδίδωμι
ἐπιδίδωμι, ἐπιδώσω, ἐπέδωκα, ---, ---, ἐπεδόθην

μεταδίδωμι
μεταδίδωμι, ---, μετέδωκα, ---, ---, ---

παραδίδωμι
παραδίδωμι, παραδώσω, παρέδωκα, παραδέδωκα, παραδέδομαι, παρεδόθην
The aorist active in this compound also has a root aorist form: παραδῶ.

προδίδωμι
---, ---, προέδωκα, ---, ---, ---

δύναμαι
δύναμαι, δυνήσομαι, ---, ---, ---, ἠδυνήθην
The imperfect augments with either ε or η. The aorist passive uses only η.

[ζεύγνυμι]
συζεύγνυμι
---, ---, συνέζευξα, ---, ---, ---

ζώννυμι
ζώννυμι, ζώσω, ἔζωσα, ---, ---, ---
The imperfect uses the thematic conjugation: ἐζώννυον.

ἀναζώννυμι
---, ---, ἀνέζωσα, ---, ---, ---

διαζώννυμι
---, ---, διέζωσα, ---, διέζωσμαι, ---

περιζώννυμι
---, περιζώσω, περιέζωσα, ---, περιέζωσμαι, ---

ὑποζώννυμι
ὑποζώννυμι, ---, ---, ---, ---, ---

κάθημαι
κάθημαι, καθήσομαι, ---, ---, ---, ---

συγκάθημαι
συγκάθημαι, ---, ---, ---, ---, ---

κεῖμαι
κεῖμαι, ---, ---, ---, ---, ---

ἀνάκειμαι
ἀνάκειμαι, ---, ---, ---, ---, ---

ἀντίκειμαι
ἀντίκειμαι, ---, ---, ---, ---, ---

ἀπόκειμαι
ἀπόκειμαι, ---, ---, ---, ---, ---

ἐπίκειμαι
ἐπίκειμαι, ---, ---, ---, ---, ---

κατάκειμαι
κατάκειμαι, ---, ---, ---, ---, ---

παράκειμαι
παράκειμαι, ---, ---, ---, ---, ---
περίκειμαι
περίκειμαι, ---, ---, ---, ---, ---
πρόκειμαι
πρόκειμαι, ---, ---, ---, ---, ---
συνανάκειμαι
συνανάκειμαι, ---, ---, ---, ---, ---

κεράννυμι
---, ---, ἐκέρασα, ---, κεκέρασμαι, ---
συγκεράννυμι
---, ---, συνεκέρασα, ---, συγκεκέρασμαι, ---

κίχρημι
---, ---, ἔχρησα, ---, ---, ---

κορέννυμι
---, ---, ---, ---, κεκόρεσμαι, ἐκορέσθην

κρέμαμαι
κρέμαμαι, ---, ἐκρέμασα, ---, ---, ἐκρεμάσθην
ἐκκρέμαμαι
ἐκκρέμαμαι, ---, ---, ---, ---, ---

μίγνυμι
---, ---, ἔμιξα, ---, μέμιγμαι, ---
συναναμίγνυμι
συναναμίγνυμι, ---, ---, ---, ---, ---

[πετάννυμι]
ἐκπετάννυμι
---, ---, ἐξεπέτασα, ---, ---, ---

πίμπλημι
---, ---, ἔπλησα, ---, ---, ἐπλήσθην
The present stem of the simple form adds μ after reduplication.
ἐμπίπλημι
ἐμπίπλημι, ---, ἐνέπλησα, ---, ἐμπέπλησμαι, ἐνεπλήσθην
The present participle of this compound is based on a contract form of the thematic conjugation: ἐμπιπλῶ.

πίμπρημι
πίμπρημι, ---, ---, ---, ---, ---
The present stem of the simple form adds μ after reduplication.

    ἐμπίπρημι
---, ---, ἐνέπρησα, ---, ---, ---

πήγνυμι
---, ---, ἔπηξα, ---, ---, ---

    προσπήγνυμι
---, ---, προσέπηξα, ---, ---, ---

ῥήγνυμι / ῥήσσω
ῥήγνυμι, ῥήξω, ἔρρηξα, ---, ---, ---
The present stem uses the thematic conjugation once. Outside of the present, this verb looks the same regardless of which stem is used in the present.

    διαρρήσσω
διαρρήσσω, ---, διέρρηξα, ---, ---, ---
This compound doubles the initial ρ throughout. It also uses the thematic conjugation in the present stem.

    περιρήγνυμι
---, ---, περιέρηξα, ---, ---, ---

    προσρήγνυμι
---, ---, προσέρηξα, ---, ---, ---

ῥώννυμι
---, ---, ---, ---, ἔρρωμαι, ---

σβέννυμι
σβέννυμι, σβέσω, ἔσβεσα, ---, ---, ---

[στάμαι]
    ἐπίσταμαι
ἐπίσταμαι, ---, ---, ---, ---, ---

τίθημι
τίθημι, θήσω, ἔθηκα, τέθεικα, τέθειμαι, ἐτέθην
The imperfect active third plural occurs as both ἐτίθουν and ἐτίθεσαν. The aorist active uses κα endings. The initial θ deaspirates to τ as sometimes happens because of the θ of the aorist passive tense formative.

    ἀνατίθημι
---, ---, ἀνέθηκα, ---, ---, ---

    ἀντιδιατίθημι
ἀντιδιατίθημι, ---, ---, ---, ---, ---

ἀποτίθημι
---, ---, ἀπέθηκα, ---, ---, ---
διατίθημι
διατίθημι, διαθήσω, διέθηκα, ---, ---, ---
ἐκτίθημι
ἐκτίθημι, ---, ἐξέθηκα, ---, ---, ἐξετέθην
ἐπιτίθημι
ἐπιτίθημι, ἐπιθήσω, ἐπέθηκα, ---, ---, ---
κατατίθημι
---, ---, κατέθηκα, ---, ---, ---
μετατίθημι
μετατίθημι, ---, μετέθηκα, ---, ---, μετετέθην
παρατίθημι
παρατίθημι, παραθήσω, παρέθηκα, ---, ---, ---
περιτίθημι
περιτίθημι, ---, περιέθηκα, ---, ---, ---
προσανατίθημι
---, ---, προσανέθηκα, ---, ---, ---
προστίθημι
προστίθημι, ---, προσέθηκα, ---, ---, προσετέθην
προτίθημι
---, ---, προέθηκα, ---, ---, ---
συνεπιτίθημι
---, ---, συνεπέθηκα, ---, ---, ---
συγκατατίθημι
---, ---, ---, ---, συγκατατέθειμαι, ---
συντίθημι
---, ---, συνέθηκα, ---, συντέθειμαι, ---
ὑποτίθημι
ὑποτίθημι, ---, ὑπέθηκα, ---, ---, ---

φημί
φημί, ---, ---, ---, ---, ---
σύμφημι
σύμφημι, ---, ---, ---, ---, ---

Chapter 6
IRREGULAR VERBS

The difference between regular and irregular verbs concerns the nature of the tense stem changes that take place throughout the principal parts of the Greek verb.

Regular verbs have tense stems that remain the same or undergo changes that can be explained by some simple rules; irregular verbs have tense stems that differ to such an extent that more information is needed to explain them.

As mentioned in the introduction, the factors that determine whether a Greek verb is irregular are somewhat arbitrary. Many verbs classified in this book as irregular are not really that irregular if certain appropriate rules are known. All the verbs that appear in this chapter do so because the factors that make them irregular have been deemed too complex or because they are limited to just a small number of verbs.

There are a number of factors that can cause a verb's tense stems to change to such an extent that more information is needed to explain them.

Some verbs form their tense stems from different roots, some have tense stems that change drastically, and others have tense stem changes that are just too complex for the verb to be included with regular verbs.

Other verbs are classified as irregular because they have one or more of the following characteristics: irregular augment and/or reduplication, deponent future, Doric future, Attic future, Attic reduplication, root aorist, reduplication in the present or aorist, alternate forms, first aorist endings on second aorist stems, and other characteristics peculiar to certain verbs.

Each of these characteristics will be explained below followed by reference to them as necessary under each irregular verb.

Some verbs are deponent only in the future. There is nothing to indicate this phenomenon. The only way to tell for certain if a verb is deponent in the future is to check the second principal part.

One deponent verb has a non-deponent aorist active form.

Two deponent verbs have a non-deponent perfect active form.

Six verbs (that are not μι verbs) reduplicate in the present. The reduplication is exactly like that of μι verbs.

Two verbs reduplicate in the aorist. But the reduplication in this case consists of prefixing the first two letters of the stem.

Six verbs have a special form of reduplication in the perfect (and the pluperfect). Termed Attic reduplication, it only applies to certain verbs beginning with α, ε, or ο followed by a single consonant. It consists of the reduplication of both the vowel and the consonant, and the lengthening of the original stem vowel.

Using the verb ἀκούω as an example, the perfect of which is ἀκήκοα:

ακου → ακακου → ακηκου → ἀκήκοα

Some verbs have a special form of the future called an Attic future. All but one of these verbs end in ιζω in the present (the ζ disappears outside of the present). The Attic future uses the tense formative ε instead of σ. The ε contracts with the resultant endings making a verb with an Attic future conjugated and accented in the future just like a liquid verb.

Using the verb ἐλπίζω as an example, the future of which is ἐλπιῶ:

	Singular		Plural	
	Present	Future	Present	Future
1	ἐλπίζω	ἐλπιῶ	ἐλπίζομεν	ἐλπιοῦμεν
2	ἐλπίζεις	ἐλπιεῖς	ἐλπίζετε	ἐλπιεῖτε
3	ἐλπίζει	ἐλπιεῖ	ἐλπίζουσι	ἐλπιοῦσι

The only Attic future that occurs in the middle is κομιεῖσθε, from κομίζω. Some of these verbs also have a regular future, which will be noted when it occurs.

Two verbs (that are not liquid verbs) do not use σ in the future. One (that is not a liquid verb) does not use σ in the aorist.

One verb has a special form of the future called a Doric future. The Doric future uses the tense formative σε instead of σ. The ε contracts with the resultant endings making a verb with a Doric future conjugated and accented in the future just like an Attic future.

Six verbs end in ζ in the present but actually have a stem that ends in γ. The ζ drops outside of the present (as normally), and the γ reappears in the other tense stems. However, the γ will be disguised in the future and aorist because it combines with the σ of the tense formative, resulting in ξ. It will also be disguised in the aorist passive (unless it is a second aorist passive) because of the θ of the tense formative.

Some verbs (that are not μι verbs) have a root aorist. The aorist is formed exactly like that of μι verbs. Root aorists use the alternate third person plural active ending, σαν. The aorist active of γινώσκω is as follows: ἔγνων, ἔγνως, ἔγνω, ἔγνωμεν, ἔγνωτε, ἔγνωσαν.

Some verbs use first aorist endings on second aorist stems. In this case no σ is used. As a consequence, they resemble the aorists of liquid verbs, which use the tense formative α instead of σα. Some of these verbs alternate between first and second aorist endings, which will be noted when it occurs.

Three verbs are perfects used as presents, in which case only the perfect form is given.

Some verbs have an irregular augment or an irregular vocalic reduplication.

Some verbs have alternate forms of some of their principal parts that are different enough to make the verb irregular.

The general rules regarding tense stem changes that were given in the introduction should be reviewed at this point so a verb does not appear to be more irregular than it really is.

[ἄγνυμι]

κατάγνυμι

---, κατεάξω, κατέαξα, ---, ---, κατεάγην

This μι verb appears to have an irregular augment, but it originally began with a consonant, now lost. The future has an unexplained augument, as does the aorist passive subjunctive: κατεαγῶ.

ἄγω

ἄγω, ἄξω, ἤγαγον, ---, ---, ἤχθην

The aorist stem is formed by reduplication.

ἀνάγω

ἀνάγω, ---, ἀνήγαγον, ---, ---, ἀνήχθην

ἀπάγω

ἀπάγω, ---, ἀπήγαγον, ---, ---, ἀπήχθην

διάγω

διάγω, ---, ---, ---, ---, ---

εἰσάγω

εἰσάγω, ---, εἰσήγαγον, ---, ---, ---

ἐξάγω

ἐξάγω, ---, ἐξήγαγον, ---, ---, ---

ἐπάγω
ἐπάγω, ---, ἐπήγαγον, ---, ---, ---
A first aorist form ἐπῆξα appears once.

ἐπανάγω
ἐπανάγω, ---, ἐπανήγαγον, ---, ---, ---

ἐπισυνάγω
ἐπισυνάγω, ἐπισυνάξω, ἐπισυνήγαγον, ---, ἐπισυνῆγμαι, ἐπισυνήχθην
A first aorist form ἐπισυνῆξα appears once.

κατάγω
---, ---, κατήγαγον, ---, ---, κατήχθην

μετάγω
μετάγω, ---, ---, ---, ---, ---

παράγω
παράγω, ---, ---, ---, ---, ---

παρεισάγω
---, παρεισάξω, ---, ---, ---

περιάγω
περιάγω, ---, ---, ---, ---, ---

προάγω
προάγω, προάξω, προήγαγον, ---, ---, ---

προσάγω
προσάγω, ---, προσήγαγον, ---, ---, ---

συνάγω
συνάγω, συνάξω, συνήγαγον, ---, συνῆγμαι, συνήχθην

συναπάγω
συναπάγω, ---, ---, ---, ---, συναπήχθην

ὑπάγω
ὑπάγω, ---, ---, ---, ---, ---

[αἱρέω]

The future and aorist are from the root ελ. The future is a liquid future. The aorist is a second aorist that augments with ει, but sometimes uses first aorist endings, in which case the first aorists are liquid aorists. The aorist passive stem does not lengthen the final stem vowel.

ἀναιρέω
ἀναιρῶ, ἀνελῶ, ἀνεῖλον, ---, ---, ἀνῃρέθην

ἀφαιρέω
ἀφαιρῶ, ἀφελῶ, ἀφεῖλον, ---, ---, ἀφῃρέθην

διαιρέω
διαιρῶ, ---, διεῖλον, ---, ---, ---

ἐξαιρέω
ἐξαιρῶ, ---, ἐξεῖλον, ---, ---, ---

καθαιρέω
καθαιρῶ, καθελῶ, καθεῖλον, ---, ---, ---

περιαιρέω
περιαιρῶ, ---, περιεῖλον, ---, ---, ---

προαιρέω
---, ---, ---, ---, προῄρημαι, ---, ---

ἀκούω
ἀκούω, ἀκούσω, ἤκουσα, ἀκήκοα, ---, ἠκούσθην
The future also occurs as a deponent future, and only occurs as a deponent future in compounds. The perfect has Attic reduplication and drops the υ.

διακούω
---, διακούσομαι, ---, ---, ---, ---

εἰσακούω
---, εἰσακούσομαι, ---, ---, ---, εἰσηκούσθην

ἐπακούω
---, ---, ἐπήκουσα, ---, ---, ---

παρακούω
---, ---, παρήκουσα, ---, ---, ---

προακούω
---, ---, προήκουσα, ---, ---, ---

ὑπακούω
ὑπακούω, ---, ὑπήκουσα, ---, ---, ---

[**ἁλίσκω**]
The present stem is formed by the addition of ισκ. The aorist and aorist passive add ω.

ἀναλίσκω
---, ---, ἀνήλωσα, ---, ---, ἀνηλώθην

καταναλίσκω
καταναλίσκω, ---, ---, ---, ---, ---

προσαναλίσκω
---, ---, προσανήλωσα, ---, ---, ---

ἁμαρτάνω
ἁμαρτάνω, ἁμαρτήσω, ἡμάρτησα, ἡμάρτηκα, ---, ---
The αν drops outside of the present and η is added. A second aorist form ἥμαρτον is also used.

προαμαρτάνω
---, ---, ---, προημάρτηκα, ---, ---

ἁρπάζω
ἁρπάζω, ἁρπάσω, ἥρπασα, ---, ---, ἡρπάσθην
An aorist passive stem ἡρπάγην is also used.

διαρπάζω
---, διαρπάσω, διήρπασα, ---, ---, ---

συναρπάζω
---, ---, συνήρπασα, συνήρπακα, ---, συνηρπάσθην

αὐξάνω
αὐξάνω, αὐξήσω, ηὔξησα, ---, ---, ηὐξήθην
The αν drops outside of the present and η is added. The present is spelled twice as αὔξω.

συναυξάνω
συναυξάνω, ---, ---, ---, ---, ---

ὑπεραυξάνω
ὑπεραυξάνω, ---, ---, ---, ---, ---

[βαίνω]
The stem changes drastically outside of the present. The future is a deponent future. The aorist is a root aorist.

ἀναβαίνω
ἀναβαίνω, ἀναβήσομαι, ἀνέβην, ἀναβέβηκα, ---, ---

ἀποβαίνω
---, ἀποβήσομαι, ἀπέβην, ---, ---, ---

διαβαίνω
---, ---, διέβην, ---, ---, ---

ἐκβαίνω
---, ---, ἐξέβην, ---, ---, ---

ἐμβαίνω
ἐμβαίνω, ---, ἐνέβην, ---, ---, ---

ἐπιβαίνω
ἐπιβαίνω, ---, ἐπέβην, ἐπιβέβηκα, ---, ---

καταβαίνω
καταβαίνω, καταβήσομαι, κατέβην, καταβέβηκα, ---, ---

μεταβαίνω
μεταβαίνω, μεταβήσομαι, μετέβην, μεταβέβηκα, ---, ---

παραβαίνω
παραβαίνω, ---, παρέβην, ---, ---, ---

IRREGULAR VERBS 111

προβαίνω
---, ---, προέβην, προβέβηκα, ---, ---

προσαναβαίνω
---, ---, προσανέβην, ---, ---, ---

συγκαταβαίνω
---, ---, συγκατέβην, ---, ---, ---

συμβαίνω
συμβαίνω, ---, συνέβην, συμβέβηκα, ---, ---

συναναβαίνω
---, ---, συνανέβην, ---, ---, ---

ὑπερβαίνω
ὑπερβαίνω, ---, ---, ---, ---, ---

βάλλω
βάλλω, βαλῶ, ἔβαλον, βέβληκα, βέβλημαι, ἐβλήθην
One λ drops outside of the present stem. The future is a liquid future. The aorist is a second aorist which uses a first aorist ending one time in the simple form. The stem changes to βλη in the last three principal parts.

ἀμφιβάλλω
ἀμφιβάλλω, ---, ---, ---, ---, ---

ἀναβάλλω
---, ---, ἀνέβαλον, ---, ---, ---

ἀντιβάλλω
ἀντιβάλλω, ---, ---, ---, ---, ---

ἀποβάλλω
---, ---, ἀπέβαλον, ---, ---, ---

διαβαλλω
---, ---, ---, ---, ---, διεβλήθην

ἐκβάλλω
ἐκβάλλω, ἐκβαλῶ, ἐξέβαλον, ἐκβέβληκα, ---, ἐξεβλήθην

ἐμβάλλω
---, ---, ἐνέβαλον, ---, ---, ---

ἐπιβάλλω
ἐπιβάλλω, ἐπιβαλῶ, ἐπέβαλον, ---, ---, ---

καταβάλλω
καταβάλλω, ---, ---, ---, ---, ---

μεταβάλλω
---, ---, μετέβαλον, ---, ---, ---

παραβάλλω
---, ---, παρέβαλον, ---, ---, ---

παρεμβάλλω
---, παρεμβαλῶ, ---, ---, ---, ---

περιβάλλω
---, περιβαλῶ, περιέβαλον, ---, περιβέβλημαι, ---

προβάλλω
---, ---, προέβαλον, ---, ---, ---

συμβάλλω
συμβάλλω, ---, συνέβαλον, ---, ---, ---

ὑπερβάλλω
ὑπερβάλλω, ---, ---, ---, ---, ---

ὑποβάλλω
---, ---, ὑπέβαλον, ---, ---, ---

βιβρώσκω
---, ---, ---, βέβρωκα, ---, ---
The present stem is formed by reduplication and the addition of σκ.

γαμέω
γαμῶ, ---, ἐγάμησα, γεγάμηκα, ---, ἐγαμήθην
This contract verb has a liquid aorist form ἔγημα that occurs twice.

γίνομαι
γίνομαι, γενήσομαι, ἐγενόμην, γέγονα, γεγενημαι, ἐγενήθην
The present stem is formed by reduplication. The second γ and the stem vowel then drop out. This deponent verb has a perfect active form.

ἀπογίνομαι
---, ---, ἀπεγενόμην, ---, ---, ---

διαγίνομαι
---, ---, διεγενόμην, ---, ---, ---

ἐπιγίνομαι
---, ---, ἐπεγενόμην, ---, ---, ---

παραγίνομαι
παραγίνομαι, ---, παρεγενόμην, ---, ---, ---

προγίνομαι
---, ---, ---, προγέγονα, ---, ---

συμπαραγίνομαι
---, ---, συμπαρεγενόμην, ---, ---, ---

γινώσκω
γινώσκω, γνώσομαι, ἔγνων, ἔγνωκα, ἔγνωσμαι, ἐγνώσθην
The present stem is formed by reduplication and the addition of σκ. The

second γ then drops out and the stem vowel lengthens. The future is a deponent future. The aorist is a root aorist.

ἀναγινώσκω
ἀναγινώσκω, ---, ἀνέγνων, ---, ---, ἀνεγνώσθην
διαγινώσκω
διαγινώσκω, διαγνώσομαι, ---, ---, ---, ---
ἐπιγινώσκω
ἐπιγινώσκω, ἐπιγνώσομαι, ἐπέγνων, ἐπέγνωκα, ---, ἐπεγνώσθην
καταγινώσκω
καταγινώσκω, ---, ---, ---, κατέγνωσμαι, ---
προγινώσκω
προγινώσκω, ---, προέγνων, ---, προέγνωσμαι, ---

δεῖ
From δέω, but used impersonally in the third person singular of the present active indicative (δεῖ), imperfect active indicative (ἔδει), present active subjunctive (δέῃ), and present active infinitive (δεῖν). Also occurs in the present active neuter participle (δέον). Contraction only takes place in the indicative.

διδάσκω
διδάσκω, διδάξω, ἐδίδαξα, ---, ---, ἐδιδάχθην
The present stem is formed by the addition of σκ, which causes the original κ to drop out, only to reappear in the other stems.

δοκέω
δοκῶ, ---, ἔδοξα, ---, ---, ---
The present stem adds ε, resulting in contraction.

δύνω
δύνω, ---, ἔδυν, ---, ---, ---
The ν disappears outside of the present. The aorist is a root aorist.

ἐνδύνω
ἐνδύνω, ---, ---, ---, ---, ---

ἐγγίζω
ἐγγίζω, ἐγγιῶ, ἤγγισα, ἤγγικα, ---, ---
The future is an Attic future.

ἐγείρω
ἐγείρω, ἐγερῶ, ἤγειρα, ---, ἐγήγερμαι, ἠγέρθην
This liquid verb has Attic reduplication in the perfect middle/passive. Imperfect forms have no augment in compounds.

διεγείρω
διεγείρω, ---, διήγειρα, ---, ---, διηγέρθην
    ἐξεγείρω
---, ἐξεγερῶ, ἐξήγειρα, ---, ---, ---
    ἐπεγείρω
---, ---, ἐπήγειρα, ---, ---, ---
    συνεγείρω
---, ---, συνήγειρα, ---, ---, συνηγέρθην

ἐδαφίζω
---, ἐδαφιῶ, ---, ---, ---, ---
The future is an Attic future.

εἰμί
εἰμί, ἔσομαι, ---, ---, ---, ---
This is the being verb, and is used in the New Testament more than any other verb (over 2,400 times). It is highly irregular, with many alternate and difficult forms in the simple verb and its compounds. The root is εσ. The imperfect is ἤμην. William Mounce's work, *The Morphology of Biblical Greek,* or an advanced grammar book should be consulted for all the forms. This verb should not be confused with the similarly spelled μι verb εἶμι, discussed below.
    ἄπειμι
ἄπειμι, ---, ---, ---, ---, ---
    ἔνειμι
ἔνειμι, ---, ---, ---, ---, ---
    πάρειμι
πάρειμι, παρέσομαι, ---, ---, ---, ---
    συμπάρειμι
συμπάρειμι, ---, ---, ---, ---, ---
    σύνειμι
σύνειμι, ---, ---, ---, ---, ---

[εἶμι]
This verb should not be confused with the similarly spelled μι verb εἰμί (the being verb). Since the paradigms of both verbs are the same, Mounce's *Morphology* or an advanced grammar book should be consulted for all the forms.
    ἄπειμι
ἄπειμι, ---, ---, ---, ---, ---

εἴσειμι
εἴσειμι, ---, ---, ---, ---, ---
　ἔξειμι
ἔξειμι, ---, ---, ---, ---, ---
　ἔπειμι
ἔπειμι, ---, ---, ---, ---, ---
　σύνειμι
σύνειμι, ---, ---, ---, ---, ---

εἴωθα
This is a perfect used as a present. The pluperfect is εἰώθειν.

ἐλαύνω
ἐλαύνω, ---, ---, ἐλήλακα, ---, ---
The stem changes drastically outside of the present. The perfect has Attic reduplication.
　ἀπελαύνω
---, ---, ἀπήλασα, ---, ---, ---

ἕλκω
ἕλκω, ἑλκύσω, εἵλκυσα, ---, ---, ---
The υ disappears in the present. The original stem began with σ, which dropped out and was replaced with a rough breathing. As a consequence, the imperfect and aorist both augment with ει.
　ἐξέλκω
ἐξέλκω, ---, ---, ---, ---, ---

ἐλπίζω
ἐλπίζω, ἐλπιῶ, ἤλπισα, ἤλπικα, ---, ---
The future is an Attic future.
　ἀπελπίζω
ἀπελπίζω, ---, ---, ---, ---, ---
　προελπίζω
---, ---, ---, προήλπικα, ---, ---

ἔξεστι
From ἔξειμι, but used impersonally in the third person singular of the present active indicative (ἔξεστιν). Also occurs in the present active neuter participle (ἐξόν).

ἔοικα
This is a perfect used as a present.

ἐργάζομαι
ἐργάζομαι, ---, ἠργασάμην, ---, εἴργασμαι, ---
Although the imperfect is augmented normally, the aorist active in compounds (and once in the simple form) and the aorist passive are augmented with ει. The perfect middle/passive likewise has an irregular reduplication.

    κατεργάζομαι
κατεργάζομαι, ---, κατειργασάμην, ---, κατείργασμαι, κατειργάσθην

    περιεργάζομαι
περιεργάζομαι, ---, ---, ---, ---, ---

    προσεργάζομαι
---, ---, προσηργασάμην, ---, ---, ---

ἔρχομαι
ἔρχομαι, ἐλεύσομαι, ἦλθον, ἐλήλυθα, ---, ---
A different root is used outside of the present which changes considerably. Only the present and future stems are deponent. The aorist is a second aorist but sometimes uses first aorist endings in the simple form and in most compounds. The perfect has Attic reduplication.

    ἀνέρχομαι
---, ---, ἀνῆλθον, ---, ---, ---

    ἀντιπαρέρχομαι
---, ---, ἀντιπαρῆλθον, ---, ---, ---

    ἀπέρχομαι
ἀπέρχομαι, ἀπελεύσομαι, ἀπῆλθον, ἀπελήλυθα, ---, ---

    διέρχομαι
διέρχομαι, διελεύσομαι, διῆλθον, διελήλυθα, ---, ---

    εἰσέρχομαι
εἰσέρχομαι, εἰσελεύσομαι, εἰσῆλθον, εἰσελήλυθα, ---, ---

    ἐξέρχομαι
ἐξέρχομαι, ἐξελεύσομαι, ἐξῆλθον, ἐξελήλυθα, ---, ---

    ἐπανέρχομαι
ἐπανέρχομαι, ---, ἐπανῆλθον, ---, ---, ---

    ἐπεισέρχομαι
---, ἐπεισελεύσομαι, ---, ---, ---, ---

    ἐπέρχομαι
ἐπέρχομαι, ἐπελεύσομαι, ἐπῆλθον, ---, ---, ---

    κατέρχομαι
κατέρχομαι, ---, κατῆλθον, ---, ---, ---

    παρεισέρχομαι
---, ---, παρεισῆλθον, ---, ---, ---

παρέρχομαι
παρέρχομαι, παρελεύσομαι, παρῆλθον, παρελήλυθα, ---, ---
περιέρχομαι
περιέρχομαι, ---, περιῆλθον, ---, ---, ---
προέρχομαι
προέρχομαι, προελεύσομαι, προῆλθον, ---, ---, ---
προσέρχομαι
προσέρχομαι, ---, προσῆλθον, προσελήλυθα, ---, ---
συνεισέρχομαι
---, ---, συνεισῆλθον, ---, ---, ---
συνέρχομαι
συνέρχομαι, ---, συνῆλθον, συνελήλυθα, ---, ---

ἐσθίω
ἐσθίω, φάγομαι, ἔφαγον, ---, ---, ---
The present subjunctive drops the ι one time. A different root is used outside of the present. The future is a deponent future which does not use a σ.
κατεσθίω
κατεσθίω, καταφάγομαι, κατέφαγον, ---, ---, ---
συνεσθίω
συνεσθίω, ---, συνέφαγον, ---, ---, ---

εὑρίσκω
εὑρίσκω, εὑρήσω, εὗρον, εὕρηκα, ---, εὑρέθην
The present stem is formed by the addition of ισκ. The future, perfect, and aorist passive add η or ε. The imperfect augments with ηυ, but the aorist does not augment. The aorist is a second aorist that uses first aorist endings once in the simple form and once in the compound form.
ἀνευρίσκω
---, ---, ἀνεῦρον, ---, ---, ---

ἔχω
ἔχω, ἕξω, ἔσχον, ἔσχηκα, ---, ---
The original stem was σεχ. The initial σ dropped out of the present and future stems and was replaced with a rough breathing, which was then lost in the present because of the χ. As a consequence, imperfect forms augment with ει. The ε drops out of the aorist and perfect stems.
ἀνέχω
ἀνέχω, ἀνέξω, ἄνεσχον, ---, ---, ---
ἀντέχω
ἀντέχω, ἀνθέξω, ---, ---, ---, ---

 ἀπέχω
ἀπέχω, ---, ---, ---, ---, ---
 ἐνέχω
ἐνέχω, ---, ---, ---, ---, ---
 ἐπέχω
ἐπέχω, ---, ἐπέσχον, ---, ---, ---
 κατέχω
κατέχω, ---, κατέσχον, ---, ---, ---
 μετέχω
μετέχω, ---, μετέσχον, μετέσχηκα, ---, ---
 παρέχω
παρέχω, παρέξω, παρέσχον, ---, ---, ---
 περιέχω
περιέχω, ---, περιέσχον, ---, ---, ---
 προέχω
προέχω, ---, ---, ---, ---, ---
 προσέχω
προσέχω, ---, ---, προσέσχηκα, ---, ---
 συνέχω
συνέχω, συνέξω, συνέσχον, ---, ---, ---
 ὑπερέχω
ὑπερέχω, ---, ---, ---, ---, ---
 ὑπέχω
ὑπέχω, ---, ---, ---, ---, ---

ζήω
ζῶ, ζήσομαι, ἔζησα, ---, ---, ---
The future of this eta contract verb fluctuates between a deponent future and a regular future in the simple form.
 ἀναζήω
---, ---, ἀνέζησα, ---, ---, ---
 συζήω
συζῶ, συζήσω, ---, ---, ---, ---

θάπτω
---, ---, ἔθαψα, ---, ---, ἐτάφην
The aorist passive undergoes a transfer of aspiration: θ to τ and π to φ.
 συνθάπτω
---, ---, ---, ---, ---, συνετάφην

θιγγάνω

---, ---, ἔθιγον, ---, ---, ---

The stem changes drastically outside of the present.

θνῄσκω

---, ---, ---, τέθνηκα, ---, ---

The original stem (which shows up in the future and aorist) was θαν. In the present and perfect, α dropped out and η was added. The present then added ισκ (the ι subscripts). The future is a deponent liquid future. The perfect has a consonantal instead of a vocalic reduplication.

ἀποθνῄσκω

ἀποθνῄσκω, ἀποθανοῦμαι, ἀπέθανον, ---, ---, ---

συνἀποθνῄσκω

---, ---, συναπέθανον, ---, ---, ---

θύω

θύω, ---, ἔθυσα, ---, τέθυμαι, ἐτύθην

The initial θ deaspirates to τ as sometimes happens because of the θ of the aorist passive tense formative.

[ἵημι]

The root is σε. The σ dropped and was replaced by a rough breathing. The ε then lengthened to η in the present active singular and in all of the second and third principal parts. The aorist active uses κα endings. The aorist passive does not augment.

ἀνίημι

ἀνίημι, ---, ἄνην, ---, ---, ἀνέθην

The aorist active of this compound is a root aorist.

ἀφίημι

ἀφίημι, ἀφήσω, ἀφῆκα, ---, ἀφέωμαι, ἀφέθην

This compound has many alternate and irregular forms. Mounce's *Morphology* or an advanced grammar book should be consulted for all the forms.

καθίημι

καθίημι, ---, καθῆκα, ---, ---, ---

παρίημι

---, ---, παρῆκα, ---, παρεῖμαι, ---

συνίημι

συνίημι, συνήσω, συνῆκα, ---, ---, ---

The present stem also uses the thematic conjugation: συνίω.

[ἱκνέομαι]

The present stem adds νε, resulting in contraction.

ἀφικνέομαι
---, ---, ἀφικόμην, ---, ---, ---
    διϊκνέομαι
διϊκνοῦμαι, ---, ---, ---, ---, ---
    ἐφικνέομαι
ἐφικνοῦμαι, ---, ἐφικόμην, ---, ---, ---

ἵστημι / ἱστάνω
ἱστάνω, στήσω, ἔστην, ἕστηκα, ---, ἐστάθην
The root of this μι verb is στα. The present stem uses also uses the thematic conjugation, but adds ν, which disappears outside of the present. In the simple form and two compounds, the present only occurs in the ἱστάνω form. In three compounds, both forms can be found. The second (root) aorist, which is found in the simple form and fourteen compounds, is intransitive. The simple form and five compounds also have a transitive first aorist of the form ἔστησα. In three compounds, only the first aorist is used. There is also a contracted second perfect participle based on the stem ἕστα that occurs in the simple form and six compounds. In two of these compounds, only the second perfect is used, which is indicated by the inclusion of the appropriate second perfect participle in their fourth principal part. Because the second perfect uses no κ, the α of the stem contracts with the vowel of the participle morpheme resulting in ἑστώς, the genitive of which is ἑστῶτος.
    ἀνθίστημι
ἀνθίστημι, ---, ἀντέστην, ἀνθέστηκα, ---, ---
    ἀνίστημι
ἀνίστημι, ἀναστήσω, ἀνέστην, ---, ---, ---
A first aorist also occurs: ἀνέστησα.
    ἀντικαθίστημι
---, ---, ἀντικατέστην, ---, ---, ---
    ἀποκαθίστημι
ἀποκαθιστάνω, ἀποκαταστήσω, ἀπεκατέστην, ---, ---, ἀπεκατεστάθην
The present only occurs in the ἱστάνω form.
    ἀφίστημι
ἀφίστημι, ἀποστήσομαι, ἀπέστην, ---, ---, ---
The future is a deponent future. A first aorist also occurs: ἀπέστησα.
    διΐστημι
---, ---, διέστην, ---, ---, ---
A first aorist also occurs: διέστησα.
    ἐνίστημι
---, ἐνστήσω, ---, ἐνέστηκα, ---,
Also uses a second perfect participle.

ἐξανίστημι
---, ---, ἐξανέστην, ---, ---, ---

ἐξίστημι
ἐξίστημι, ---, ἐξέστην, ἐξέστακα, ---, ---,
The present also occurs in the ἱστάνω form. A first aorist also occurs: ἐξέστησα.

ἐπανίστημι
---, ἐπαναστήσω, ---, ---, ---, ---

ἐφίστημι
ἐφίστημι, ---, ἐπέστην, ἐφέστηκα, ---, ---,
Also uses a second perfect participle.

καθίστημι
καθίστημι, καταστήσω, κατέστησα, ---, ---, κατεστάθην
The present also occurs in the ἱστάνω form.

κατεφίσταμι
---, ---, κατεπέστην, ---, ---, ---

μεθίστημι
μεθίστημι, ---, μετέστησα, ---, ---, μετεστάθην

παρίστημι
παριστάνω, παραστήσω, παρέστην, παρέστηκα, ---, ---,
The present only occurs in the ἱστάνω form. A first aorist also occurs: παρέστησα. Also uses a second perfect participle.

περιΐστημι
περιΐστημι, ---, περιέστην, περιΐστα, ---, ---

προΐστημι
προΐστημι, ---, προέστην, προέστα, ---, ---

συνεφίστημι
---, ---, συνεπέστην, ---, ---, ---

συνίστημι
συνίστημι, ---, συνέστησα, συνέστηκα, ---, ---
The present also occurs in the ἱστάνω form. Also uses a second perfect participle.

καίω
καίω, ---, ---, ---, κέκαυμαι, ---

ἐκκαίω
---, ---, ---, ---, ---, ἐξεκαύθην

κατακαίω
καίω, κατακαύσω, κατέκαυσα, ---, ---, κατεκαύθην
The aorist passive of this compound also occurs as a second aorist passive and second future passive spelled without the υ.

καλέω

καλῶ, καλέσω, ἐκάλεσα, κέκληκα, κέκλημαι, ἐκλήθην

The stem of this contract verb changes to κλη in its last three principal parts. The final stem vowel in the future and aorist does not lengthen.

ἀντικαλέω

---, ---, ἀντεκάλεσα, ---, ---, ---

ἐγκαλέω

ἐγκαλῶ, ἐγκαλέσω, ---, ---, ---, ---

εἰσκαλέομαι

---, ---, εἰσεκαλεσάμην, ---, ---, ---

ἐπικαλέω

ἐπικαλῶ, ---, ἐπεκάλεσα, ---, ἐπικέκλημαι, ἐπεκλήθην

μετακαλέω

---, μετακαλέσω, μετεκάλεσα, ---, ---, ---

παρακαλέω

παρακαλῶ, ---, παρεκάλεσα, ---, παρακέκλημαι, παρεκλήθην

προκαλέω

προκαλῶ, ---, ---, ---, ---, ---

προσκαλέω

προσκαλῶ, ---, προσεκαλεσάμην, ---, προσκέκλημαι, ---

συγκαλέω

συγκαλῶ, ---, συνεκάλεσα, ---, ---, ---

συμπαρακαλέω

---, ---, ---, ---, ---, συμπαρεκλήθην

καθαρίζω

καθαρίζω, καθαριῶ, ἐκαθάρισα, ---, κεκαθάρισμαι, ἐκαθαρίσθην

The future is an Attic future.

διακαθαρίζω

---, διακαθαριῶ, ---, ---, ---, ---

κερδαίνω

---, κερδήσω, ἐκέρδησα, ---, ---, ἐκερδήθην

The αι changes to η throughout the principal parts. The aorist occurs once as a liquid aorist: ἐκέρδανα.

κομίζω

κομίζω, κομίσομαι, ἐκόμισα, ---, ---, ---

The future is a deponent future but there is also a deponent Attic future: κομίοῦμαι.

ἐκκομίζω
ἐκκομίζω, ---, ---, ---, ---, ---

συγκομίζω
---, ---, ---, ---, συνεκόμισα, ---, ---, ---

κράζω
κράζω, κράξω, ἔκραξα, κέκραγα, ---, ---
The stem ends in γ. The aorist occurs once in the reduplicated form ἐκέκραξα.

ἀνακράζω
---, ---, ἀνέκραξα, ---, ---, ---
The aorist also occurs once as a second aorist: ἀνέκραγον.

κρύπτω
κρύπτω, ---, ἔκρυψα, ---, κέκρυμμαι, ἐκρύβην
The final letter of the aorist passive stem changes from π to β.

ἀποκρύπτω
---, ---, ἀπέκρυψα, ---, ἀποκέκρυμμαι, ---

ἐγκρύπτω
---, ---, ἐνέκρυψα, ---, ---, ---

λαγχάνω
---, ---, ἔλαχον, ---, ---, ---
The stem changes drastically outside of the present.

λαμβάνω
λαμβάνω, λήμψομαι, ἔλαβον, εἴληφα, ---, ---
The stem changes drastically outside of the present. The future is a deponent future. The perfect has an irregular reduplication.

ἀναλαμβάνω
ἀναλαμβάνω, ---, ἀνέλαβον, ---, ---, ἀνελήμφθην

ἀντιλαμβάνω
ἀντιλαμβάνω, ---, ἀντέλαβον, ---, ---, ---

ἀπολαμβάνω
ἀπολαμβάνω, ἀπολήμψομαι, ἀπέλαβον, ---, ---, ---

ἐπιλαμβάνομαι
ἐπιλαμβάνομαι, ---, ἐπελαβόμην, ---, ---, ---

καταλαμβάνω
καταλαμβάνω, ---, κατέλαβον, κατείληφα, ---, κατελήμφθην

μεταλαμβάνω
μεταλαμβάνω, ---, μετέλαβον, ---, ---, ---

παραλαμβάνω
παραλαμβάνω, παραλήμψομαι, παρέλαβον, ---, ---, παρελήμφθην

προλαμβάνω
προλαμβάνω, ----, προέλαβον, ----, ----, προελήμφθην

προσλαμβάνω
προσλαμβάνω, ---, προσέλαβον, ---, ---, ---

συλλαμβάνω
συλλαμβάνω, συλλήμψομαι, συνέλαβον, συνείληφα, ---, συνελήμφθην

συμπαραλαμβαύω
συμπαραλαμβαύω, ---, συμπαρέλαβον, ---, ---, ---

συμπεριλαμβάνω
---, ---, συμπεριέλαβον, ---, ---, ---

συναντιλαμβάνομαι
συναντιλαμβάνομαι, ---, συναντελαβόμην, ---, ---, ---

ὑπολαμβάνω
ὑπολαμβάνω, ---, ὑπέλαβον, ---, ---, ---

λανθάνω
λανθάνω, ---, ἔλαθον, ---, ---, ---
The stem changes drastically outside of the present.

ἐκλανθάνομαι
---, ---, ---, ---, ἐκλέλησμαι, ---

ἐπιλανθάνομαι
ἐπιλανθάνομαι, ---, ἐπελαθόμην, ---, ἐπιλέλησμαι, ---

λέγω
λέγω, ἐρῶ, εἶπον, εἴρηκα, εἴρημαι, ἐρρέθην
The future is a liquid future and is from a different root. The aorist is from the root ειπ. It does not augment, and regularly uses first aorist endings in the simple form and in some compounds. The last three principal parts are from the root ρη. The perfect stems have an irregular reduplication. One compound uses the original root throughout its principal parts. This verb should not be confused with the similarly spelled regular verb λέγω.

ἀντιλέγω
ἀντιλέγω, ---, ἀντεῖπον, ---, ---, ---

ἀπολέγω
---, ---, ἀπεῖπα, ---, ---, ---

διαλέγομαι
διαλέγομαι, ---, διελεξάμην, ---, ---, διελέχθην

ἐπιλέγω
ἐπιλέγω, ---, ---, ---, ---, ---
προλέγω
προλέγω, ---, προεῖπον, προείρηκα, προείρημαι, ---

μακαρίζω
μακαρίζω, μακαριῶ, ---, ---, ---, ---
The future is an Attic future.

μανθάνω
μανθάνω, ---, ἔμαθον, μεμάθηκα, ---, ---
The stem changes drastically outside of the present.

καταμανθάνω
---, ---, κατέμαθον, ---, ---, ---

[μέλω]
μέλει
From μέλω, but only used personally and impersonally in the third person singular of the present active indicative (μέλει), imperfect active indicative (ἔμελεν), and present active imperative (μελέτω). The present indicative and one compound appear to be formed as if the root ended in ε.

ἐπιμελέομαι
---, ἐπιμελήσομαι, ---, ---, ---, ἐπεμελήθην
μεταμέλομαι
μεταμέλομαι, ---, ---, ---, ---, μετεμελήθην

μέλλω
μέλλω, μελλήσω, ---, ---, ---, ---
Unlike the other verbs in which the present stem ends in λλ, this verb does not drop a λ. The imperfect augments with either ε or η.

μιμνῄσκομαι
μιμνῄσκομαι, ---, ---, ---, μέμνημαι, ἐμνήσθην
The present stem is formed by reduplication and the addition of ισκ (the ι subscripts. The perfect has consonantal instead of vocalic reduplication. Compounds of this verb are not deponent.

ἀναμιμνῄσκω
ἀναμιμνῄσκω, ἀναμνήσω, ---, ---, ---, ἀνεμνήσθην
ἐπαναμιμνῄσκω
ἐπαναμιμνῄσκω, ---, ---, ---, ---, ---
ὑπομιμνῄσκω
ὑπομιμνῄσκω, ὑπομνήσω, ὑπέμνησα, ---, ---, ὑπεμνήσθην

νυστάζω

νυστάζω, ---, ἐνύσταξα, ---, ---, ---

The stem ends in γ.

[οἴγω]

ἀνοίγω

ἀνοίγω, ἀνοίξω, ἤνοιξα, ἀνέῳγα, ἀνέῳγμαι, ἠνοίγην

Forms of οἴγω occur only in this compound and in compounds of it. It is highly irregular in the way it augments and reduplicates depending on whether it was viewed as simple or compound. The imperfect augments the preposition. Alternate forms of the aorist include the double augmented ἀνέῳξα and the triple augmented ἠνέῳξα. The perfect stems have an irregular reduplication. An alternate form of the perfect middle/passive is ἠνέῳγμαι. Although usually a second aorist passive, alternate first aorist forms include ἀνεῴχθην, ἠνεῴχθην, and ἠνοίχθην. The aorist passive infinitive even has a double augment like the first of these alternate forms: ἀνεωχθῆναι.

διανοίγω

διανοίγω, ---, διήνοιξα, ---, διήνοιγμαι, διηνοίχθην

This double compound of οἴγω augments the second preposition.

οἶδα

This is a perfect used as a present. The pluperfect is ᾔδειν. There is a future from the same root that occurs once: εἰδήσω. There is an alternate second person plural form ἴστε, and an alternate third person plural form ἴσασι. Uses ει in the subjunctive (εἰδῶ), infinitive (εἰδέναι), and participle (εἰδώς), but the infinitive is ἴστε.

σύνοιδα

Compound of οἶδα appearing only as an active indicative and participle.

[οἰκίζω]

κατοικίζω

---, ---, κατῴκισα, ---, ---, ---

μετοικίζω

---, μετοικιῶ, μετῴκοισα, ---, ---, ---

The future is an Attic future.

οἴομαι

οἴομαι, ---, ---, ---, ---, ---

The indicative contracts to οἶμαι, but the imperative and participle do not contract.

IRREGULAR VERBS

[ὄλλυμι]
ἀπολλυμι
ἀπολλυμι, ἀπολέσω, ἀπώλεσα, ἀπόλωλα, ---, ---
The root is ολ. When νυ is added to the present, it reverts to λυ. The future and aorist add ε. The present stem of this compound uses the thematic conjugation twice: ἀπολλύω. The future of this compound also has a liquid future that occurs just once: ἀπολῶ. The perfect has Attic reduplication.

συναπόλλυμι
---, ---, συναπῶλον, ---, ---, ---
This compound uses a second aorist.

ὀμνύω
ὀμνύω, ---, ὤμοσα, ---, ---, ---
The stem changes drastically outside of the present. The present stem uses the athematic conjugation once: ὄμνυμι.

ὀνίνημι
---, ---, ὤνασα, ---, ---, ---
This μι verb has an irregular reduplication in the present. Only occurs as an aorist optative: ὀναίμην.

ὁράω
ὁρῶ, ὄψομαι, εἶδον, ἑώρακα, ---, ὤφθην
The present stem is a contract. The imperfect is the double augmented ἑώρων, but compounds do not augment in the imperfect. The future is a deponent future and is from a different root. The aorist is from yet another root (ιδ), and is a second aorist that sometimes uses first aorist endings. There is also a deponent first aorist form ὠψάμην from the οπ root used by the future and aorist passive that occurs once as a subjunctive. The perfect uses the original root but has an irregular reduplication and does not lengthen the final stem vowel. The perfect also occurs thrice as ἑόρακα.

ἀφοράω
ἀφορῶ, ---, ἀπεῖδον, ---, ---, ---

ἐφοράω
---, ---, ἐπεῖδον, ---, ---, ---

καθοράω
καθορῶ, ---, ---, ---, ---, ---

προοράω
προορῶ, ---, προεῖδον, προεώρακα, ---, ---

συνοράω
---, ---, συνεῖδον, ---, ---, ---

ὑπεροράω
---, ---, υπερεῖδον, ---, ---, ---

ὀργίζω
ὀργίζω, ---, ---, ---, ---, ὠργίσθην
    παροργίζω
παροργίζω, παροργιῶ, ---, ---, ---, ---
The future is an Attic future.

ὁρίζω
ὁρίζω, ---, ὥρισα, ---, ὥρισμαι, ὡρίσθην
    ἀποδιορίζω
ἀποδιορίζω, ---, ---, ---, ---, ---
    ἀφορίζω
ἀφορίζω, ἀφορίσω, ἀφώρισα, ---, ἀφώρισμαι, ἀφωρίσθην
The future also occurs one time as an Attic future: ἀφοριῶ.
    προορίζω
---, ---, προώρισα, ---, ---, προωρίσθην

παίζω
παίζω, ---, ---, ---, ---, ---
The stem ends in γ.
    ἐμπαίζω
ἐμπαίζω, ἐμπαίξω, ἐνέπαιξα, ---, ---, ἐνεπαίχθην

πάσχω
πάσχω, ---, ἔπαθον, πέπονθα, ---, ---
The stem changes drastically outside of the present.
    προπάσχω
---, ---, προέπαθον, ---, ---, ---
    συμπάσχω
συμπάσχω, ---, ---, ---, ---, ---

παύω
παύω, παύσω, ἔπαυσα, ---, πέπαυμαι, ---
The aorist passive (found in compounds) is from a different root.
    ἀναπαύω
ἀναπαύω, ἀναπαύσω, ἀνέπαυσα, ---, ἀναπέπαυμαι, ἀνεπάην
    ἐπαναπαύομαι
ἐπαναπαύομαι, ---, ---, ---, ---, ἐπανεπάην
    καταπαύω
---, ---, κατέπαυσα, ---, ---, ---
    συναναπαύομαι
---, ---, συνανεπαυσάμην, ---, ---, ---

πείθω
πείθω, πείσω, ἔπεισα, πέποιθα, πέπεισμαι, ἐπείσθην
The θ disappears outside of the present except in the fourth principal part, which also exhibits a change in the stem vowel.

ἀναπείθω
ἀναπείθω, ---, ---, ---, ---, ---

πιάζω
---, ---, ἐπίασα, ---, ---, ἐπιάσθην

ὑπωπιάζω
ὑπωπιάζω, ---, ---, ---, ---, ---
The ο in ὑπό has lengthened to ω.

πίνω
πίνω, πίομαι, ἔπιον, πέπωκα, ---, ---
The future is an irregular deponent future which does not use a σ. The stem vowel changes significantly in the perfect.

καταπίνω
καταπίνω, ---, κατέπιον, ---, ---, κατεπόθην

συμπίνω
---, ---, συνέπιον, ---, ---, ---

πιπράσκω
πιπράσκω, ---, ---, πέπρακα, πέπραμαι, ἐπράθην
The present stem is formed by reduplication and the addition of σκ.

πίπτω
πίπτω, πεσοῦμαι, ἔπεσον, πέπτωκα, ---, ---
The present stem is formed by reduplication. The future is a deponent Doric future. The aorist is a second aorist that sometimes uses first aorist endings here and in most compounds. The perfect has consonantal instead of vocalic reduplication. The stem changes throughout the principal parts.

ἀναπίπτω
---, ---, ἀνέπεσον, ---, ---, ---

ἀντιπίπτω
ἀντιπίπτω, ---, ---, ---, ---, ---

ἀποπίπτω
---, ---, ἀπέπεσα, ---, ---, ---

ἐκπίπτω
---, ---, ἐξέπεσον, ἐκπέπτωκα, ---, ---

ἐμπίπτω
ἐμπίπτω, ἐμπεσοῦμαι, ἐνέπεσον, ---, ---, ---
    ἐπιπίπτω
ἐπιπίπτω, ---, ἐπέπεσον, ἐπιπέπτωκα, ---, ---
    καταπίπτω
καταπίπτω, ---, κατέπεσον, ---, ---, ---
    παραπίπτω
---, ---, παρέπεσον, ---, ---, ---
    περιπίπτω
---, ---, περιέπεσον, ---, ---, ---
    προσπίπτω
προσπίπτω, ---, προσέπεσον, ---, ---, ---
    συμπίπτω
---, ---, συνέπεσον, ---, ---, ---

πλάσσω
---, ---, ἔπλασα, ---. ---, ἐπλάσθην

Unlike other verbs in which the present stem ends in σσ, this verb is not disguising a stem that ends in velar stop. Inserts σ in the aorist passive.

πλέω
πλέω, ---, ---, ---, ---, ---

The stem vowel is ευ outside of the present. The ε in the present stem contracts in the compounds but only once in the infinitive (πλεῖν) in the simple form.

    ἀποπλέω
ἀποπλῶ, ---, ἀπέπλευσα, ---, ---, ---
    διαπλέω
---, ---, διέπλευσα, ---, ---, ---
    ἐκπλέω
ἐκπλῶ, ---, ἐξέπλευσα, ---, ---, ---
    καταπλέω
---, ---, κατέπλευσα, ---, ---, ---
    παραπλέω
---, ---, παρέπλευσα, ---, ---, ---
    ὑποπλέω
---, ---, ὑπέπλευσα, ---, ---, ---

πνέω
πνέω, ---, ἔπνευσα, ---, ---, ---

The stem vowel is ευ outside of the present. The ε in the present stem only contracts in the present indicative (πνῶ) of the simple form.

ἐκπνέω
---, ---, ἔκπνευσα, ---, ---, ---
ἐμπνέω
ἐμπνέω, ---, ---, ---, ---, ---
ὑποπνέω
---, ---, ὑπέπνευσα, ---, ---, ---

πυνθάνομαι
πυνθάνομαι, ---, ἐπυθόμην, ---, ---, ---
The stem changes drastically outside of the present.

ῥέω
---, ῥεύσω, ---, ---, ---, ---
The stem changes drastically outside of the present.
παραρρέω
---, ---, ---, ---, ---, παρερύην

ῥιπτέω
ῥιπτῶ, ---, ἔρριψα, ---, ἔρριμμαι, ---
The present stem adds ε, resulting in contraction.
ἀποριπτέω
---, ---, ἀπέριψα, ---, ---, ---
ἐπιριπτέω
---, ---, ἐπέριψα, ---, ---, ---

στενάζω
στενάζω, ---, ἐστέναξα, ---, ---, ---
The stem ends in γ.
ἀναστενάζω
---, ---, ἀνεστέναξω, ---, ---, ---
συστενάζω
συστενάζω, ---, ---, ---, ---, ---

στηρίζω
---, στηρίξω, ἐστήριξα, ---, ἐστήριγμαι, ἐστηρίχθην
The stem ends in γ. However, the aorist occurs thrice as ἐστήρισα.
ἐπιστηρίζω
ἐπιστηρίζω, ---, ἐπεστήριξα, ---, ---, ---

σφάζω
σφάζω, σφάξω, ἔσφαξα, ---, ἔσφαγμαι, ἐσφάγην
The stem ends in γ.
κατασφάζω
---, ---, κατέσφαξα, ---, ---, ---

[τέμνω]

περιτέμνω
περιτέμνω, ---, περιέτεμον, ---, περιτέτμημαι, περιετμήθην
The stem changes drastically in the fifth and sixth principal parts. The perfect has a consonantal instead of a vocalic reduplication.

συντέμνω
συντέμνω, ---, ---, ---, ---, ---

τίκτω

τίκτω, τέξομαι, ἔτεκον, ---, --- ἐτέχθην
The present stem is formed by reduplication. The second τ then drops out and a final τ is added. The other stems insert ε. The future is a deponent future.

τρέφω

τρέφω, ---, ἔθρεψα, ---, τέθραμμαι, ---
The initial θ deaspirates to τ in the present and aorist passive because of the presence of φ.

ἀνατρέφω
---, ---, ἀνέθρεψα, ---, ἀνατέθραμμαι, ἀνετράφην

ἐκτρέφω
ἐκτρέφω, ---, ---, ---, ---, ---

ἐντρέφω
ἐντρέφω, ---, ---, ---, ---, ---

τρέχω

τρέχω, ---, ἔδραμον, ---, ---, ---
The aorist is from a different root.

εἰστρέχω
---, ---, εἰσέδραμον, ---, ---, ---

ἐπισυντρέχω
ἐπισυντρέχω, ---, ---, ---, ---, ---

κατατρέχω
---, ---, κατέδραμον, ---, ---, ---

περιτρέχω
---, ---, περιέδραμον, ---, ---, ---

προστρέχω
προστρέχω, ---, προσέδραμον, ---, ---, ---

προτρέχω
---, ---, προέδραμον, ---, ---, ---

συντρέχω
συντρέχω, ---, συνέδραμον, ---, ---, ---

ὑποτρέχω
---, ---, ὑπέδραμον, ---, ---, ---

τυγχάνω
τυγχάνω, ---, ἔτυχον, τέτυχα, ---, ---
The stem changes drastically outside of the present.

ἐντυγχάνω
ἐντυγχάνω, ---, ἐνέτυχον, ---, ---, ---

ἐπιτυγχάνω
---, ---, ἐπέτυχον, ---, ---, ---

παρατυγχάνω
παρατυγχάνω, ---, ---, ---, ---, ---

συντυγχάνω
---, ---, συνέτυχον, ---, ---, ---

ὑπερεντυγχάνω
ὑπερεντυγχάνω, ---, ---, ---, ---, ---

φαίνω
φαίνω, φανοῦμαι, ἔφανα, ---, ---, ἐφάνην
The future of this liquid verb is a deponent future.

ἀναφαίνω
ἀναφαίνω, ---, ἀνέθανα, ---, ---, ---

ἐπιφαίνω
ἐπιφαίνω, ---, ἐπέφανα, ---, ---, ἐπεφάνην

φέρω
φέρω, οἴσω, ἤνεγκα, ---, ---, ἠνέχθην
The future is from a different root. The remaining principal parts are from the root ενεκ. The aorist stem is formed by reduplication, the loss of the ε, and the changing of νκ to γκ: ενκ → ενενκ → ενεγκ → ηνεγκ → ἤνεγκα. First aorist endings on a second aorist stem are the rule rather than the exception in the simple form and five of the compounds (-ήνεγκον). There are also five compounds that use exclusively first aorist endings and two compounds that only occur with second aorist endings. The perfect (which only occurs in one compound) has Attic reduplication and an aspirated κ.

ἀναφέρω
ἀναφέρω, ---, ἀνήνεγκα, ---, ---, ---

ἀποφέρω
ἀποφέρω, ---, ἀπήνεγκα, ---, ---, ἀπηνέχθην

διαφέρω
διαφέρω, ---, διήνεγκα, ---, ---, ---

    εἰσφέρω
εἰσφέρω, ---, εἰσήνεγκα, ---, ---, ---
    ἐκφέρω
ἐκφέρω, ἐξοίσω, ἐξήνεγκα, ---, ---, ---
    ἐπιφέρω
ἐπιφέρω, ---, ἐπήνεγκον, ---, ---, ---
    καταφέρω
καταφέρω, ---, κατήνεγκα, ---, ---, κατήεχθην
    παραφέρω
παραφέρω, ---, παρήνεγκον, ---, ---, ---
    παρεισφέρω
---, ---, παρεισήνεγκα, ---, ---, ---
    περιφέρω
περιφέρω, ---, ---, ---, ---, ---
    προσφέρω
προσφέρω, ---, προσήνεγκα, προσενήνοχα, ---, προσήνεχθην
    προφέρω
προφέρω, ---, ---, ---, ---, ---
    συμφέρω
συμφέρω, ---, συνήνεγκα, ---, ---, ---
    ὑποφέρω
ὑποφέρω, ---, ὑπήνεγκα, ---, ---, ---

φεύγω
φεύγω, φεύξομαι, ἔφυγον, ---, ---, ---
The future is a deponent future.
    ἀποφεύγω
---, ---, ἀπέφυγον, ---, ---, ---
    διαφεύγω
---, ---, διέφυγον, ---, ---, ---
    ἐκφεύγω
---, ἐκφεύξομαι, ἐξέφυγον, ἐκπέφευγα, ---, ---
    καταφεύγω
---, ---, κατέφυγον, ---, ---, ---

χαίρω
χαίρω, χαρήσομαι, ---, ---, ---, ἐχάρην
The future of this liquid verb is a deponent future.
    συγχαίρω
συγχαίρω, ---, ---, ---, ---, συνεχάρην

[χέω]
ἐκχέω
ἐκχέω, ἐκχεῶ, ἐξέχεα, ---, ---, ---

The ε in the present stem only contracts in the present indicative (ἐκχεῖται) of this compound. The future is an Attic future. Although not a liquid verb, the aorist does not use a σ.

ἐπιχέω
ἐπιχέω, ---, ---, ---, ---, ---

καταχέω
---, ---, κατέχεα, ---, ---, ---

συγχέω
συγχέω, ---, ---, ---, ---, ---

ψύχω
---, ---, ---, ---, ---, ἐψύγην

The aorist passive is from a different root.

ἀναψύχω
---, ---, ἀνέψυξα, ---, ---, ---

ἀποψύχω
ἀποψύχω, ---, ---, ---, ---, ---

ἐκψύχω
---, ---, ἐξέψυξα, ---, ---, ---

καταψύχω
---, ---, κατέψυξα, ---, ---, ---

[ὠθέω]
ἀπωθέω
ἀπωθῶ, ---, ἄπωσα, ---, ---, ---

The present stem adds θε, resulting in contraction.

ἐξωθέω
---, ---, ἐξῶσα, ---, ---, ---

INDEX

ἀγαθοεργέω, c, 1t, p. 57
ἀγαθοεργῶ, ---, ---, ---, ---, ---
ἀγαθοποιέω, c, 9t, p. 57
ἀγαθοποιῶ, ---, ἠγαθοποίησα, ---, ---, ---
ἀγαλλιάω, c, 11t, p. 50
ἀγαλλιῶ, ---, ἠγαλλίασα, ---, ---, ἠγαλλιάθην
ἀγανακτέω, c, 7t, p. 57
ἀγανακτῶ, ---, ἠγανάκτησα, ---, ---, ---
ἀγαπάω, c, 143t, p. 50
ἀγαπῶ, ἀγαπήσω, ἠγάπησα, ἠγάπηκα, ἠγάπημαι, ἠγαπήθην
ἀγγαρεύω, r, 3t, p. 1
ἀγγαρεύω, ἀγγαρεύσω, ἠγγάρευσα, ---, ---, ---
ἀγγέλλω, l, 1t, p. 91
ἀγγέλλω, ---, ---, ---, ---, ---
ἀγνοέω, c, 22t, p. 58
ἀγνοῶ, ---, ἠγνόησα, ---, ---, ---
ἁγιάζω, r, 28t, p. 1
ἁγιάζω, ---, ἡγίασα, ---, ἡγίασμαι, ἡγιάσθην
ἁγνίζω, r, 7t, p. 1
ἁγνίζω, ---, ἥγνισα, ἥγνικα, ἥγνισμαι, ἡγνίσθην
ἀγοράζω, r, 30t, p. 1
ἀγοράζω, ---, ἠγόρασα, ---, ἠγόρασμαι, ἠγοράσθην
ἀγραυλέω, c, 1t, p. 58
ἀγραυλῶ, ---, ---, ---, ---, ---
ἀγρεύω, r, 1t, p. 1
---, ---, ἤγρευσα, ---, ---, ---
ἀγρυπνέω, c, 4t, p. 58
ἀγρυπνῶ, ---, ---, ---, ---, ---
ἀγωνίζομαι, rd, 8t, p. 2
ἀγωνίζομαι, ---, ---, ---, ἠγώνισμαι, ---
ἄγω, i, 67t, p. 107
ἄγω, ἄξω, ἤγαγον, ---, ---, ἤχθην
ἀδημονέω, c, 3t, p. 58
ἀδημονῶ, ---, ---, ---, ---, ---
ἀδικέω, c, 28t, p. 58
ἀδικεῶ, ἀκικήσω, ἠδίκησα, ---, ---, ἠδικήθην
ἀδυνατέω, c, 2t, p. 58
---, ἀδυνατήσω, ---, ---, ---, ---

137

ᾄδω, r, 5t, p. 2
ᾄδω, ---, ---, ---, ---, ---
ἀθετέω, c, 16t, p. 58
ἀθετῶ, ἀθετήσω, ἠθέτησα, ---, ---, ---
ἀθλέω, c, 2t, p. 58
ἀθλῶ, ---, ἤθλησα, ---, ---, ---
ἀθροίζω, r, 1t, p. 2
---, ---, ---, ---, ἤθροισμαι, ---
ἀθυμέω, c, 1t, p. 58
ἀθυμῶ, ---, ---, ---, ---, ---
αἱμορροέω, c, 1t, p. 58
αἱμορροῶ, ---, ---, ---, ---, ---
αἰνέω, c, 8t, p. 58
αἰνῶ, ---, ---, ---, ---, ---
αἱρετίζω, r, 1t, p. 2
---, ---, ᾑρέτισα, ---, ---, ---
αἴρω, l, 101t, p. 91
αἴρω, ἀρῶ, ἦρα, ἦρκα, ἦρμαι, ἤρθην
αἰσθάνομαι, rd, 1t, p. 2
---, ---, ᾐσθόμην, ---, ---, ---
αἰσχύνω, l, 5t, p. 91
αἰσχύνω, ---, ---, ---, ---, ᾐσχύνθην
αἰτέω, c, 70t, p. 58
αἰτῶ, αἰτήσω, ᾔτησα, ᾔτηκα, ---, ---
αἰχμαλωτεύω, r, 1t, p. 2
---, ---, ᾐχμαλώτευσα, ---, ---, ---
αἰχμαλωτίζω, r, 4t, p. 2
αἰχμαλωτίζω, ---, ---, ---, ---, ᾐχμαλωτίσθην
ἀκαιρέομαι, cd, 1t, p. 59
ἀκαιροῦμαι, ---, ---, ---, ---, ---
ἀκμάζω, r, 1t, p. 2
---, ---, ἤκμασα, ---, ---, ---
ἀκολουθέω, c, 90t, p. 59
ἀκολουθῶ, ἀκολουθήσω, ἠκολούθησα, ἠκολούθηκα, ---, ---
ἀκούω, i, 428t, p. 109
ἀκούω, ἀκούσω, ἤκουσα, ἀκήκοα, ---, ἠκούσθην
ἀκριβόω, c, 2t, p. 80
---, ---, ἠκρίβωσα, ---, ---, ---
ἀκυρόω, c, 2t, p. 80
ἀκυρῶ, ---, ἠκύρωσα, ---, ---, ---
ἀλαλάζω, r, 2t, p. 2
ἀλαλάζω, ---, ---, ---, ---, ---
ἀλείφω, r, 9t, p. 3
ἀλείφω, ---, ἤλειψα, ---, ---, ---
ἀληθεύω, r, 2t, p. 3
ἀληθεύω, ---, ---, ---, ---, ---
ἀλήθω, r, 2t, p. 3
ἀλήθω, ---, ---, ---, ---, ---

ἁλιεύω, r, 1t, p. 3
ἁλιεύω, ---, ---, ---, ---, ---
ἁλίζω, r, 2t, p. 3
---, ---, ---, ---, ---, ἡλίσθην
ἀλλάσσω, s, 6t, p. 43
---, ἀλλάξω, ἤλλαξα, ---, ---, ἠλλάγην
ἀλληγορέω, c, 1t, p. 59
ἀλληγορῶ, ---, ---, ---, ---, ---
ἅλλομαι, ld, 3t, p. 92
ἅλλομαι, ---, ἡλάμην, ---, ---, ---
ἀλοάω, c, 3t, p. 50
ἀλοῶ, ---, ---, ---, ---, ---
ἁμαρτάνω, i, 43t, p. 109
ἁμαρτάνω, ἁμαρτήσω, ἡμάρτησα, ἡμάρτηκα, ---, ---
ἀμάω, c, 1t, p. 50
---, ---, ἤμησα, ---, ---, ---
ἀμελέω, c, 4t, p. 59
ἀμελῶ, ---, ἠμέλησα, ---, ---, ---
ἀμύνομαι, ld, 1t, p. 92
---, ---, ἠμυνάμην, ---, ---, ---
ἀμφιβάλλω, i, 1t, p. 111   βάλλω
ἀμφιβάλλω, ---, ---, ---, ---, ---
ἀμφιέζω, r, 1t, p. 3
ἀμφιέζω, ---, ---, ---, ---, ---
ἀμφιέννυμι, m, 3t, p. 100
ἀμφιέννυμι, ---, ---, ---, ἠμφίεσμαι, ---
ἀνάγω, i, 23t, p. 107   ἄγω
ἀνάγω, ---, ἀνήγαγον, ---, ---, ἀνήχθην
ἀναβαίνω, i, 82t, p. 110   [βαίνω]
ἀναβαίνω, ἀναβήσομαι, ἀνέβην, ἀναβέβηκα, ---, ---
ἀναβάλλω, i, 1t, p. 111   βάλλω
---, ---, ἀνέβαλον, ---, ---, ---
ἀναβιβάζω, r, 1t, p. 6   [βιβάζω]
---, ---, ἀνεβίβασα, ---, ---, ---
ἀναβλέπω, r, 25t, p. 6   βλέπω
ἀναβλέπω, ---, ἀνέβλεψα, ---, ---, ---
ἀναβοάω, c, 1t, p. 51   βοάω
---, ---, ἀνεβόησα, ---, ---, ---
ἀναγγέλλω, l, 14t, p. 91   ἀγγέλλω
ἀναγγέλλω, ἀναγγελῶ, ἀνήγγειλα, ---, ---, ἀνηγγέλην
ἀναγεννάω, c, 2t, p. 51   γεννάω
---, ---, ἀνεγέννησα, ---, ἀναγεγέννημαι, ---
ἀναγινώσκω, i, 32t, p. 113   γινώσκω
ἀναγινώσκω, ---, ἀνέγνων, ---, ---, ἀνεγνώσθην
ἀναγκάζω, r, 9t, p. 3
ἀναγκάζω, ---, ἠνάγκασα, ---, ---, ἠναγκάσθην
ἀναγνωρίζω, r, 1t, p. 8   γνωρίζω
---, ---, ---, ---, ---, ἀνεγνωρίσθην

ἀναδείκνυμι, m, 2t, p. 100 δείκνυμι
---, ---, ἀνέδειξα, ---, ---, ---
ἀναδέχομαι, rd, 2t, p. 9 δέχομαι
---, ---, ἀνεδεξάμην, ---, ---, ---
ἀναδίδωμι, m, 1t, p. 100 δίδωμι
---, ---, ἀνέδωκα, ---, ---, ---
ἀναζητέω, c, 3t, p. 65 ζητέω
ἀναζητῶ, ---, ἀνεζήτησα, ---, ---, ---
ἀναζήω, i, 2t, p. 118 ζήω
---, ---, ἀνέζησα, ---, ---, ---
ἀναζώννυμι, m, 1t, p. 101 ζώννυμι
---, ---, ἀνέζωσα, ---, ---, ---
ἀναζωπυρέω, c, 1t, p. 66 [ζωπυρέω]
ἀναζωπυρῶ, ---, ---, ---, ---, ---
ἀναθάλλω, l, 1t, p. 92 [θάλλω]
---, ---, ἀνέθαλον, ---, ---, ---
ἀναθεματίζω, r, 4t, p. 14 [θεματίζω]
ἀναθεματίζω, ---, ἀνεθεμάτισα, ---, ---, ---
ἀναθεωρέω, c, 2t, p. 66 θεωρέω
ἀναθεωρῶ, ---, ---, ---, ---, ---
ἀναιρέω, i, 24t, p. 108 [αἱρέω]
ἀναιρῶ, ἀνελῶ, ἀνεῖλον, ---, ---, ἀνῃρέθην
ἀνακαθίζω, r, 2t, p. 16 καθίζω
---, ---, ἀνεκάθισα, ---, ---, ---
ἀνακαινίζω, r, 1t, p. 16 [καινίζω]
ἀνακαινίζω, ---, ---, ---, ---, ---
ἀνακαινόω, c, 2t, p. 82 [καινόω]
ἀνακαινῶ, ---, ---, ---, ---, ---
ἀνακαλύπτω, r, 4t, p. 17 καλύπτω
ἀνακαλύπτω, ---, ---, ---, ἀνακεκάλυμμαι, ---
ἀνακάμπτω, r, 4t, p. 17 κάμπτω
---, ἀνακάμψω, ἀνέκαμψα, ---, ---, ---
ἀνάκειμαι, md, 14t, p. 101 κεῖμαι
ἀνάκειμαι, ---, ---, ---, ---, ---
ἀνακεφαλαιόω, c, 2t, p. 82 [κεφαλαιόω]
ἀνακεφαλαιῶ, ---, ἀνεκεφαλαίωσα, ---, ---, ---
ἀνακλίνω, l, 6t, p. 93 κλίνω
---, ἀνακλινῶ, ἀνέκλινα, ---, ---, ἀνεκλίθην
ἀναλίσκω, i, 2t, p. 109 [ἁλίσκω]
---, ---, ἀνήλωσα, ---, ---, ἀνηλώθην
ἀνακράζω, i, 5t, p. 123 κράζω
---, ---, ἀνέκραξα, ---, ---, ---
ἀνακρίνω, l, 16t, p. 93 κρίνω
ἀνακρίνω, ---, ἀνέκρινα, ---, ---, ἀνεκρίθην
ἀνακύπτω, r, 4t, p. 20 κύπτω
---, ---, ἀνέκυψα, ---, ---, ---
ἀναλαμβάνω, i, 13t, p. 123 λαμβάνω
ἀναλαμβάνω, ---, ἀνέλαβον, ---, ---, ἀνελήμφθην

INDEX

ἀναλογίζομαι, rd, 1t, p. 21 λογίζομαι
---, ---, ἀνελογισάμην, ---, ---, ---
ἀναλύω, r, 2t, p. 22 λύω
---, ---, ἀνέλυσα, ---, ---, ---
ἀναμένω, l, 1t, p. 94 μένω
ἀναμένω, ---, ---, ---, ---, ---
ἀναμιμνήσκω, i, 6t, p. 125 μιμνήσκομαι
ἀναμιμνήσκω, ἀναμνήσω, ---, ---, ---, ἀνεμνήσθην
ἀνανεόω, c, 1t, p. 84 [νεόω]
ἀνανεῶ, ---, ---, ---, ---, ---
ἀνανήφω, r, 1t, p. 24 νήφω
---, ---, ἀνένηψα, ---, ---, ---
ἀναπαύω, i, 12t, p. 128 παύω
ἀναπαύω, ἀναπαύσω, ἀνέπαυσα, ---, ἀναπέπαυμαι, ἀνεπάην
ἀναπείθω, i, 1t, p. 129 πείθω
ἀναπείθω, ---, ---, ---, ---, ---
ἀναπέμπω, r, 5t, p. 27 πέμπω
---, ---, ἀνέπεμψα, ---, ---, ---
ἀναπηδάω, c, 1t, p. 55 [πηδάω]
---, ---, ἀνεπήδησα, ---, ---, ---
ἀναπίπτω, i, 12t, p. 129 πίπτω
---, ---, ἀνέπεσον, ---, ---, ---
ἀναπτύσσω, r, 1t, p. 30 πτύσσω
---, ---, ἀνέπτυξα, ---, ---, ---
ἀνάπτω, r, 2t, p. 3 ἅπτω
ἀνάπτω, ---, ---, ---, ---, ἀνήφθην
ἀνασείω, r, 2t, p. 31 σείω
ἀνασείω, ---, ἀνέσεισα, ---, ---, ---
ἀνασκευάζω, r, 1t, p. 32 [σκευάζω]
ἀνασκευάζω, ---, ---, ---, ---, ---
ἀνασπάω, c, 2t, p. 56 σπάω
---, ἀνασπάσω, ---, ---, ---, ἀνεσπάσθην
ἀνασταυρόω, c, 1t, p. 86 σταυρόω
ἀνασταυρῶ, ---, ---, ---, ---, ---
ἀναστατόω, c, 3t, p. 86 [στατόω]
ἀναστατῶ, ---, ἀνεστάτωσα, ---, ---, ---
ἀναστενάζω, i, 1t, p. 131 στενάζω
---, ---, ἀνεστέναξω, ---, ---, ---
ἀναστρέφω, s, 9t, p. 45 στρέφω
ἀναστρέφω, ἀναστρέψω, ἀνέστρεψα, ---, ---, ἀνεστράφην
ἀνατάσσομαι, sd, 1t, p. 46 τάσσω
---, ---, ἀνεταξάμην, ---, ---, ---
ἀνατέλλω, l, 9t, p. 98 [τέλλω]
ἀνατέλλω, ---, ἀνέτειλα, ἀνατέταλκα, ---, ---
ἀνατρέπω, s, 3t, p. 46 [τρέπω]
ἀνατρέπω, ---, ἀνέτρεψα, ---, ---, ---
ἀνατρέφω, i, 3t, p. 132 τρέφω
---, ---, ἀνέθρεψα, ---, ἀνατέθραμμαι, ἀνετράφην

ἀνατίθημι, m, 2t, p. 103 τίθημι
---, ---, ἀνέθηκα, ---, ---, ---
ἀναφαίνω, i, 2t, p. 133 φαίνω
ἀναφαίνω, ---, ἀνέθανα, ---, ---, ---
ἀναφέρω, i, 10t, p. 133 φέρω
ἀναφέρω, ---, ἀνήνεγκα, ---, ---, ---
ἀναφωνέω, c, 1t, p. 78 φωνέω
---, ---, ἀνεφώνησα, ---, ---, ---
ἀναχωρέω, c, 14t, p. 79 χωρέω
ἀναχωρῶ, ---, ἀνεχώρησα, ---, ---, ---
ἀναψύχω, i, 1t, p. 135 ψύχω
---, ---, ἀνέψυξα, ---, ---, ---
ἀνδρίζομαι, rd, 1t, p. 3
ἀνδρίζομαι, ---, ---, ---, ---, ---
ἀνεμίζω, r, 1t, p. 3
ἀνεμίζω, ---, ---, ---, ---, ---
ἀνέρχομαι, id, 3t, p. 116 ἔρχομαι
---, ---, ἀνῆλθον, ---, ---, ---
ἀνετάζω, r, 2t, p. 13 [ἐτάζω]
ἀνετάζω, ---, ---, ---, ---, ---
ἀνευρίσκω, i, 2t, p. 117 εὑρίσκω
---, ---, ἀνεῦρον, ---, ---, ---
ἀνέχω, i, 15t, p. 117 ἔχω
ἀνέχω, ἀνέξω, ἄνεσχον, ---, ---, ---
ἀνήκω, r, 3t, p. 14 ἥκω
ἀνήκω, ---, ---, ---, ---, ---
ἀνθίστημι, i, 14t, p. 120 ἵστημι/ἱστάνω
ἀνθίστημι, ---, ἀντέστην, ἀνθέστηκα, ---, ---
ἀνθομολογέομαι, cd, 1t, p. 73 ὁμολογέω
ἀνθομολογοῦμαι, ---, ---, ---, ---, ---
ἀνίημι, i, 4t, p. 119 [ἵημι]
ἀνίημι, ---, ἄνην, ---, ---, ἀνέθην
ἀνίστημι, i, 108t, p. 120 ἵστημι/ἱστάνω
ἀνίστημι, ἀναστήσω, ἀνέστην, ---, ---, ---
ἀνοίγω, i, 77t, p. 126 [οἴγω]
ἀνοίγω, ἀνοίξω, ἤνοιξα, ἀνέῳγα, ἀνέῳγμαι, ἠνοίγην
ἀνοικοδομέω, c, 2t, p. 72 οἰκοδομέω
---, ἀνοικοδομήσω, ---, ---, ---, ---
ἀνορθόω, c, 3t, p. 84 [ὀρθόω]
---, ἀνορθώσω, ἀνώρθωσα, ---, ---, ἀνωρθώθην
ἀνταγωνίζομαι, rd, 1t, p. 2 ἀγωνίζομαι
ἀνταγωνίζομαι, ---, ---, ---, ---, ---
ἀνταναπληρόω, c, 1t, p. 85 πληρόω
ἀνταναπληρῶ, ---, ---, ---, ---, ---
ἀνταποδίδωμι, m, 7t, p. 100 δίδωμι
---, ἀνταποδώσω, ἀνταπέδωκα, ---, ---, ἀνταπεδόθην
ἀνταποκρίνομαι, ld, 2t, p. 93 κρίνω
ἀνταποκρίνομαι, ---, ---, ---, ---, ἀνταπεκρίθην

ἀντέχω, i, 4t, p. 117 ἔχω
ἀντέχω, ἀνθέξω, ---, ---, ---, ---
ἀντιβάλλω, i, 1t, p. 111 βάλλω
ἀντιβάλλω, ---, ---, ---, ---, ---
ἀντιδιατίθημι, m, 2t, p. 103 τίθημι
ἀντιδιατίθημι, ---, ---, ---, ---, ---
ἀντικαθίστημι, i, 1t, p. 120 ἵστημι/ἱστάνω
---, ---, ἀντικατέστην, ---, ---, ---
ἀντικαλέω, i, 1t, p. 122 καλέω
---, ---, ἀντεκάλεσα, ---, ---, ---
ἀντίκειμαι, md, 8t, p. 101 κεῖμαι
ἀντίκειμαι, ---, ---, ---, ---, ---
ἀντιλαμβάνω, i, 3t, p. 123 λαμβάνω
ἀντιλαμβάνω, ---, ἀντέλαβον, ---, ---, ---
ἀντιλέγω, i, 11t, p. 124 λέγω
ἀντιλέγω, ---, ἀντεῖπον, ---, ---, ---
ἀντιλοιδορέω, c, 1t, p. 70 λοιδορέω
ἀντιλοιδορῶ, ---, ---, ---, ---, ---
ἀντιμετρέω, c, 1t, p. 70 μετρέω
---, ---, ---, ---, ---, ἀντεμετρήθην
ἀντιπαρέρχομαι, id, 2t, p. 116 ἔρχομαι
---, ---, ἀντιπαρῆλθον, ---, ---, ---
ἀντιπίπτω, i, 1t, p. 129 πίπτω
ἀντιπίπτω, ---, ---, ---, ---, ---
ἀντιστρατεύομαι, rd, 1t, p. 33 στρατεύομαι
ἀντιστρατεύομαι, ---, ---, ---, ---, ---
ἀντιτάσσω, s, 5t, p. 46 τάσσω
ἀντιτάσσω, ---, ---, ---, ---, ---
ἀντλέω, c, 4t, p. 59
ἀντλῶ, ---, ἤντλησα, ἤντληκα, ---, ---
ἀντοφθαλμέω, c, 1t, p. 59
ἀντοφθαλμῶ, ---, ---, ---, ---, ---
ἀξιόω, c, 7t, p. 80
ἀξιῶ, ---, ἠξίωσα, ---, ἠξίωμαι, ἠξιώθην
ἀπαγγέλλω, l, 45t, p. 91 ἀγγέλλω
ἀπαγγέλλω, ἀπαγγελῶ, ἀπήγγειλα, ---, ---, ἀπηγγέλην
ἀπάγχω, r, 1t, p. 2 [ἄγχω]
---, ---, ἀπῆγξα, ---, ---, ---
ἀπάγω, i, 15t, p. 107 ἄγω
ἀπάγω, ---, ἀπήγαγον, ---, ---, ἀπήχθην
ἀπαίρω, l, 3t, p. 91 αἴρω
---, ---, ---, ---, ---, ἀπήρθην
ἀπαλλάσσω, s, 3t, p. 43 ἀλλάσσω
ἀπαλλάσσω, ---, ἀπήλλαξα, ---, ἀπήλλαγμαι, ---
ἀπαλλοτριόω, c, 3t, p. 80 [ἀλλοτριόω]
---, ---, ---, ---, ἀπηλλοτρίωμαι, ---
ἀπαιτέω, c, 2t, p. 58 αἰτέω
ἀπαιτῶ, ---, ---, ---, ---, ---

ἀπαλγέω, c, 1t, p. 59 [ἀλγέω]
---, ---, ---, ἀπήλγηκα, ---, ---
ἀπαντάω, c, 2t, p. 51 [ἀντάω]
---, ἀπαντήσω, ἀπήντησα, ---, ---, ---
ἀπαρνέομαι, cd, 11t, p. 60 ἀρνέομαι
---, ἀπαρνήσομαι, ἀπηρνησάμην, ---, ---, ἀπηρνήθην
ἀπασπάζομαι, rd, 1t, p. 4 ἀσπάζομαι
---, ---, ---, ---, ---, ἀπησπασάμην
ἀπατάω, c, 3t, p. 51
ἀπατῶ, ---, ---, ---, ---, ἠπατήθην
ἀπειθέω, c, 14t, p. 59
ἀπειθῶ, ---, ἠπείθησα, ---, ---, ---
ἀπειλέω, c, 2t, p. 63 [εἰλέω]
ἀπειλῶ, ---, ἠπείλησα, ---, ---, ---
ἄπειμι, i, 7t, p. 114 εἰμί
ἄπειμι, ---, ---, ---, ---, ---
ἄπειμι, i, 1t, p. 114 [εἶμι]
ἄπειμι, ---, ---, ---, ---, ---
ἀπεκδέχομαι, rd, 8t, p. 9 δέχομαι
ἀπεκδέχομαι, ---, ---, ---, ---, ---
ἀπεκδύομαι, rd, 2t, p. 11 [δύω]
---, ---, ἀπεξεδυσάμην, ---, ---, ---
ἀπελαύνω, i, 1t, p. 115 ἐλαύνω
---, ---, ἀπήλασα, ---, ---, ---
ἀπελπίζω, i, 1t, p. 115 ἐλπίζω
ἀπελπίζω, ---, ---, ---, ---, ---
ἀπέρχομαι, id, 117t, p. 116 ἔρχομαι
ἀπέρχομαι, ἀπελεύσομαι, ἀπῆλθον, ἀπελήλυθα, ---, ---
ἀπέχω, i, 19t, p. 118 ἔχω
ἀπέχω, ---, ---, ---, ---, ---
ἀπιστέω, c, 8t, p. 60
ἀπιστῶ, ---, ἠπίστησα, ---, ---, ---
ἀποβαίνω, i, 4t, p. 110 [βαίνω]
---, ἀποβήσομαι, ἀπέβην, ---, ---, ---
ἀποβάλλω, i, 2t, p. 111 βάλλω
---, ---, ἀπέβαλον, ---, ---, ---
ἀποβλεπω, r, 1t, p. 6 βλέπω
ἀποβλεπω, ---, ---, ---, ---, ---
ἀπογίνομαι, id, 1t, p. 112 γίνομαι
---, ---, ἀπεγενόμην, ---, ---, ---
ἀπογράφω, s, 4t, p. 43 γράφω
ἀπογράφω, ---, ἀπέγραψα, ---, ἀπογέγραμμαι, ---
ἀποδείκνυμι, m, 4t, p. 100 δείκνυμι
ἀποδείκνυμι, ---, ἀπέδειξα, ---, ἀποδέδειγμαι, ---
ἀποδεκατόω, c, 4t, p. 80 δεκατόω
ἀποδεκατῶ, ---, ---, ---, ---, ---
ἀποδέχομαι, rd, 7t, p. 9 δέχομαι
ἀποδέχομαι, ---, ἀπεδεξάμην, ---, ---, ---

INDEX

ἀποδημέω, c, 6t, p. 62 [δημέω]
ἀποδημῶ, ---, ἀπεδήμησα, ---, ---, ---
ἀποδίδωμι, m, 48t, p. 100 δίδωμι
ἀποδίδωμι, ἀποδώσω, ἀπέδωκα, ---, ---, ἀπεδόθην
ἀποδιορίζω, i, 1t, p. 128 ὁρίζω
ἀποδιορίζω, ---, ---, ---, ---, ---
ἀποδοκιμάζω, r, 9t, p. 10 δοκιμάζω
---, ---, ἀπεδοκίμασα, ---, ἀποδεδοκίμασμαι, ἀπεδοκιμάσθην
ἀποθησαυρίζω, r, 1t, p. 15 θησαυρίζω
ἀποθησαυρίζω, ---, ---, ---, ---, ---
ἀποθλίβω, r, 1t, p. 15 θλίβω
ἀποθλίβω, ---, ---, ---, ---, ---
ἀποθνῄσκω, i, 111t, p. 119 θνῄσκω
ἀποθνῄσκω, ἀποθανοῦμαι, ἀπέθανον, ---, ---, ---
ἀποκαθίστημι, i, 8t, p. 120 ἵστημι/ἱστάνω
ἀποκαθιστάνω, ἀποκαταστήσω, ἀπεκατέστην, ---, ---, ἀπεκατεστάθην
ἀποκαλύπτω, r, 26t, p. 17 καλύπτω
ἀποκαλύπτω, ἀποκαλύψω, ἀπεκάλυψα, ---, ---, ἀπεκαλύφθην
ἀποκαταλλάσσω, s, 3t, p. 43 ἀλλάσσω
---, ---, ἀποκατήλλαξα, ---, ---, ---
ἀπόκειμαι, md, 4t, p. 101 κεῖμαι
ἀπόκειμαι, ---, ---, ---, ---, ---
ἀποκεφαλίζω, r, 4t, p. 18 [κεφαλίζω]
---, ---, ἀπεκεφάλισα, ---, ---, ---
ἀποκλείω, r, 1t, p. 18 κλείω
---, ---, ἀπέκλεισα, ---, ---, ---
ἀποκόπτω, s, 6t, p. 43 κόπτω
---, ἀποκόψω, ἀπέκοψα, ---, ---, ---
ἀποκρίνομαι, ld, 231t, p. 93 κρίνω
ἀποκρίνομαι, ---, ἀπεκρινάμην, ---, ---, ἀπεκρίθην
ἀποκρύπτω, i, 4t, p. 123 κρύπτω
---, ---, ἀπέκρυψα, ---, ἀποκέκρυμμαι, ---
ἀποκτείνω, l, 74t, p. 94 [κτείνω]
ἀποκτείνω, ἀποκτενῶ, ἀπέκτεινα, ---, ---, ἀπεκτάνθην
ἀποκυέω, c, 2t, p. 69 [κυέω]
ἀποκυῶ ---, ἀπεκύησα, ---, ---, ---
ἀποκυλίω, r, 4t, p. 20 κυλίω
---, ἀποκυλίσω, ἀπεκύλισα, ---, ἀποκεκύλισμαι, ---
ἀπολαμβάνω, i, 10t, p. 123 λαμβάνω
ἀπολαμβάνω, ἀπολήμψομαι, ἀπέλαβον, ---, ---, ---
ἀπολέγω, i, 1t, p. 124 λέγω
---, ---, ἀπεῖπα, ---, ---, ---
ἀπολείπω, s, 7t, p. 44 λείπω
ἀπολείπω, ---, ἀπέλιπον, ---, ---, ---
ἀπόλλυμι, i, 90t, p. 127 [ὄλλυμι]
ἀπόλλυμι, ἀπολέσω, ἀπώλεσα, ἀπόλωλα, ---, ---
ἀπολογέομαι, cd, 10t, p. 70 [λογέομαι]
ἀπολογοῦμαι, ---, ἀπελογησάμην, ---, ---, ἀπελογήθην

ἀπολούω, r, 2t, p. 21 λούω
---, ---, ἀπέλουσα, ---, ---, ---
ἀπολύω, r, 66t, p. 22 λύω
ἀπολύω, ἀπολύσω, ἀπέλυσα, ---, ἀπολέλυμαι, ἀπελύθην
ἀπομάσσω, r, 1t, p. 22 [μάσσω]
ἀπομάσσω, ---, ---, ---, ---, ---
ἀπονέμω, l, 1t, p. 95 [νέμω]
ἀπονέμω, ---, ---, ---, ---, ---
ἀπονίπτω, r, 1t, p. 24 νίπτω
---, ---, ἀπένιψα, ---, ---, ---
ἀποπίπτω, i, 1t, p. 129 πίπτω
---, ---, ἀπέπεσα, ---, ---, ---
ἀποπλανάω, c, 2t, p. 55 πλανάω
ἀποπλανῶ, ---, ---, ---, ---, ἀπεπλανήθην
ἀποπλέω, i, 4t, p. 130 πλέω
ἀποπλῶ, ---, ἀπέπλευσα, ---, ---, ---
ἀποπνίγω, s, 2t, p. 45 πνίγω
---, ---, ἀπέπνιξα, ---, ---, ἀπεπνίγην
ἀποριπτέω, i, 1t, p. 131 ῥιπτέω
---, ---, ἀπέριψα, ---, ---, ---
ἀπορφανίζω, r, 1t, p. 26 [ὀρφανίζω]
---, ---, ---, ---, ---, ἀπωρφανίσθην
ἀποσπάω, c, 4t, p. 56 σπάω
ἀποσπῶ, ---, ἀπέσπασα, ---, ---, ἀπεσπάσθην
ἀποστεγάζω, r, 1t, p. 33 [στεγάζω]
---, ---, ἀπεστέγασα, ---, ---, ---
ἀποστέλλω, l, 132t, p. 97 στέλλω
ἀποστέλλω, ἀποστελῶ, ἀπέστειλα, ἀπέσταλκα, ἀπέσταλμαι, ἀπεστάλην
ἀποστερέω, c, 6t, p. 76 [στερέω]
ἀποστερῶ, ---, ἀπεστέρησα, ---, ἀπεστέρημαι, ---
ἀποστοματίζω, r, 1t, p. 33 [στοματίζω]
ἀποστοματίζω, ---, ---, ---, ---, ---
ἀποστρέφω, s, 9t, p. 45 στρέφω
ἀποστρέφω, ἀποστρέψω, ἀπέστρεψα, ---, ---, ἀπεστράφην
ἀποστυγέω, c, 1t, p. 76 [στυγέω]
ἀποστυγῶ, ---, ---, ---, ---, ---
ἀποτάσσω, s, 6t, p. 46 τάσσω
ἀποτάσσω, ---, ἀπέταξα, ---, ---, ---
ἀποτελέω, c, 2t, p. 76 τελέω
ἀποτελῶ, ---, ---, ---, ---, ἀπετελέσθην
ἀποτίθημι, m, 9t, p. 104 τίθημι
---, ---, ἀπέθηκα, ---, ---, ---
ἀποτινάσσω, r, 2t, p. 35 [τινάσσω]
ἀποτινάσσω, ---, ἀπετίναξα, ---, ---, ---
ἀποτίνω, r, 1t, p. 35 τίνω
---, ἀποτίσω, ---, ---, ---, ---

INDEX

ἀποτολμάω, c, 1t, p. 56 τολμάω
ἀποτολμῶ, ---, ---, ---, ---, ---
ἀποτρέπω, s, 1t, p. 46 [τρέπω]
ἀποτρέπω, ---, ---, ---, ---, ---
ἀποφέρω, i, 6t, p. 133 φέρω
ἀποφέρω, ---, ἀπήνεγκα, ---, ---, ἀπηνέχθην
ἀποφεύγω, i, 3t, p. 134 φεύγω
---, ---, ἀπέφυγον, ---, ---, ---
ἀποφθέγγομαι, rd, 3t, p. 36 φθέγγομαι
ἀποφθέγγομαι, ---, ἀπεφθεγξάμην, ---, ---, ---
ἀποφορτίζομαι, rd, 1t, p. 37 φοπτίζω
ἀποφορτίζομαι, ---, ---, ---, ---, ---
ἀποχωρέω, c, 3t, p. 79 χωρέω
ἀποχωρῶ, ---, ἀπεχώρησα, ---, ---, ---
ἀποχωρίζω, r, 2t, p. 39 χωρίζω
---, ---, ---, ---, ---, ἀπεχωρίσθην
ἀποψύχω, i, 1t, p. 135 ψύχω
ἀποψύχω, ---, ---, ---, ---, ---
ἅπτω, r, 39t, p. 3
ἅπτω, ---, ἧψα, ---, ---, ---
ἀπωθέω, i, 6t, p. 135 [ὠθέω]
ἀπωθῶ, ---, ἄπωσα, ---, ---, ---
ἀργέω, c, 1t, p. 60
ἀργῶ, ---, ---, ---, ---, ---
ἀρέσκω, r, 17t, p. 4
ἀρέσκω, ---, ἤρεσα, ---, ---, ---
ἀριθμέω, c, 3t, p. 60
---, ---, ἠρίθμησα, ---, ἠρίθμημαι, ---
ἀριστάω, c, 3t, p. 51
---, ---, ἠρίστησα, ---, ---, ---
ἀρκέω, c, 8t, p. 60
ἀρκῶ, ---, ἤρκεσα, ---, ---, ἠρκέσθην
ἁρμόζω, r, 1t, p. 4
---, ---, ἥρμοσα, ---, ---, ---
ἀρνέομαι, cd, 33t, p. 60
ἀρνοῦμαι, ἀρνήσομαι, ἠρνησάμην, ---, ἤρνημαι, ---
ἀροτριάω, c, 3t, p. 51
ἀροτριῶ, ---, ---, ---, ---, ---
ἁρπάζω, i, 14t, p. 110
ἁρπάζω, ἁρπάσω, ἥρπασα, ---, ---, ἡρπάσθην
ἀρτύω, r, 3t, p. 4
---, ἀρτύσω, ---, ---, ἤρτυμαι, ἠρτύθην
ἄρχω, r, 86t, p. 4
ἄρχω, ἄρξω, ἦρξα, ---, ---, ---
ἀσεβέω, c, 1t, p. 60
---, ---, ἠσέβησα, ---, ---, ---
ἀσθενέω, c, 33t, p. 60
ἀσθενῶ, ---, ἠσθένησα, ἠσθένηκα, ---, ---

ἀσκέω, c, 1t, p. 60
ἀσκῶ, ---, ---, ---, ---, ---
ἀσπάζομαι, rd, 59t, p. 4
ἀσπάζομαι, ---, ἠσπασάμην, ---, ---, ---
ἀστατέω, c, 1t, p. 60
ἀστατῶ, ---, ---, ---, ---, ---
ἀστοχέω, c, 3t, p. 60
---, ---, ἠστόχησα, ---, ---, ---
ἀστράπτω, r, 2t, p. 4 ἀστράπτω
ἀστράπτω, ---, ---, ---, ---, ---
ἀσφαλίζω, r, 4t, p. 4
ἀσφαλίζω, ---, ἠσφάλισα, ---, ---, ἠσφαλίσθην
ἀσχημονέω, c, 2t, p. 61
ἀσχημονῶ, ---, ---, ---, ---, ---
ἀτακτέω, c, 1t, p. 61
---, ---, ἠτάκτησα, ---, ---, ---
ἀτενίζω, r, 14t, p. 5
ἀτενίζω, ---, ἠτένισα, ---, ---, ---
ἀτιμάζω, r, 7t, p. 5
ἀτιμάζω, ---, ἠτίμασα, ---, ---, ἠτιμάσθην
αὐγάζω, r, 1t, p. 5
---, ---, ηὔγασα, ---, ---, ---
αὐθεντέω, c, 1t, p. 61
αὐθεντῶ, ---, ---, ---, ---, ---
αὐλέω, c, 3t, p. 61
αὐλῶ, ---, ηὔλησα, ---, ---, ---
αὐλίζομαι, rd, 2t, p. 5
---, ---, ---, ---, ---, ηὐλίσθην
αὐξάνω, i, 23t, p. 110
αὐξάνω, αὐξήσω, ηὔξησα, ---, ---, ηὐξήθην
αὐχέω, c, 1t, p. 61
αὐχῶ, ---, ---, ---, ---, ---
ἀφαιρέω, i, 10t, p. 108 [αἱρέω]
ἀφαιρῶ, ἀφελῶ, ἀφεῖλον, ---, ---, ἀφῃρέθην
ἀφανίζω, r, 5t, p. 5
ἀφανίζω, ---, ---, ---, ---, ἠφανίσθην
ἀφίημι, i, 143t, p. 119 [ἵημι]
ἀφίημι, ἀφήσω, ἀφῆκα, ---, ἀφέωμαι, ἀφέθην
ἀφικνέομαι, id, 1t, p. 120 [ἱκνέομαι]
---, ---, ἀφικόμην, ---, ---, ---
ἀφίστημι, i, 14t, p. 120 ἵστημι/ἱστάνω
ἀφίστημι, ἀποστήσομαι, ἀπέστην, ---, ---, ---
ἀφομοιόω, c, 1t, p. 84 ὁμοιόω
---, ---, ---, ---, ἀφωμοίωμαι, ---
ἀφοράω, i, 2t, p. 127 ὁράω
ἀφορῶ, ---, ἀπεῖδον, ---, ---, ---
ἀφορίζω, i, 10t, p. 128 ὁρίζω
ἀφορίζω, ἀφορίσω, ἀφώρισα, ---, ἀφώρισμαι, ἀφωρίσθην

ἀφρίζω, r, 2t, p. 5
ἀφρίζω, ---, ---, ---, ---, ---
ἀφυπνόω, c, 1t, p. 87 [ὑπνόω]
---, ---, ἀφύπνωσα, ---, ---, ---
ἀχρεόω, c, 1t, p. 80
---, ---, ---, ---, ---, ἠχρεώθην

βαθύνω, l, 1t, p. 92
---, ---, ἐβάθυνα, ---, ---, ---
βάλλω, i, 122t, p. 111
βάλλω, βαλῶ, ἔβαλον, βέβληκα, βέβλημαι, ἐβλήθην
βαπτίζω, r, 77t, p. 5
βαπτίζω, βαπτίσω, ἐβάπτισα, ---, βεβάπτισμαι, ἐβαπτίσθην
βάπτω, r, 4t, p. 5
---, βάψω, ἔβαψα, ---, βέβαμμαι, ---
βαρέω, c, 6t, p. 61
βαρῶ, ---, ---, ---, βεβάρημαι, ἐβαρήθην
βασανίζω, r, 12t, p. 5
βασανίζω, ---, ἐβασάνισα, ---, ---, ἐβασανίσθην
βασιλεύω, r, 21t, p. 5
βασιλεύω βασιλεύσω ἐβασίλευσα, ---, ---, ---
βασκαίνω, l, 1t, p. 92
---, ---, ἐβάσκανα, ---, ---, ---
βαστάζω, r, 27t, p. 5
βαστάζω, βαστάσω, ἐβάστασα, ---, ---, ---
βατταλογέω, c, 1t, p. 61
---, ---, ἐβατταλόγησα, ---, ---, ---
βδελύσσομαι, rd, 2t, p. 6
βδελύσσομαι, ---, ---, ---, ἐβδέλυγμαι, ---
βεβαιόω, c, 8t, p. 80
βεβαιῶ, βεβαιώσω, ἐβεβαίωσα, ---, ---, ἐβεβαιώθην
βεβηλόω, c, 2t, p. 80
βεβηλῶ, ---, ἐβεβήλωσα, ---, ---, ---
βιάζομαι, rd, 2t, p. 6
βιάζομαι, ---, ---, ---, ---, ---
βιβρώσκω, i, 1t, p. 112
---, ---, ---, βέβρωκα, ---, ---
βιόω, c, 1t, p. 80
---, ---, ἐβίωσα, ---, ---, ---
βλάπτω, r, 2t, p. 6
---, ---, ἔβλαψα, ---, ---, ---
βλαστάω, c, 4t, p. 51
βλαστῶ, ---, ἐβλάστησα, ---, ---, ---
βλασφημέω, c, 34t, p. 61
βλασφημῶ, ---, ἐβλασφήμησα, ---, ---, ἐβλασφημήθην
βλέπω, r, 133t, p. 6
βλέπω, βλέψω, ἔβλεψα, ---, ---, ---

βοάω, c, 12t, p. 51
βοῶ, ---, ἐβόησα, ---, ---, ---
βολίζω, r, 2t, p. 7
---, ---, ἐβόλισα, ---, ---, ---
βόσκω, r, 9t, p. 7
βόσκω, ---, ---, ---, ---, ---
βουλεύω, r, 6t, p. 7
βουλεύω, βουλεύσω, ἐβούλευσα, ---, ---, ---
βούλομαι, rd, 37t, p. 7
βούλομαι, ---, ---, ---, ---, ἐβουλήθην
βραβεύω, r, 1t, p. 7
βραβεύω, ---, ---, ---, ---, ---
βοηθέω, c, 8t, p. 61
βοηθῶ, ---, ἐβοήθησα, ---, ---, ---
βραδύνω, r, 2t, p. 7
βραδύνω, ---, ---, ---, ---, ---
βραδυπλοέω, c, 1t, p. 61
βραδυπλοῶ, ---, ---, ---, ---, ---
βρέχω, r, 7t, p. 7
βρέχω, ---, ἔβρεξα, ---, ---, ---
βρύχω, r, 1t, p. 7
βρύχω, ---, ---, ---, ---, ---
βρύω, r, 1t, p. 7
βρύω, ---, ---, ---, ---, ---
βυθίζω, r, 2t, p. 7
βυθίζω, ---, ---, ---, ---, ---

γαμέω, i, 28t, p. 112
γαμῶ, ---, ἐγάμησα, γεγάμηκα, ---, ἐγαμήθην
γαμίζω, r, 7t, p. 8
γαμίζω, ---, ---, ---, ---, ---
γαμίσκω, r, 1t, p. 8
γαμίσκω, ---, ---, ---, ---, ---
γελάω, c, 2t, p. 52
γελῶ, γελάσω, ---, ---, ---, ---
γεμίζω, r, 8t, p. 8
---, ---, ἐγέμισα, ---, ---, ἐγεμίσθην
γέμω, l, 11t, p. 92
γέμω, ---, ---, ---, ---, ---
γενεαλογέω, c, 1t, p. 61
γενεαλογῶ, ---, ---, ---, ---, ---
γεννάω, c, 97t, p. 51
γεννῶ, γεννήσω, ἐγέννησα, γεγέννηκα, γεγέννημαι, ἐγεννήθην
γεύομαι, rd, 15t, p. 8
---, γεύσομαι, ---, ἐγευσάμην, ---, ---, ---
γεωργέω, c, 1t, p. 61
γεωργῶ, ---, ---, ---, ---, ---

INDEX 151

γηράσκω, r, 2t, p. 8
γηράσκω, ---, ἐγήρασα, ---, ---, ---
γίνομαι, id, 669t, p. 112
γίνομαι, γενήσομαι, ἐγενόμην, γέγονα, γεγενημαι, ἐγενήθην
γινώσκω, i, 222t, p. 112
γινώσκω, γνώσομαι, ἔγνων, ἔγνωκα, ἔγνωσμαι, ἐγνώσθην
γνωρίζω, r, 25t, p. 8
γνωρίζω, γνωρίσω, ἐγνώρισα, ---, ---, ἐγνωρίσθην
γογγύζω, r, 8t, p. 8
γογγύζω, ---, ἐγόγγυσα, ---, ---, ---
γονυπετέω, c, 4t, p. 61
γονυπετῶ, ---, ἐγονυπέτησα, ---, ---, ---
γράφω, s, 191t, p. 43
γράφω, γράψω, ἔγραψα, γέγραφα, γέγραμμαι, ἐγράφην
γρηγορέω, c, 22t, p. 62
γρηγορῶ, ---, ἐγρηγόρησα, ---, ---, ---
γυμνάζω, r, 4t, p. 8
γυμνάζω, ---, ---, ---, γεγύμνασμαι, ---
γυμνιτεύω, r, 1t, p. 8
γυμνιτεύω, ---, ---, ---, ---, ---

δαιμονίζομαι, rd, 13t, p. 8
δαιμονίζομαι, ---, ---, ---, ---, ἐδαιμονίσθην
δάκνω, r, 1t, p. 8
δάκνω, ---, ---, ---, ---, ---
δακρύω, r, 1t, p. 8
---, ---, ἐδάκρυσα, ---, ---, ---
δαμάζω, r, 4t, p. 9
δαμάζω, ---, ἐδάμασα, ---, δεδάμασμαι, ---
δανίζω, r, 4t, p. 9
δανίζω, ---, ἐδάνισα, ---, ---, ---
δαπανάω, c, 5t, p. 52
---, δαπανήσω, ἐδαπάνησα, ---, ---, ---
δεῖ, i, 101t, p. 113
δειγματίζω, r, 2t, p. 9
---, ---, ἐδειγμάτισα, ---, ---, ---
δείκνυμι, m, 33t, p. 100
δείκνυμι, δείξω, ἔδειξα, ---, ---, ἐδείχθην
δειλιάω, c, 1t, p. 52
δειλιῶ, ---, ---, ---, ---, ---
δειπνέω, c, 4t, p. 62
---, δειπνήσω, ἐδείπνησα, ---, ---, ---
δεκατόω, c, 2t, p. 80
---, ---, ---, δεδεκάτωκα, δεδεκάτωμαι, ---
δελεάζω, r, 3t, p. 9
δελεάζω, ---, ---, ---, ---, ---
δέομαι, rd, 22t, p. 9
δέομαι, ---, ---, ---, ---, ἐδεήθην

δέρω, l, 15t, p. 92
δέρω, ---, ἔδειρα, ---, ---, ἐδάρην
δεσμεύω, r, 3t, p. 9
δεσμεύω, ---, ---, ---, ---, ---
δέχομαι, rd, 56t, p. 9
δέχομαι, ---, ἐδεξάμην, ---, δέδεγμαι, ---
δέω, c, 43t, p. 62
---, δήσω, ἔδησα, δέδεκα, δέδεμαι, ἐδέθην
δηλόω, c, 7t, p. 80
δηλῶ, δηλώσω, ἐδήλωσα, ---, ---, ἐδηλώθην
δημηγορέω, c, 1t, p. 62
δημηγορῶ, ---, ---, ---, ---, ---
διαβαίνω, i, 3t, p. 110 [βαίνω]
---, ---, διέβην, ---, ---, ---
διαβαλλω, i, 1t, p. 111 βάλλω
---, ---, ---, ---, ---, διεβλήθην
διαβεβαιόομαι, cd, 2t, p. 80 βεβαιόω
διαβεβαιοῦμαι, ---, ---, ---, ---, ---
διαβλέπω, r, 3t, p. 6 βλέπω
---, διαβλέψω, διέβλεψα, ---, ---, ---
διαγγέλλω, l, 3t, p. 91 ἀγγέλλω
διαγγέλλω, ---, ---, ---, ---, διηγγέλην
διαγίνομαι, id, 3t, p. 112 γίνομαι
---, ---, διεγενόμην, ---, ---, ---
διαγινώσκω, i, 2t, p. 113 γινώσκω
διαγινώσκω, διαγνώσομαι, ---, ---, ---, ---
διαγογγύζω, r, 2t, p. 8 γογγύζω
διαγογγύζω, ---, ---, ---, ---, ---
διαγρηγορέω, c, 1t, p. 62 γρηγορέω
---, ---, διεγρηγόρησα, ---, ---, ---
διάγω, i, 2t, p. 107 ἄγω
διάγω, ---, ---, ---, ---, ---
διαδέχομαι, rd, 1t, p. 9 δέχομαι
---, ---, διεδεξάμην, ---, ---, ---
διαδίδωμι, m, 4t, p. 100 δίδωμι
διαδίδωμι, ---, διέδωκα, ---, ---, ---
διαζώννυμι, m, 3t, p. 101 ζώννυμι
---, ---, διέζωσα, ---, διέζωσμαι, ---
διαιρέω, i, 2t, p. 109 [αἱρέω]
διαιρῶ, ---, διεῖλον, ---, ---, ---
διακαθαίρω, l, 1t, p. 93 καθαίρω
---, ---, διεκάθαρα, ---, ---, ---
διακαθαρίζω, i, 1t, p. 122 καθαρίζω
---, διακαθαριῶ, ---, ---, ---, ---
διακατελέγχομαι, rd, 1t, p. 12 ἐλέγχω
διακατελέγχομαι, ---, ---, ---, ---, ---
διακονέω, c, 37t, p. 62
διακονῶ, διακονήσω, διηκόνησα, ---, ---, διηκονήθην

διακούω, i, 1t, p. 109 ἀκούω
---, διακούσομαι, ---, ---, ---, ---
διακρίνω, l, 19t, p. 93 κρίνω
διακρίνω, ---, διέκρινα, ---, ---, διεκρίθην
διακωλύω, r, 1t, p. 20 κωλύω
διακωλύω, ---, ---, ---, ---, ---
διαλαλέω, c, 2t, p. 69 λαλέω
διαλαλῶ, ---, ---, ---, ---, ---
διαλέγομαι, id, 13t, p. 124 λέγω
διαλέγομαι, ---, διελεξάμην, ---, ---, διελέχθην
διαλείπω, s, 1t, p. 44 λείπω
---, ---, διέλιπον, ---, ---, ---
διαλλάσσομαι, sd, 1t, p. 43 ἀλλάσσω
---, ---, ---, ---, ---, διηλλάγην
διαλογίζομαι, rd, 16t, p. 21 λογίζομαι
διαλογίζομαι, ---, ---, ---, ---, ---
διαλύω, r, 1t, p. 22 λύω
---, ---, ---, ---, ---, διελύθην
διαμαρτύρομαι, ld, 15t, p. 94 μαρτύρομαι
διαμαρτύρομαι, ---, διεμαρτυράμην, ---, ---, ---
διαμάχομαι, rd, 1t, p. 22 μάχομαι
διαμάχομαι, ---, ---, ---, ---, ---
διαμένω, l, 5t, p. 95 μένω
διαμένω, ---, διέμεινα, διαμεμένηκα, ---, ---
διαμερίζω, r, 11t, p. 23 μερίζω
διαμερίζω, ---, διεμέρισα, ---, διαμεμέρισμαι, διεμερίσθην
διανέμω, l, 1t, p. 95 [νέμω]
---, ---, ---, ---, ---, διενεμήθην
διανεύω, r, 1t, p. 24 νεύω
διανεύω, ---, ---, ---, ---, ---
διανοίγω, i, 8t, p. 126 [οἴγω]
διανοίγω, ---, διήνοιξα, ---, διήνοιγμαι, διηνοίχθην
διανυκτερεύω, r, 1t, p. 25 [νυκτερεύω]
διανυκτερεύω, ---, ---, ---, ---, ---
διανύω, r, 1t, p. 3 [ἀνύω]
---, ---, διήνυσα, ---, ---, ---
διαπεράω, c, 6t, p. 55 [περάω]
διαπερῶ, ---, διεπέρασα, ---, ---, ---
διαπλέω, i, 1t, p. 130 πλέω
---, ---, διέπλευσα, ---, ---, ---
διαπονέομαι, cd, 2t, p. 75 [πονέω]
διαπονοῦμαι, ---, ---, ---, ---, διεπονήθην
διαπορεύομαι, rd, 5t, p. 28 πορεύομαι
διαπορεύομαι, ---, ---, ---, ---, ---
διαπορέω, c, 4t, p. 75 [πορέω]
διαπορῶ, ---, ---, ---, ---, ---
διαπραγματεύομαι, rd, 1t, p. 29 πραγματεύομαι
---, ---, διεπραγματευσάμην, ---, ---, ---

διαπρίω, r, 2t, p. 29 [πρίω]
διαπρίω, ---, ---, ---, ---, ---
διαρπάζω, i, 3t, p. 110 ἁρπάζω
---, διαρπάσω, διήρπασα, ---, ---, ---
διαρρήσσω, m, 5t, p. 103 ῥήγνυμι/ῥήσσω
διαρρήσσω, ---, διέρρηξα, ---, ---, ---
διασαφέω, c, 2t, p. 75 [σαφέω]
---, ---, διεσάφησα, ---, ---, ---
διασείω, r, 1t, p. 31 σείω
---, ---, διέσεισα, ---, ---, ---
διασκορπίζω, r, 9t, p. 32 σκορπίζω
διασκορπίζω, ---, διεσκόρπισα, ---, διεσκόρπισμαι, διεσκορπίσθην
διασπάω, c, 2t, p. 56 σπάω
---, ---, ---, ---, διέσπαμαι, διεσπάσθην
διασπείρω, l, 3t, p. 97 σπείρω
---, ---, ---, ---, ---, διεσπάρην
διαστέλλω, l, 8t, p. 97 στέλλω
διαστέλλω, ---, διέστειλα, ---, ---, ---
διαστρέφω, s, 7t, p. 45 στρέφω
διαστρέφω, ---, διέστρεψα, ---, διέστραμμαι, ---
διασῴζω, r, 8t, p. 34 σώζω
---, ---, διέσωσα, ---, --- διεσώθην
διαταράσσω, r, 1t, p. 34 ταράσσω
---, ---, ---, ---, ---, διεταράχθην
διατάσσω, s, 16t, p. 46 τάσσω
διατάσσω, διατάξω, διέταξα, διατέταχα, διατέταγμαι, διετάγην
διατελέω, c, 1t, p. 77 τελέω
διατελῶ, ---, ---, ---, ---, ---
διατηρέω, c, 2t, p. 77 τηρέω
διατηρῶ, ---, ---, ---, ---, ---
διατίθημι, m, 7t, p. 104 τίθημι
διατίθημι, διαθήσω, διέθηκα, ---, ---, ---
διατρίβω, s, 9t, p. 47 [τρίβω]
διατρίβω, ---, διέτριψα, ---, ---, ---
διαυγάζω, r, 1t, p. 5 αὐγάζω
---, ---, διηύγασα, ---, ---, ---
διαφέρω, i, 13t, p. 133 φέρω
διαφέρω, ---, διήνεγκα, ---, ---, ---
διαφεύγω, i, 1t, p. 134 φεύγω
---, ---, διέφυγον, ---, ---, ---
διαφημίζω, r, 3t, p. 36 [φημίζω]
διαφημίζω, ---, διεφήμισα, ---, ---, διεφημίσθην
διαφθείρω, l, 6t, p. 98 φθείρω
διαφθείρω, ---, διέφθειρα, ---, διέφθαρμαι, διεφθάρην
διαφυλάσσω, r, 1t, p. 37 φυλάσσω
---, ---, διεφύλαξα, ---, ---, ---

INDEX

διαχειρίζω, r, 2t, p. 38 [χειρίζω]
---, ---, διεχείρισα, ---, ---, ---
διαχλευάζω, r, 1t, p. 38 χλευάζω
διαχλευάζω, ---, ---, ---, ---, ---
διαχωρίζω, r, 1t, p. 39 χωρίζω
διαχωρίζω, ---, ---, ---, ---, ---
διδάσκω, i, 97t, p. 113
διδάσκω, διδάξω, ἐδίδαξα, ---, ---, ἐδιδάχθην
δίδωμι, m, 415t, p. 100
δίδωμι, δώσω, ἔδωκα, δέδωκα, δέδομαι, ἐδόθην
διεγείρω, i, 6t, p. 114 ἐγείρω
διεγείρω, ---, διήγειρα, ---, ---, διηγέρθην
διενθυμέομαι, cd, 1t, p. 67 [θυμέω]
διενθυμοῦμαι, ---, ---, ---, ---, ---
διερμηνεύω, r, 6t, p. 13 ἑρμηνεύω
διερμηνεύω, ---, διερμήνευσα, ---, ---, ---
διέρχομαι, id, 43t, p. 116 ἔρχομαι
διέρχομαι, διελεύσομαι, διῆλθον, διελήλυθα, ---, ---
διερωτάω, c, 1t, p. 52 ἐρωτάω
---, ---, διηρώτησα, ---, ---, ---
διηγέομαι, cd, 8t, p. 66 ἡγέομαι
διηγοῦμαι, διηγήσομαι, διηγησάμην, ---, ---, ---
διϊκνέομαι, id, 1t, p. 120 [ἱκνέομαι]
διϊκνοῦμαι, ---, ---, ---, ---, ---
διΐστημι, i, 3t, p. 120 ἵστημι/ἱστάνω
---, ---, διέστην, ---, ---, ---
διϊσχυρίζομαι, rd, 2t, p. 16 [ἰσχυρίζομαι]
διϊσχυρίζομαι, ---, ---, ---, ---, ---
δικαιόω, c, 39t, p. 81
δικαιῶ, δικαιώσω, ἐδικαίωσα, ---, δεδικαίωμαι, ἐδικαιώθην
διοδεύω, r, 2t, p. 25 ὁδεύω
διοδεύω, ---, διώδευσα, ---, ---, ---
διορύσσω, r, 4t, p. 26 ὀρύσσω
διορύσσω, ---, ---, ---, ---, διωρύχθην
διπλόω, c, 1t, p. 81
---, ---, ἐδίπλωσα, ---, ---, ---
διστάζω, r, 2t p. 10
---, ---, ἐδίστασα, ---, ---, ---
διϋλίζω, r, 1t, p. 36 [ὑλίζω]
διϋλίζω, ---, ---, ---, ---, ---
διχάζω, r, 1t, p. 10
---, ---, ἐδίχασα, ---, ---, ---
διχοτομέω, c, 2t, p. 63
---, διχοτομήσω, ---, ---, ---, ---
διψάω, c, 16t, p. 52
διψῶ, διψήσω, ἐδίψησα, ---, ---, ---
διώκω, r, 45t, p. 10
διώκω, διώξω, ἐδίωξα, ---, δεδίωγμαι, ἐδιώχθην

δογματίζω, r, 1t, p. 10
δογματίζω, ---, ---, ---, ---, ---
δοκέω, i, 62t, p. 113
δοκῶ, ---, ἔδοξα, ---, ---, ---
δοκιμάζω, r, 22t, p. 10
δοκιμάζω, δοκιμάσω, ἐδοκίμασα, ---, δεδοκίμασμαι, ---
δολιόω, c, 1t, p. 81
δολιῶ, ---, ---, ---, ---, ---
δολόω, c, 1t, p. 81
δολῶ, ---, ---, ---, ---, ---
δοξάζω, r, 61t, p. 10
δοξάζω, δοξάσω, ἐδοξάσα, ---, δεδόξασμαι, ἐδοξάσθην
δουλαγωγέω, c, 1t, p. 63
δουλαγωγῶ, ---, ---, ---, ---, ---
δουλεύω, r, 25t, p. 11
δουλεύω, δουλεύσω, ἐδούλευσα, δεδούλευκα, ---, ---
δουλόω, c, 8t, p. 81
---, δουλώσω, ἐδούλωσα, δεδούλωμαι, ἐδουλώθην
δράσσομαι, rd, 1t, p. 11
δράσσομαι, ---, ---, ---, ---, ---
δύναμαι, md, 210t, p. 101
δύναμαι, δυνήσομαι, ---, ---, ---, ἠδυνήθην
δυναμόω, c, 2t, p. 81
δυναμῶ, ---, ---, ---, ---, ἐδυναμώθην
δυνατέω, c, 3t, p. 63
δυνατῶ, ---, ---, ---, ---, ---
δύνω, i, 2t, p. 113
δύνω, ---, ἔδυν, ---, ---, ---
δυσφηνέω, c, 1t, p. 63
δυσφημῶ, ---, ---, ---, ---, ---
δωρέομαι, cd, 3t, p. 63
---, ---, ἐδωρησάμην, ---, δεδώρημαι, ---

ἐάω, c, 11t, p. 52
ἐῶ, ἐάσω, εἴασα, ---, ---, ---
ἐγγίζω, i, 42t, p. 113
ἐγγίζω, ἐγγιῶ, ἤγγισα, ἤγγικα, ---, ---
ἐγγράφω, s, 3t, p. 43 γράφω
---, ---, ---, ---, ἐγγέγραμμαι, ---
ἐγείρω, i, 144t, p. 113
ἐγείρω, ἐγερῶ, ἤγειρα, ---, ἐγήγερμαι, ἠγέρθην
ἐγκαινίζω, r, 2t, p. 16 [καινίζω]
---, ---, ἐνεκαίνισα, ---, ἐγκεκαίνισμαι, ---
ἐγκακέω, c, 6t, p. 67 [κακέω]
ἐγκακῶ, ---, ἐνέκακησα, ---, ---, ---
ἐγκαλέω, i, 7t, p. 122 καλέω
ἐγκαλῶ, ἐγκαλέσω, ---, ---, ---, ---

INDEX

ἐγκαταλείπω, s, 10t, p. 44 λείπω
ἐγκαταλείπω, ἐγκαταλείψω, ἐγκατέλιπον, ---, ---, ἐγκατελείφθην
ἐγκατοικέω, c, 1t, p. 72 οἰκέω
ἐγκατοικῶ, ---, ---, ---, ---, ---
ἐγκαυχάομαι, cd, 1t, p. 53 καυχάομαι
ἐγκαυχῶμαι, ---, ---, ---, ---, ---
ἐγκεντρίζω, r, 6t, p. 18 [κεντρίζω]
---, ---, ἐνεκέντρισα, ---, ---, ἐνεκεντρίσθην
ἐγκομβόομαι, cd, 1t, p. 83 [κομβόομαι]
---, ---, ἐνεκομβωσάμην, ---, ---, ---
ἐγκόπτω, s, 5t, p. 43 κόπτω
ἐγκόπτω, ---, ἐνέκοψα, ---, ---, ---
ἐγκρατεύομαι, rd, 2t, p. 19 [κρατεύομαι]
ἐγκρατεύομαι, ---, ---, ---, ---, ---
ἐγκρίνω, l, 1t, p. 93 κρίνω
---, ---, ἐνέκρινα, ---, ---, ---
ἐγκρύπτω, i, 2t, p. 123 κρύπτω
---, ---, ἐνέκρυψα, ---, ---, ---
ἐγχρίω, r, 1t, p. 38 χρίω
---, ---, ἐνέχρισα, ---, ---, ---
ἐδαφίζω, i, 1t, p. 114
---, ἐδαφιῶ, ---, ---, ---, ---
ἐθίζω, r, 1t, p. 11
---, ---, ---, ---, εἴθισμαι, ---
εἴκω, r, 1t, p. 11
---, ---, εἶξα, ---, ---, ---
εἰμί, i, 2461t, p. 114
εἰμί, ἔσομαι, ---, ---, ---, ---
εἰρηνεύω, r, 4t, p. 11
εἰρηνεύω, ---, ---, ---, ---, ---
εἰρηνοποιέω, c, 1t, p. 63
---, ---, εἰρηνοποίησα, ---, ---, ---
εἰσάγω, i, 11t, p. 107 ἄγω
εἰσάγω, ---, εἰσήγαγον, ---, ---, ---
εἰσακούω, i, 5t, p. 109 ἀκούω
---, εἰσακούσομαι, ---, ---, ---, εἰσηκούσθην
εἰσδέχομαι, rd, 1t, p. 9 δέχομαι
---, εἰσδέξομαι, ---, ---, ---, ---
εἴσειμι, i, 4t, p. 115 [εἶμι]
εἴσειμι, ---, ---, ---, ---, ---
εἰσέρχομαι, id, 194t, p. 116 ἔρχομαι
εἰσέρχομαι, εἰσελεύσομαι, εἰσῆλθον, εἰσελήλυθα, ---, ---
εἰσκαλέομαι, id, 1t, p. 122 καλέω
---, ---, εἰσεκαλεσάμην, ---, ---, ---
εἰσπηδάω, c, 1t, p. 55 [πηδάω]
---, ---, εἰσεπήδησα, ---, ---, ---
εἰσπορεύομαι, rd, 18t, p. 28 πορεύομαι
εἰσπορεύομαι, ---, ---, ---, ---, ---

εἰστρέχω, i, 1t, p. 132 τρέχω
---, ---, εἰσέδραμον, ---, ---, ---
εἰσφέρω, i, 8t, p. 134 φέρω
εἰσφέρω, ---, εἰσήνεγκα, ---, ---, ---
εἴωθα, i, 4t, p. 115
ἐκβαίνω, i, 1t, p. 110 [βαίνω]
---, ---, ἐξέβην, ---, ---, ---
ἐκβάλλω, i, 81t, p. 111 βάλλω
ἐκβάλλω, ἐκβαλῶ, ἐξέβαλον, ἐκβέβληκα, ---, ἐξεβλήθην
ἐκδαπανάω, c, 1t, p. 52 δαπανάω
---, ---, ---, ---, ---, ἐξεδαπανήθην
ἐκδέχομαι, rd, 6t, p. 9 δέχομαι
ἐκδέχομαι, ---, ---, ---, ---, ---
ἐκδημέω, c, 3t, p. 62 [δημέω]
ἐκδημῶ, ---, ἐξεδήμησα, ---, ---, ---
ἐκδίδωμι, m, 4t, p. 100 δίδωμι
---, ἐκδώσω, ἐξέδωκα, ---, ---, ---
ἐκδιηγέομαι, cd, 2t, p. 66 ἡγέομαι
ἐκδιηγοῦμαι, ---, ---, ---, ---, ---
ἐκδικέω, c, 6t, p. 62 [δικέω]
ἐκδικῶ, ἐκδικήσω, ἐξεδίκησα, ---, ---, ---
ἐκδιώκω, r, 1t, p. 10 διώκω
---, ---, ἐξεδίωξα, ---, ---, ---
ἐκδύω, r, 6t, p. 11 [δύω]
---, ---, ἐξέδυσα, ---, ---, ---
ἐκζητέω, c, 7t, p. 65 ζητέω
ἐκζητῶ, ---, ἐξεζήτησα, ---, ---, ἐξεζητήθην
ἐκθαμβέω, c, 4t, p. 66 θαμβέω
ἐκθαμβῶ, ---, ---, ---, ---, ἐξεθαμβήθην
ἐκθαυμάζω, r, 1t, p. 14 θαυμάζω
ἐκθαυμάζω, ---, ---, ---, ---, ---
ἐκκαθαίρω, l, 2t, p. 93 καθαίρω
---, ---, ἐξεκάθαρα, ---, ---, ---
ἐκκαίω, i, 27t, p. 121 καίω
---, ---, ---, ---, ---, ἐξεκαύθην
ἐκκεντέω, c, 2t, p. 68 [κεντέω]
---, ---, ἐξεκέντησα, ---, ---, ---
ἐκκλάω, c, 3t, p. 53 κλάω
---, ---, ---, ---, ---, ἐξεκλάσθην
ἐκκλείω, r, 4t, p. 18 κλείω
---, ---, ἐξέκλεισα, ---, ἐξεκλείσθην
ἐκκλίνω, l, 3t, p. 93 κλίνω
ἐκκλίνω, ---, ἐξέκλινα, ---, ---, ---
ἐκκολυμβάω, c, 42t, p. 53 κολυμβάω
---, ---, ἐξεκολύμβησα, ---, ---, ---
ἐκκομίζω, i, 1t, p. 123 κομίζω
ἐκκομίζω, ---, ---, ---, ---, ---

ἐκκόπτω, s, 10t, p. 43 κόπτω
ἐκκόπτω, ἐκκόψω, ἐξέκοψα, ---, ---, ἐξεκόπην
ἐκκρεμάμαι, md, 1t, p. 102 κρεμάμαι
ἐκκρέμαμαι, ---, ---, ---, ---, ---
ἐκλαλέω, c, 1t, p. 69 λαλέω
---, ---, ἐξελάλησα, ---, ---, ---
ἐκλάμπω, r, 1t, p. 20 λάμπω
---, ἐκλάμψω, ---, ---, ---, ---
ἐκλανθάνομαι, id, 1t, p. 124 λανθάνω
---, ---, ---, ---, ἐκλέλησμαι, ---
ἐκλέγομαι, rd, 22t, p. 20 [λέγω]
ἐκλέγομαι, ---, ἐξελεξάμην, ---, ἐκλέλεγμαι, ---
ἐκλείπω, s, 4t, p. 44 λείπω
---, ἐκλείψω, ἐξέλιπον, ---, ---, ---
ἐκλύω, r, 5t, p. 22 λύω
ἐκλύω, ---, ---, ---, ---, ἐξελύθην
ἐκμάσσω, r, 5t, p. 22 [μάσσω]
ἐκμάσσω, ---, ἐξέμαξα, ---, ---, ---
ἐκμυκτηρίζω, r, 2t, p. 23 μυκτηρίζω
ἐκμυκτηρίζω, ---, ---, ---, ---, ---
ἐκνεύω, r, 1t, p. 24 νεύω
---, ---, ἐξένευσα, ---, ---, ---
ἐκνήφω, r, 1t, p. 24 νήφω
---, ---, ἐξένηψα, ---, ---, ---
ἐκπειράζω, r, 4t, p. 27 πειράζω
ἐκπειράζω, ἐκπειράσω, ---, ---, ---, ---
ἐκπέμπω, r, 2t, p. 27 πέμπω
---, ---, ἐξέπεμψα, ---, ---, ἐξεπέμφθην
ἐκπετάννυμι, m, 1t, p. 102 [πετάννυμι]
---, ---, ἐξεπέτασα, ---, ---, ---
ἐκπηδάω, c, 1t, p. 55 [πηδάω]
---, ---, ἐξεπήδησα, ---, ---, ---
ἐκπίπτω, i, 10t, p. 129 πίπτω
---, ---, ἐξέπεσον, ἐκπέπτωκα, ---, ---
ἐκπλήσσω, s, 13t, p. 45 πλήσσω
ἐκπλήσσω, ---, ---, ---, ---, ἐξεπλάγην
ἐκπλέω, i, 3t, p. 130 πλέω
ἐκπλῶ, ---, ἐξέπλευσα, ---, ---, ---
ἐκπληρόω, c, 1t, p. 85 πληρόω
---, ---, ---, ἐκπεπλήρωκα, ---, ---
ἐκπνέω, i, 3t, p. 131 πνέω
---, ---, ἔκπνευσα, ---, ---, ---
ἐκπορεύομαι, rd, 33t, p. 28 πορεύομαι
ἐκπορεύομαι, ἐκπορεύσομαι, ---, ---, ---, ---
ἐκπορνεύω, r, 1t, p. 29 πορνεύω
---, ---, ἐξεπόρνευσα, ---, ---, ---
ἐκπτύω, r, 1t, p. 30 πτύω
---, ---, ἐξέπτυσα, ---, ---, ---

ἐκρίζόω, c, 4t, p. 85 ῥιζόω
---, ---, ἐξερίζωσα, ---, ---, ἐξερριζώθην
ἐκστρέφω, s, 1t, p. 45 στρέφω
---, ---, ---, ---, ἐξέστραμμαι, ---
ἐκταράσσω, r, 1t, p. 34 ταράσσω
ἐκταράσσω, ---, ---, ---, ---, ---
ἐκτείνω, l, 16t, p. 98 [τείνω]
ἐκτείνω, ἐκτενῶ, ἐξέτεινα, ---, ---, ---
ἐκτελέω, c, 2t, p. 77 τελέω
---, ---, ἐξετέλεσα, ---, ---, ---
ἐκτίθημι, m, 4t, p. 104 τίθημι
ἐκτίθημι, ---, ἐξέθηκα, ---, ---, ἐξετέθην
ἐκτινάσσω, r, 4t, p. 35 [τινάσσω]
---, ---, ἐξετίναξα, ---, ---, ---
ἐκτρέπω, s, 5t, p. 46 [τρέπω]
ἐκτρέπω, ---, ---, ---, ---, ἐξετράπην
ἐκτρέφω, i, 5t, p. 132 τρέφω
ἐκτρέφω, ---, ---, ---, ---, ---
ἐκφέρω, i, 8t, p. 134 φέρω
ἐκφέρω, ἐξοίσω, ἐξήνεγκα, ---, ---, ---
ἐκφεύγω, i, 8t, p. 134 φεύγω
---, ἐκφεύξομαι, ἐξέφυγον, ἐκπέφευγα, ---, ---
ἐκφοβέω, c, 1t, p. 78 φοβέω
ἐκφοβῶ, ---, ---, ---, ---, ---
ἐκφύω, s, 2t, p. 47 φύω
ἐκφύω, ---, ---, ---, ---, ---
ἐκχέω, i, 16t, p. 135 [χέω]
ἐκχέω, ἐκχεῶ, ἐξέχεα, ---, ---, ---
ἐκχύννω, r, 11t, p. 39 [χύννω]
ἐκχύννω, ---, ---, ---, ἐκκέχυμαι, ἐξεχύθην
ἐκχωρέω, c, 1t, p. 79 χωρέω
ἐκχωρῶ, ---, ---, ---, ---, ---
ἐκψύχω, i, 3t, p. 135 ψύχω
---, ---, ἐξέψυξα, ---, ---, ---
ἐλαττονέω, c, 1t, p. 63
---, ---, ἠλαττόνησα, ---, ---, ---
ἐλαττόω, c, 3t, p. 81
ἐλαττῶ, ---, ἠλάττωσα, ---, ἠλάττωμαι, ---
ἐλαύνω, i, 5t, p. 115
ἐλαύνω, ---, ---, ἐλήλακα, ---, ---
ἐλεάω, c, 3t, p. 52
ἐλεῶ, ---, ---, ---, ---, ---
ἐλέγχω, r, 17t, p. 12
ἐλέγχω, ἐλέγξω, ἤλεγξα, ---, ---, ἠλέγχθην
ἐλεέω, c, 29t, p. 63
ἐλεῶ, ἐλεήσω, ἠλέησα, ---, ἠλέημαι, ἠλεήθην
ἐλευθερόω, c, 7t, p. 81
---, ἐλευθερώσω, ἠλευθέρωσα, ---, ---, ἠλευθερώθην

ἑλίσσω, r, 2t, p. 12
ἑλίσσω, ἑλίξω, ---, ---, ---, ---
ἑλκόω, c, 1t, p. 81
---, ---, ---, ---, εἵλκωμαι, ---
ἕλκω, i, 8t, p. 115
ἕλκω, ἑλκύσω, εἵλκυσα, ---, ---, ---
ἐλλογέω, c, 2t, p. 70 [λογέομαι]
ἐλλογῶ, ---, ---, ---, ---, ---
ἐλπίζω, i, 31t, p. 115
ἐλπίζω, ἐλπιῶ, ἤλπισα, ἤλπικα, ---, ---
ἐμβαίνω, i, 16t, p. 110 [βαίνω]
ἐμβαίνω, ---, ἐνέβην, ---, ---, ---
ἐμβάλλω, i, 1t, p. 111 βάλλω
---, ---, ἐνέβαλον, ---, ---, ---
ἐμβάπτω, r, 2t, p. 5 βάπτω
ἐμβάπτω, ---, ἐνέβαψα, ---, ---, ---
ἐμβατεύω, r, 1t, p. 6 [βατεύω]
ἐμβατεύω, ---, ---, ---, ---, ---
ἐμβιβάζω, r, 1t, p. 6 [βιβάζω]
---, ---, ἐνεβίβασα, ---, ---, ---
ἐμβλέπω, r, 12t, p. 6 βλέπω
ἐμβλέπω, ---, ἐνέβλεψα, ---, ---, ---
ἐμβριμάομαι, cd, 5t, p. 51 [βριμάομαι]
ἐμβριμῶμαι, ---, ἐνεβριμησάμην, ---, ---, ἐνεβριμήθην
ἐμέω, c, 1t, p. 63
---, ---, ἤμεσα, ---, ---, ---
ἐμμαίνομαι, ld, 1t, p. 94 μαίνομαι
ἐμμαίνομαι, ---, ---, ---, ---, ---
ἐμμένω, l, 4t, p. 95 μένω
ἐμμένω, ---, ἐνέμεινα, ---, ---, ---
ἐμπαίζω, i, 13t, p. 128 παίζω
ἐμπαίζω, ἐμπαίξω, ἐνέπαιξα, ---, ---, ἐνεπαίχθην
ἐμπεριπατέω, c, 1t, p. 74 πατέω
---, ἐμπεριπατήσω, ---, ---, ---, ---
ἐμπίπλημι, m, 5t, p. 102 πίμπλημι
ἐμπίπλημι, ---, ἐνέπλησα, ---, ἐμπέπλησμαι, ἐνεπλήσθην
ἐμπίμπρημι, m, 5t, p. 103 πίμπρημι
---, ---, ἐνέπρησα, ---, ---, ---
ἐμπίπτω, i, 7t, p. 130 πίπτω
ἐμπίπτω, ἐμπεσοῦμαι, ἐνέπεσον, ---, ---, ---
ἐμπλέκω, s, 2t, p. 44 πλέκω
ἐμπλέκω, ---, ---, ---, ---, ἐνεπλάκην
ἐμπνέω, i, 1t, p. 131 πνέω
ἐμπνέω, ---, ---, ---, ---, ---
ἐμπορεύομαι, rd, 2t, p. 28 πορεύομαι
---, ἐμπορεύσομαι, ---, ---, ---, ---
ἐμπτύω, r, 6t, p. 30 πτύω
ἐμπτύω, ἐμπτύσω, ἐνέπτυσα, ---, ---, ἐνεπτύσθην

ἐμφανίζω, r, 10t, p. 36 [φανίζω]
ἐμφανίζω, ἐμφανίσω, ἐνεφάνισα, ---, ---, ἐνεφανίσθην
ἐμφυσάω, c, 1t, p. 57 [φυσάω]
---, ---, ἐνεφύσησα, ---, ---, ---
ἐναγκαλίζομαι, rd, 2t, p. 1 [ἀγκαλίζομαι]
---, ---, ἐνηγκαλισάμην, ---, ---, ---
ἐνάρχομαι, rd, 2t, p. 4 ἄρχω
---, ---, ἐνηρξάμην, ---, ---, ---
ἐνδείκνυμι, m, 11t, p. 100 δείκνυμι
ἐνδείκνυμι, ---, ἐνέδειξα, ---, ---, ---
ἐνδέχομαι, rd, 1t, p. 9 δέχομαι
ἐνδέχομαι, ---, ---, ---, ---, ---
ἐνδημέω, c, 3t, p. 62 [δημέω]
ἐνδημῶ, ---, ἐνεδήμησα, ---, ---, ---
ἐνδιδύσκω, r, 2t, p. 10 [διδύσκω]
ἐνδιδύσκω, ---, ---, ---, ---, ---
ἐνδοξάζομαι, rd, 2t, p. 10 δοξάζω
---, ---, ---, ---, ---, ἐνεδοξάσθην
ἐνδυναμόω, c, 7t, p. 81 δυναμόω
ἐνδυναμῶ, ---, ἐνεδυνάμωσα, ---, ---, ἐνεδυναμώθην
ἐνδύνω, i, 1t, p. 113 δύνω
ἐνδύνω, ---, ---, ---, ---, ---
ἐνδύω, r, 28t, p. 11 [δύω]
---, ---, ἐνέδυσα, ---, ἐνδέδυμαι, ---
ἐνεδρεύω, r, 2t, p. 11 [ἐδρεύω]
ἐνεδρεύω, ---, ---, ---, ---, ---
ἐνειλέω, c, 1t, p. 63 [εἰλέω]
---, ---, ἐνείλησα, ---, ---, ---
ἔνειμι, i, 1t, p. 114 εἰμί
ἔνειμι, ---, ---, ---, ---, ---
ἐνεργέω, c, 21t, p. 63 [ἐργέω]
ἐνεργῶ, ---, ἐνήργησα, ---, ---, ---
ἐνευλογέω, c, 2t, p. 64 εὐλογέω
---, ---, ---, ---, ---, ἐνευλογήθην
ἐνέχω, i, 3t, p. 118 ἔχω
ἐνέχω, ---, ---, ---, ---, ---
ἐνθυμέομαι, cd, 2t, p. 67 [θυμέω]
ἐνθυμοῦμαι, ---, ---, ---, ---, ἐνεθυμήθην
ἐνίστημι, i, 7t, p. 120 ἵστημι/ἱστάνω
---, ἐνστήσω, ---, ἐνέστηκα, ---, ---
ἐνισχύω, r, 2t, p. 16 ἰσχύω
---, ---, ἐνίσχυσα, ---, ---, ---
ἐννεύω, r, 1t, p. 24 νεύω
ἐννεύω, ---, ---, ---, ---, ---
ἐνοικέω, c, 5t, p. 72 οἰκέω
ἐνοικῶ, ἐνοικήσω, ἐνῴκησα, ---, ---, ---
ἐνορκίζω, r, 1t, p. 26 ὁρκίζω
ἐνορκίζω, ---, ---, ---, ---, ---

ἐνοχλέω, c, 2t, p. 74 ὀχλέω
ἐνοχλῶ, ---, ---, ---, ---, ---
ἐνταφιάζω, r, 2t, p. 35 [ταφιάζω]
ἐνταφιάζω, ---, ἐνεταφίασα, ---, ---, ---
ἐντέλλομαι, ld, 15t, p. 98 [τέλλω]
ἐντέλλομαι, ἐντελοῦμαι, ἐνετειλάμην, ---, ἐντέταλμαι, ---
ἐντρέπω, s, 9t, p. 46 [τρέπω]
ἐντρέπω, ---, ---, ---, ---, ἐνετράπην
ἐντρέφω, i, 9t, p. 132 τρέφω
ἐντρέφω, ---, ---, ---, ---, ---
ἐντρυφάω, c, 1t, p. 57 τρυφάω
ἐντρυφῶ, ---, ---, ---, ---, ---
ἐντυγχάνω, i, 5t, p. 133 τυγχάνω
ἐντυγχάνω, ---, ἐνέτυχον, ---, ---, ---
ἐντυλίσσω, r, 3t, p. 35 [τυλίσσω]
---, ---, ἐνετύλιξα, ---, ἐντετύλιγμαι, ---
ἐντυπόω, c, 1t, p. 86 [τυπόω]
---, ---, ---, ---, ἐντέτυπωμαι, ---
ἐνυβρίζω, r, 1t, p. 36 ὑβρίζω
---, ---, ἐνύβρισα, ---, ---, ---
ἐνυπνιάζομαι, rd, 2t, p. 12
ἐνυπνιάζομαι, ---, ---, ---, ---, ἠνυπνιάσθην
ἐνωτίζομαι, rd, 1t, p. 39 [ὠτίζομαι]
---, ---, ἐνωτισάμην, ---, ---, ---
ἐξαγγέλλω, l, 2t, p. 91 ἀγγέλλω
---, ---, ἐξήγγειλα, ---, ---, ---
ἐξαγοράζω, r, 4t, p. 1 ἀγοράζω
ἐξαγοράζω, ---, ἐξηγόρασα, ---, ---, ---
ἐξάγω, i, 12t, p. 107 ἄγω
ἐξάγω, ---, ἐξήγαγον, ---, ---, ---
ἐξαιρέω, i, 8t, p. 109 [αἱρέω]
ἐξαιρῶ, ---, ἐξεῖλον, ---, ---, ---
ἐξαίρω, l, 1t, p. 91 αἴρω
---, ---, ἐξῆρα, ---, ---, ---
ἐξαιτέω, c, 1t, p. 58 αἰτέω
---, ---, ἐξῄτησα, ---, ---, ---
ἐξακολουθέω, c, 3t, p. 59 ἀκολουθέω
---, ἐξακολουθήσω, ἐξηκολούθησα, ---, ---, ---
ἐξαλείφω, r, 5t, p. 3 ἀλείφω
---, ἐξαλείψω, ἐξήλειψα, ---, ---, ἐξηλείφθην
ἐξάλλομαι, ld, 1t, p. 92 ἅλλομαι
ἐξάλλομαι, ---, ---, ---, ---, ---
ἐξανατέλλω, l, 2t, p. 98 [τέλλω]
---, ---, ἐξανέτειλα, ---, ---, ---
ἐξανίστημι, i, 3t, p. 121 ἵστημι/ἱστάνω
---, ---, ἐξανέστην, ---, ---, ---
ἐξαπατάω, c, 6t, p. 51 ἀπατάω
ἐξαπατῶ, ---, ἐξηπάτησα, ---, ---, ἐξηπατήθην

ἐξαπορέομαι, cd, 2t, p. 60 ἀπορέω
ἐξαποροῦμαι, ---, ---, ---, ---, ἐξηπορήθην
ἐξαποστέλλω, l, 13t, p. 97 στέλλω
---, ἐξαποστελῶ, ἐξαπέστειλα, ---, ---, ἐξαπεστάλην
ἐξαρτίζω, r, 2t, p. 4 [ἀρτίζω]
---, ---, ἐξήρτισα, ---, ἐξήρτισμαι, ---
ἐξαστράπτω, r, 1t, p. 4 ἀστράπτω
ἐξαστράπτω, ---, ---, ---, ---, ---
ἐξεγείρω, i, 2t, p. 114 ἐγείρω
---, ἐξεγερῶ, ἐξήγειρα, ---, ---, ---
ἔξειμι, i, 4t, p. 115 [εἶμι]
ἔξειμι, ---, ---, ---, ---, ---
ἐξέλκω, i, 1t, p. 115 ἕλκω
ἐξέλκω, ---, ---, ---, ---, ---
ἐξεραυνάω, c, 1t, p. 52 ἐραυνάω
---, ---, ἐξηραύνησα, ---, ---, ---
ἐξέρχομαι, id, 218t, p. 116 ἔρχομαι
ἐξέρχομαι, ἐξελεύσομαι, ἐξῆλθον, ἐξελήλυθα, ---, ---
ἔξεστι, i, 31t, p. 115
ἐξετάζω, r, 3t, p. 13 [ἐτάζω]
---, ---, ἐξήτασα, ---, ---, ---
ἐξηγέομαι, cd, 6t, p. 66 ἡγέομαι
ἐξηγοῦμαι, ---, ἐξηγησάμην, ---, ---, ---
ἐξηχέω, c, 1t, p. 66 ἠχέω
---, ---, ---, ---, ἐξήχημαι, ---
ἐξίστημι, i, 17t, p. 121 ἵστημι/ἱστάνω
ἐξίστημι, ---, ἐξέστην, ἐξέστακα, ---, ---
ἐξισχύω, r, 1t, p. 16 ἰσχύω
---, ---, ἐξισχυσα, ---, ---, ---
ἐξολεθρεύω, r, 1t, p. 25 [ὀλεθρεύω]
---, ---, ---, ---, ---, ἐξωλεθρεύθην
ἐξομολογέω, c, 10t, p. 73 ὁμολογέω
ἐξομολογῶ, ἐξομολογήσω, ἐξωμολόγησα, ---, ---, ---
ἐξορκίζω, r, 1t, p. 26 ὁρκίζω
ἐξορκίζω, ---, ---, ---, ---, ---
ἐξορύσσω, r, 2t, p. 26 ὀρύσσω
---, ---, ἐξώρυξα, ---, ---, ---
ἐξουδενέω, c, 1t, p. 73 [οὐδενέω]
---, ---, ---, ---, ---, ἐξουδενήθην
ἐξουθενέω, c, 11t, p. 73 [οὐθενέω]
ἐξουθενῶ, ---, ἐξουθένησα, ---, ἐξουθένημαι, ἐξουθενήθην
ἐξουσιάζω, r, 4t, p. 12
ἐξουσιάζω, ---, ---, ---, ---, ἠξουσιάσθην
ἐξυπνίζω, r, 1t, p. 36 [ὑπνίζω]
---, ---, ἐξύπνισα, ---, ---, ---
ἐξωθέω, i, 2t, p. 135 [ὠθέω]
---, ---, ἐξῶσα, ---, ---, ---
ἔοικα, i, 2t, p. 115

ἑορτάζω, r, 1t, p. 12
ἑορτάζω, ---, ---, ---, ---, ---
ἐπαγγέλλομαι, ld, 15t, p. 91 ἀγγέλλω
ἐπαγγέλλομαι, ---, ἐπηγγειλάμην, ---, ἐπήγγελμαι, ---
ἐπάγω, i, 3t, p. 108 ἄγω
ἐπάγω, ---, ἐπήγαγον, ---, ---, ---
ἐπαγωνίζομαι, rd, 1t, p. 2 ἀγωνίζομαι
ἐπαγωνίζομαι, ---, ---, ---, ---, ---
ἐπαθροίζω, r, 1t, p. 2 ἀθροίζω
ἐπαθροίζω, ---, ---, ---, ---, ---
ἐπαινέω, c, 6t, p. 58 αἰνέω
ἐπαινῶ, ἐπαινέσω, ἐπῄνεσα, ---, ---, ---
ἐπαίρω, l, 19t, p. 91 αἴρω
ἐπαίρω, ---, ἐπῆρα, ---, ---, ἐπήρθην
ἐπαισχύνομαι, ld, 11t, p. 91 αἰσχύνω
ἐπαισχύνομαι, ---, ---, ---, ---, ἐπῃσχύνθην
ἐπαιτέω, c, 2t, p. 59 αἰτέω
ἐπαιτῶ, ---, ---, ---, ---, ---
ἐπακολουθέω, c, 4t, p. 59 ἀκολουθέω
ἐπακολουθῶ, ---, ἐπηκολούθησα, ---, ---, ---
ἐπακούω, i, 1t, p. 109 ἀκούω
---, ---, ἐπήκουσα, ---, ---, ---
ἐπακροάομαι, cd, 1t, p. 50 [ἀκροάομαι]
ἐπακροῶμαι, ---, ---, ---, ---, ---
ἐπανάγω, i, 3t, p. 108 ἄγω
ἐπανάγω, ---, ἐπανήγαγον, ---, ---, ---
ἐπαναμιμνήσκω, i, 1t, p. 125 μιμνήσκομαι
ἐπαναμιμνήσκω, ---, ---, ---, ---, ---
ἐπαναπαύομαι, id, 1t, p. 128 παύω
ἐπαναπαύομαι, ---, ---, ---, ---, ἐπανεπάην
ἐπανέρχομαι, id, 2t, p. 116 ἔρχομαι
ἐπανέρχομαι, ---, ἐπανῆλθον, ---, ---, ---
ἐπανίστημι, i, 2t, p. 121 ἵστημι/ἱστάνω
---, ἐπαναστήσω, ---, ---, ---, ---
ἐπαρκέω, c, 3t, p. 60 ἀρκέω
ἐπαρκῶ, ---, ἐπήρκεσα, ---, ---, ---
ἐπαφρίζω, r, 1t, p. 5 ἀφρίζω
ἐπαφρίζω, ---, ---, ---, ---, ---
ἐπεγείρω, i, 2t, p. 114 ἐγείρω
---, ---, ἐπήγειρα, ---, ---, ---
ἔπειμι, i, 5t, p. 115 [εἶμι]
ἔπειμι, ---, ---, ---, ---, ---
ἐπεισέρχομαι, id, 1t, p. 116 ἔρχομαι
---, ἐπεισελεύσομαι, ---, ---, ---, ---
ἐπεκτείνομαι, ld, 1t, p. 98 [τείνω]
---, ---, ἐπεκτείνομαι, ---, ---, ---
ἐπενδύομαι, rd, 2t, p. 11 [δύω]
---, ---, ἐπενεδυσάμην, ---, ---, ---

ἐπέρχομαι, id, 9t, p. 116 ἔρχομαι
ἐπέρχομαι, ἐπελεύσομαι, ἐπῆλθον, ---, ---, ---
ἐπερωτάω, c, 56t, p. 52 ἐρωτάω
ἐπερωτῶ, ἐπερωτήσω, ἐπηρώτησα, ---, ---, ἐπηρωτήθην
ἐπέχω, i, 5t, p. 118 ἔχω
ἐπέχω, ---, ἐπέσχον, ---, ---, ---
ἐπηρεάζω, r, 2t, p. 12
ἐπηρεάζω, ---, ---, ---, ---, ---
ἐπιβαίνω, i, 6t, p. 110 [βαίνω]
ἐπιβαίνω, ---, ἐπέβην, ἐπιβέβηκα, ---, ---
ἐπιβάλλω, i, 18t, p. 111 βάλλω
ἐπιβάλλω, ἐπιβαλῶ, ἐπέβαλον, ---, ---, ---
ἐπιβιβάζω, r, 3t, p. 6 [βιβάζω]
---, ---, ἐπεβίβασα, ---, ---, ---
ἐπιβλέπω, r, 3t, p. 6 βλέπω
---, ---, ἐπέβλεψα, ---, ---, ---
ἐπιγαμβρεύω, r, 1t, p. 8 [γαμβρεύω]
---, ἐπιγαμβρεύσω, ---, ---, ---, ---
ἐπιγίνομαι, id, 1t, p. 112 γίνομαι
---, ---, ἐπεγενόμην, ---, ---, ---
ἐπιγινώσκω, i, 44t, p. 113 γινώσκω
ἐπιγινώσκω, ἐπιγνώσομαι, ἐπέγνων, ἐπέγνωκα, ---, ἐπεγνώσθην
ἐπιγράφω, s, 5t, p. 43 γράφω
---, ἐπιγράψω, ---, ---, ἐπιγέγραμμαι, ---
ἐπιδείκνυμι, m, 7t, p. 100 δείκνυμι
ἐπιδείκνυμι, ---, ἐπέδειξα, ---, ---, ---
ἐπιδέχομαι, rd, 2t, p. 9 δέχομαι
ἐπιδέχομαι, ---, ---, ---, ---, ---
ἐπιδημέω, c, 2t, p. 62 [δημέω]
ἐπιδημῶ, ---, ---, ---, ---, ---
ἐπιδιατάσσομαι, sd, 1t, p. 46 τάσσω
ἐπιδιατάσσομαι, ---, ---, ---, ---, ---
ἐπιδίδωμι, m, 9t, p. 100 δίδωμι
ἐπιδίδωμι, ἐπιδώσω, ἐπέδωκα, ---, ---, ἐπεδόθην
ἐπιδιορθόω, c, 1t, p. 84 [ὀρθόω]
---, ---, ἐπιδιώρθωσα, ---, ---, ---
ἐπιδύω, r, 1t, p. 11 [δύω]
ἐπιδύω, ---, ---, ---, ---, ---
ἐπιζητέω, c, 13t, p. 65 ζητέω
ἐπιζητῶ, ---, ἐπεζήτησα, ---, ---, ---
ἐπιθυμέω, c, 16t, p. 67 [θυμέω]
ἐπιθυμῶ, ἐπιθυμήσω, ἐπεθύμησα, ---, ---, ---
ἐπικαθίζω, r, 1t, p. 16 καθίζω
---, ---, ἐπεκάθισα, ---, ---, ---
ἐπικαλέω, i, 30t, p. 122 καλέω
ἐπικαλῶ, ---, ἐπεκάλεσα, ---, ἐπικέκλημαι, ἐπεκλήθην
ἐπικαλύπτω, r, 1t, p. 17 καλύπτω
---, ---, ---, ---, ---, ἐπεκαλύφθην

ἐπίκειμαι, md, 7t, p. 101 κεῖμαι
ἐπίκειμαι, ---, ---, ---, ---, ---
ἐπικέλλω, l, 1t, p. 93 [κέλλω]
---, ---, ἐπέκειλα, ---, ---, ---
ἐπικρίνω, l, 1t, p. 93 κρίνω
---, ---, ἐπέκρινα, ---, ---, ---
ἐπιλαμβάνομαι, id, 19t, p. 123 λαμβάνω
ἐπιλαμβάνομαι, ---, ἐπελαβόμην, ---, ---, ---
ἐπιλανθάνομαι, id, 8t, p. 124 λανθάνω
ἐπιλανθάνομαι, ---, ἐπελαθόμην, ---, ἐπιλέλησμαι, ---
ἐπιλέγομαι, rd, 1t, p. 21 [λέγω]
---, ---, ἐπελεξάμην, ---, ---, ---
ἐπιλέγω, i, 1t, p. 125 λέγω
ἐπιλέγω, ---, ---, ---, ---, ---
ἐπιλείπω, s, 1t, p. 44 λείπω
---, ἐπιλείψω, ---, ---, ---, ---
ἐπιλείχω, r, 1t, p. 21 [λείχω]
ἐπιλείχω, ---, ---, ---, ---, ---
ἐπιλύω, r, 2t, p. 22 λύω
ἐπιλύω, ---, ---, ---, ---, ἐπελύθην
ἐπιμαρτυρέω, c, 1t, p. 70 μαρτυρέω
ἐπιμαρτυρῶ, ---, ---, ---, ---, ---
ἐπιμελέομαι, id, 3t, p. 125 [μέλω]
---, ἐπιμελήσομαι, ---, ---, ---, ἐπεμελήθην
ἐπιμένω, l, 16t, p. 95 μένω
ἐπιμένω, ἐπιμενῶ, ἐπέμεινα, ---, ---, ---
ἐπινεύω, r, 1t, p. 24 νεύω
---, ---, ἐπένευσα, ---, ---, ---
ἐπιορκέω, c, 1t, p. 73 [ὀρκέω]
---, ἐπιορκήσω, ---, ---, ---, ---
ἐπιπίπτω, i, 11t, p. 130 πίπτω
ἐπιπίπτω, ---, ἐπέπεσον, ἐπιπέπτωκα, ---, ---
ἐπιπλήσσω, s, 1t, p. 45 πλήσσω
---, ---, ἐπέπληξα, ---, ---, ---
ἐπιποθέω, c, 9t, p. 74 [ποθέω]
ἐπιποθῶ, ---, ἐπεπόθησα, ---, ---, ---
ἐπιπορεύομαι, rd, 1t, p. 29 πορεύομαι
ἐπιπορεύομαι, ---, ---, ---, ---, ---
ἐπιράπτω, r, 1t, p. 30 [ῥάπτω]
ἐπιράπτω, ---, ---, ---, ---, ---
ἐπιριπτέω, i, 2t, p. 131 ῥιπτέω
---, ---, ἐπέριψα, ---, ---, ---
ἐπισκέπτομαι, rd, 11t, p. 31 [σκέπτομαι]
ἐπισκέπτομαι, ἐπισκέψομαι, ἐπεσκεψάμην, ---, ---, ---
ἐπισκευάζομαι, rd, 1t, p. 32 [σκευάζω]
---, ---, ἐπεσκευασάμην, ---, ---, ---
ἐπισκηνόω, c, 1t, p. 85 σκηνόω
---, ---, ἐπεσκήνωσα, ---, ---, ---

ἐπισκιάζω, r, 5t, p. 32 [σκιάζω]
ἐπισκιάζω, ἐπισκιάσω, ἐπεσκίασα, ---, ---, ---
ἐπισκοπέω, c, 2t, p. 75 σκοπέω
ἐπισκοπῶ, ---, ---, ---, ---, ---
ἐπισπάομαι, cd, 1t, p. 56 σπάω
ἐπισπῶμαι, ---, ---, ---, ---, ---
ἐπισπείρω, l, 1t, p. 97 σπείρω
---, ---, ἐπέσπειρα, ---, ---, ---
ἐπίσταμαι, md, 14t, p. 103 [στάμαι]
ἐπίσταμαι, ---, ---, ---, ---, ---
ἐπιστέλλω, l, 3t, p. 97 στέλλω
---, ---, ἐπέστειλα, ---, ---, ---
ἐπιστηρίζω, i, 4t, p. 131 στηρίζω
ἐπιστηρίζω, ---, ἐπεστήριξα, ---, ---, ---
ἐπιστομίζω, r, 1t, p. 33 [στομίζω]
ἐπιστομίζω, ---, ---, ---, ---, ---
ἐπιστρέφω, s, 36t, p. 45 στρέφω
ἐπιστρέφω, ἐπιστρέψω, ἐπέστρεψα, ---, ---, ἐπεστράφην
ἐπισυνάγω, i, 8t, p. 108 ἄγω
ἐπισυνάγω, ἐπισυνάξω, ἐπισυνήγαγον, ---, ἐπισυνῆγμαι, ἐπισυνήχθην
ἐπισυντρέχω, i, 1t, p. 132 τρέχω
ἐπισυντρέχω, ---, ---, ---, ---, ---
ἐπισχύω, r, 1t, p. 16 ἰσχύω
ἐπισχύω, ---, ---, ---, ---, ---
ἐπισωρεύω, r, 2t, p. 34 σωρεύω
---, ἐπισωρεύσω, ---, ---, ---, ---
ἐπιτάσσω, s, 10t, p. 46 τάσσω
ἐπιτάσσω, ---, ἐπέταξα, ---, ---, ---
ἐπιτελέω, c, 10t, p. 77 τελέω
ἐπιτελῶ, ἐπιτελέσω, ἐπετέλεσα, ---, ---, ---
ἐπιτίθημι, m, 39t, p. 104 τίθημι
ἐπιτίθημι, ἐπιθήσω, ἐπέθηκα, ---, ---, ---
ἐπιτιμάω, c, 29t, p. 56 τιμάω
ἐπιτιμῶ, ---, ἐπετίμησα, ---, ---, ---
ἐπιτρέπω, s, 18t, p. 46 [τρέπω]
ἐπιτρέπω, ---, ἐπέτρεψα, ---, ---, ἐπετράπην
ἐπιτυγχάνω, i, 5t, p. 133 τυγχάνω
---, ---, ἐπέτυχον, ---, ---, ---
ἐπιφαίνω, i, 4t, p. 133 φαίνω
ἐπιφαίνω, ---, ἐπέφανα, ---, ---, ἐπεφάνην
ἐπιφαύσκω, r, 1t, p. 36 [φαύσκω]
---, ἐπιφαύσω, ---, ---, ---, ---
ἐπιφέρω, i, 2t, p. 134 φέρω
ἐπιφέρω, ---, ἐπήνεγκον, ---, ---, ---
ἐπιφωνέω, c, 4t, p. 78 φωνέω
ἐπιφωνῶ, ---, ---, ---, ---, ---
ἐπιφώσκω, r, 2t, p. 37 [φώσκω]
ἐπιφώσκω, ---, ---, ---, ---, ---

ἐπιχειρέω, c, 3t, p. 79 [χειρέω]
ἐπιχειρῶ, ---, ἐπεχείρησα, ---, ---, ---
ἐπιχέω, i, 1t, p. 135 [χέω]
ἐπιχέω, ---, ---, ---, ---, ---
ἐπιχορηγέω, c, 5t, p. 79 χορηγέω
ἐπιχορηγῶ, ---, ἐπεχορήγησα, ---, ---, ἐπεχορηγήθην
ἐπιχρίω, r, 2t, p. 38 χρίω
---, ---, ἐπέχρισα, ---, ---, ---
ἐποικοδομέω, c, 7t, p. 72 οἰκοδομέω
ἐποικοδομῶ, ---, ἐποικοδόμησα, ---, ---, ἐποικοδομήθην
ἐπονομάζω, r, 1t, p. 26 ὀνομάζω
ἐπονομάζω, ---, ---, ---, ---, ---
ἐποπτεύω, r, 2t, p. 26 [ὀπτεύω]
ἐποπτεύω, ---, ἐπώπτευσα, ---, ---, ---
ἐραυνάω, c, 6t, p. 52
ἐραυνῶ, ---, ἠραύνησα, ---, ---, ---
ἐργάζομαι, id, 41t, p. 116
ἐργάζομαι, ---, ἠργασάμην, ---, εἴργασμαι, ---
ἐρεθίζω, r, 2t, p. 12
ἐρεθίζω, ---, ἠρέθισα, ---, ---, ---
ἐρείδω, r, 1t, p. 12
---, ---, ἤρεισα, ---, ---, ---
ἐρεύγομαι, rd, 1t, p. 12
---, ἐρεύξομαι, ---, ---, ---, ---
ἐρημόω, c, 5t, p. 81
ἐρημῶ, ---, ---, ---, ἠρήμωμαι, ἠρημώθην
ἐρίζω, r, 1t, p. 12
---, ἐρίσω, ---, ---, ---, ---
ἑρμηνεύω, r, 3t, p. 12
ἑρμηνεύω, ---, ---, ---, ---, ---
ἔρχομαι, id, 634t, p. 116
ἔρχομαι, ἐλεύσομαι, ἦλθον, ἐλήλυθα, ---, ---
ἐρωτάω, c, 63t, p. 52
ἐρωτῶ, ἐρωτήσω, ἠρώτησα, ---, ---, ---
ἐσθίω, i, 158t, p. 117
ἐσθίω, φάγομαι, ἔφαγον, ---, ---, ---
ἑσσόομαι, cd, 1t, p. 81
---, ---, ---, ---, ---, ἡσσώθην
ἑτεροδιδασκαλέω, c, 2t, p. 64
ἑτεροδιδασκαλῶ, ---, ---, ---, ---, ---
ἑτεροζυγέω, c, 1t, p. 64
ἑτεροζυγῶ, ---, ---, ---, ---, ---
ἑτοιμάζω, r, 40t, p. 13
ἑτοιμάζω, ---, ἡτοίμασα, ἡτοίμακα, ἡτοίμασμαι, ἡτοιμάσθην
εὐαγγελίζω, r, 54t, p. 13
εὐαγγελίζω, ---, εὐηγγέλισα, ---, εὐηγγέλισμαι, εὐηγγελίσθην
εὐαρεστέω, c, 3t, p. 64
εὐαρεστῶ, ---, εὐαρεστήσα, εὐαρέστηκα, ---, ---

εὐδοκέω, c, 21t, p. 64
εὐδοκῶ, ---, εὐδόκησα, ---, ---, ---
εὐεργετέω, c, 1t, p. 64
εὐεργετῶ, ---, ---, ---, ---, ---
εὐθυδρομέω, c, 2t, p. 64
---, ---, εὐθυδρόμησα, ---, ---, ---
εὐθυμέω, c, 3t, p. 64
εὐθυμῶ, ---, ---, ---, ---, ---
εὐθύνω, l, 2t, p. 92
εὐθύνω, ---, εὔθυνα, ---, ---, ---
εὐκαιρέω, c, 3t, p. 64
εὐκαιρῶ, ---, εὐκαίρησα, ---, ---, ---
εὐλαβέομαι, cd, 1t, p. 64
---, ---, ---, ---, ---, ηὐλαβήθην
εὐλογέω, c, 42t, p. 64
εὐλογῶ, εὐλογήσω, εὐλόγησα, εὐλόγηκα, εὐλόγημαι, ---
εὐνοέω, c, 1t, p. 64
εὐνοῶ, ---, ---, ---, ---, ---
εὐνουχίζω, r, 2t, p. 13
---, ---, εὐνούχισα, ---, ---, εὐνουχίσθην
εὐοδόω, c, 4t, p. 81
εὐοδῶ, ---, ---, ---, ---, εὐοδώθην
εὐπορέω, c, 1t, p. 65
εὐπορῶ, ---, ---, ---, ---, ---
εὐπροσωπέω, c, 1t, p. 65
---, ---, εὐπροσώπησα, ---, ---, ---
εὑρίσκω, i, 176t, p. 117
εὑρίσκω, εὑρήσω, εὗρον, εὕρηκα, ---, εὑρέθην
εὐσεβέω, c, 2t, p. 65
εὐσεβῶ, ---, ---, ---, ---, ---
εὐφορέω, c, 1t, p. 65
---, ---, εὐφόρησα, ---, ---, ---
εὐφραίνω, l, 14t, p. 92
εὐφραίνω, ---, ---, ---, ---, ηὐφράνθην
εὐχαριστέω, c, 38t, p. 65
εὐχαριστῶ, ---, εὐχαρίστησα, ---, ---, εὐχαριστήθην
εὔχομαι, rd, 7t, p. 13
εὔχομαι, ---, ηὐξάμην, ---, ---, ---
εὐψυχέω, c, 1t, p. 65
εὐψυχῶ, ---, ---, ---, ---, ---
ἐφάλλομαι, ld, 1t, p. 92 ἅλλομαι
---, ---, ἐφηλόμην, ---, ---, ---
ἐφικνέομαι, id, 2t, p. 120 [ἱκνέομαι]
ἐφικνοῦμαι, ---, ἐφικόμην, ---, ---, ---
ἐφίστημι, i, 21t, p. 121 ἵστημι/ἱστάνω
ἐφίστημι, ---, ἐπέστην, ἐφέστηκα, ---, ---
ἐφοράω, i, 2t, p. 127 ὁράω
---, ---, ἐπεῖδον, ---, ---, ---

ἔχω, i, 708t, p. 117
ἔχω, ἕξω, ἔσχον, ἔσχηκα, ---, ---

ζέω, r, 2t, p. 13
ζέω, ---, ---, ---, ---, ---
ζηλεύω, r, 1t, p. 13
ζηλεύω, ---, ---, ---, ---, ---
ζηλόω, c, 11t, p. 81
ζηλῶ, ---, ἐζήλωσα, ---, ---, ---
ζημιόω, c, 6t, p. 82
---, ---, ---, ---, ---, ἐζημιώθην
ζητέω, c, 117t, p. 65
ζητῶ, ζητήσω, ἐζήτησα, ---, ---, ἐζητήθην
ζήω, i, 140t, p. 118
ζῶ, ζήσομαι, ἔζησα, ---, ---, ---
ζυμόω, c, 4t, p. 82
ζυμῶ, ---, ---, ---, ---, ἐζυμώθην
ζωγρέω, c, 2t, p. 65
ζωγρῶ, ---, ---, ---, ἐζώγρημαι, ---
ζώννυμι, m, 3t, p. 101
ζώννυμι, ζώσω, ἔζωσα, ---, ---, ---
ζῳογονέω, c, 3t, p. 65
ζῳογονῶ, ζῳογονήσω, ---, ---, ---, ---
ζῳοποιέω, c, 11t, p. 65
ζῳοποιῶ, ζῳοποιήσω, ἐζῳοποίησα, ---, ---, ἐζῳοποιήθην

ἡγεμονεύω, r, 2t, p. 13
ἡγεμονεύω, ---, ---, ---, ---, ---
ἡγέομαι, cd, 28t, p. 66
ἡγοῦμαι, ---, ἡγησάμην, ---, ἥγημαι, ---
ἥκω, r, 26t, p. 14
ἥκω, ἥξω, ἧξα, ---, ---, ---
ἡσυχάζω, r, 5t, p. 14
ἡσυχάζω, ---, ἡσύχασα, ---, ---, ---
ἡττάομαι, cd, 2t, p. 53
ἡττῶμαι, ---, ---, ---, ἥττημαι, ---
ἠχέω, c, 1t, p. 66
ἠχῶ, ---, ---, ---, ---, ---

θάλπω, r, 2t, p. 14
θάλπω, ---, ---, ---, ---, ---
θαμβέω, c, 3t, p. 66
θαμβῶ, ---, ---, ---, ---, ἐθαμβήθην
θανατόω, c, 11t, p. 82
θανατῶ, θανατώσω, ἐθανάτωσα, ---, ---, ἐθανατώθην
θάπτω, i, 11t, p. 118
---, ---, ἔθαψα, ---, ---, ἐτάφην

θαρρέω, c, 6t, p. 66
θαρρῶ, ---, ἐθάρρησα, ---, ---, ---
θαρσέω, c, 7t, p. 66
θαρσῶ, ---, ---, ---, ---, ---
θαυμάζω, r, 43t, p. 14
θαυμάζω, ---, ἐθαύμασα, ---, ---, ἐθαυμάσθην
θεάομαι, cd, 22t, p. 53
---, ---, ἐθεασάμην, ---, τεθέαμαι, ἐθεάθην
θεατρίζω, r, 1t, p. 14
θεατρίζω, ---, ---, ---, ---, ---
θέλω, r, 208t, p. 14
θέλω, ---, ἠθέλησα, ---, ---, ---
θεμελιόω, c, 5t, p. 82
---, θεμελιώσω, ἐθεμελίωσα, ---, τεθεμελίωμαι, ---
θεραπεύω, r, 43t, p. 14
θεραπεύω, θεραπεύσω, ἐθεράπευσα, ---, τεθεράπευμαι, ἐθεραπεύθην
θερίζω, r, 21t, p. 14
θερίζω, θερίσω, ἐθέρισα, ---, ---, ἐθερίσθην
θερμαίνω, l, 6t, p. 92
θερμαίνω, ---, ---, ---, ---, ---
θεωρέω, c, 58t, p. 66
θεωρῶ, θεωρήσω, ἐθεώρησα, ---, ---, ---
θηλάζω, r, 5t, p. 15
θηλάζω, ---, ἐθήλασα, ---, ---, ---
θηρεύω, r, 1t, p. 15
---, ---, ἐθήρευσα, ---, ---, ---
θηριομαχέω, c, 1t, p. 67
---, ---, ἐθηριομάχησα, ---, ---, ---
θησαυρίζω, r, 8t, p. 15
θησαυρίζω, ---, ἐθησαύρισα, ---, τεθησαύρισμαι, ---
θιγγάνω, i, 3t, p. 119
---, ---, ἔθιγον, ---, ---, ---
θλίβω, r, 10t, p. 15
θλίβω, ---, ---, ---, τέθλιμμαι, ---
θνῄσκω, i, 9t, p. 119
---, ---, ---, τέθνηκα, ---, ---
θορυβάζω, r, 41t, p. 15
θορυβάζω, ---, ---, ---, ---, ---
θορυβέω, c, 4t, p. 67
θορυβῶ, ---, ---, ---, ---, ---
θραύω, r, 1t, p. 15
---, ---, ---, ---, τέθραυσμαι, ---
θρηνέω, c, 4t, p. 67
θρηνῶ, θρηνήσω, ἐθρήνησα, ---, ---, ---
θριαμβεύω, r, 2t, p. 15
θριαμβεύω, ---, ἐθριάμβευσα, ---, ---, ---

θροέω, c, 3t, p. 67
θροῶ, ---, ---, ---, ---, ---
θυμιάω, c, 1t, p. 53
---, ---, ἐθυμίασα, ---, ---, ---
θυμομαχέω, c, 1t, p. 67
θυμομαχῶ, ---, ---, ---, ---, ---
θυμόω, c, 1t, p. 82
---, ---, ---, ---, ---, ἐθυμώθην
θύω, i, 14t, p. 119
θύω, ---, ἔθυσα, ---, τέθυμαι, ἐτύθην

ἰάομαι, cd, 26t, p. 53
ἰῶμαι, ἰάσομαι, ἰασάμην, ---, ἴαμαι, ἰάθην
ἱερατεύω, r, 1t, p. 15
ἱερατεύω, ---, ---, ---, ---, ---
ἱερουργέω, c, 1t, p. 67
ἱερουργῶ, ---, ---, ---, ---, ---
ἱκανόω, c, 2t, p. 82
---, ---, ἱκάνωσα, ---, ---, ---
ἱλάσκομαι, rd, 2t, p. 15
ἱλάσκομαι, ---, ---, ---, ---, ἱλάσθην
ἱματίζω, r, 2t, p. 15
---, ---, ---, ---, ἱμάτισμαι, ---
ἰουδαΐζω, r, 1t, p. 15
ἰουδαΐζω, ---, ---, ---, ---, ---
ἵστημι/ἱστάνω, i, 155t, p. 120
ἱστάνω, στήσω, ἔστην, ἔστηκα, ---, ἐστάθην
ἱστορέω, c, 1t, p. 67
---, ---, ἱστόρησα, ---, ---, ---
ἰσχύω, r, 28t, p. 16
ἰσχύω, ἰσχύσω, ἴσχυσα, ---, ---, ---

καθαιρέω, i, 3t, p. 109 [αἱρέω]
καθαιρῶ, καθελῶ, καθεῖλον, ---, ---, ---
καθαίρω, l, 1t, p. 93
καθαίρω, ---, ---, ---, ---, ---
καθάπτω, r, 1t, p. 3 ἅπτω
---, ---, καθῆψα, ---, ---, ---
καθαρίζω, i, 31t, p. 122
καθαρίζω, καθαριῶ, ἐκαθάρισα, ---, κεκαθάρισμαι, ἐκαθαρίσθην
καθέζομαι, rd, 7t, p. 16
καθέζομαι, ---, ---, ---, ---, ---
καθεύδω, r, 22t, p. 16
καθεύδω, ---, ---, ---, ---, ---
καθήκω, r, 2t, p. 14 ἥκω
καθήκω, ---, ---, ---, ---, ---
κάθημαι, md, 91t, p. 101
κάθημαι, καθήσομαι, ---, ---, ---, ---

καθίζω, r, 46t, p. 16
καθίζω, καθίσω, ἐκάθισα, κεκάθικα, ---, ---
καθίημι, i, 4t, p. 119 [ἵημι]
καθίημι, ---, καθῆκα, ---, ---, ---
καθίστημι, i, 1t, p. 121 ἵστημι/ἱστάνω
καθίστημι, καταστήσω, κατέστησα, ---, ---, κατεστάθην
καθοπλίζω, r, 1t, p. 26 ὁπλίζω
---, ---, ---, ---, καθώπλισμαι, ---
καθοράω, i, 1t, p. 127 ὁράω
καθορῶ, ---, ---, ---, ---, ---
καίω, i, 12t, p. 121
καίω, ---, ---, ---, κέκαυμαι, ---
κακολογέω, c, 4t, p. 67
κακολογῶ, ---, ἐκακολόγησα, ---, ---, ---
κακοπαθέω, c, 3t, p. 67
κακοπαθῶ, ---, ἐκακοπάθησα, ---, ---, ---
κακοποιέω, c, 4t, p. 68
κακοποιῶ, ---, ἐκακοποίησα, ---, ---, ---
κακουχέω, c, 2t, p. 68
κακουχῶ, ---, ---, ---, ---, ---
κακόω, c, 6t, p. 82
---, κακώσω, ἐκάκωσα, ---, ---, ---
καλέω, i, 148t, p. 122
καλῶ, καλέσω, ἐκάλεσα, κέκληκα, κέκλημαι, ἐκλήθην
καλοποιέω, c, 1t, p. 68
καλοποιῶ, ---, ---, ---, ---, ---
καλύπτω, r, 8t, p. 16
καλύπτω, καλύψω, ἐκάλυψα, ---, κεκάλυμμαι, ---
καμμύω, r, 2t, p. 17
---, ---, ἐκάμμυσα, ---, ---, ---
κάμνω, s, 2t, p. 43
κάμνω, ---, ἔκαμον, ---, ---, ---
κάμπτω, r, 4t, p. 17
κάμπτω, κάμψω, ἔκαμψα, ---, ---, ---
καπηλεύω, r, 1t, p. 17
καπηλεύω, ---, ---, ---, ---, ---
καρποφορέω, c, 8t, p. 68
καρποφορῶ, ---, ἐκαρποφόρησα, ---, ---, ---
καρτερέω, c, 1t, p. 68
---, ---, ἐκαρτέρησα, ---, ---, ---
καταβαίνω, i, 81t, p. 110 [βαίνω]
καταβαίνω, καταβήσομαι, κατέβην, καταβέβηκα, ---, ---
καταβάλλω, i, 2t, p. 111 βάλλω
καταβάλλω, ---, ---, ---, ---, ---
καταβαρέω, c, 1t, p. 61 βαρέω
---, ---, κατεβάρησα, ---, ---, ---
καταβαρύνω, l, 1t, p. 92 [βαρύνω]
καταβαρύνω, ---, ---, ---, ---, ---

INDEX

καταγγέλλω, l, 18t, p. 91 ἀγγέλλω
καταγγέλλω, ---, κατήγγειλα, ---, ---, κατηγγέλην
καταγελάω, c, 3t, p. 52 γελάω
καταγελῶ, ---, ---, ---, ---, ---
καταγινώσκω, i, 3t, p. 113 γινώσκω
καταγινώσκω, ---, ---, ---, κατέγνωσμαι, ---
κατάγνυμι, i, 4t, p. 107 [ἄγνυμι]
---, κατεάξω, κατέαξα, ---, ---, κατεάγην
καταγράφω, s, 1t, p. 43 γράφω
καταγράφω, ---, ---, ---, ---, ---
κατάγω, i, 9t, p. 108 ἄγω
---, ---, κατήγαγον, ---, ---, κατήχθην
καταγωνίζομαι, rd, 1t, p. 2 ἀγωνίζομαι
---, ---, κατηγωνισάμην, ---, ---, ---
καταδέω, c, 1t, p. 62 δέω
---, ---, κατέδησα, ---, ---, ---
καταδικάζω, r, 5t, p. 10 [δικάζω]
καταδικάζω, ---, κατεδίκασα, ---, ---, κατεδικάσθην
καταδιώκω, r, 1t, p. 10 διώκω
---, ---, κατεδίωξα, ---, ---, ---
καταδουλόω, c, 2t, p. 81 δουλόω
καταδουλῶ, καταδουλώσω, ---, ---, ---, ---
καταδυναστεύω, r, 2t, p. 11 [δυναστεύω]
καταδυναστεύω, ---, ---, ---, ---, ---
καταθεματίζω, r, 1t, p. 14 [θεματίζω]
καταθεματίζω, ---, ---, ---, ---, ---
καταισχύνω, l, 13t, p. 92 αἰσχύνω
καταισχύνω, ---, ---, ---, ---, κατῃσχύνθην
κατακαίω, i, 12t, p. 121 καίω
καίω, κατακαύσω, κατέκαυσα, ---, ---, κατεκαύθην
κατακαλύπτω, r, 3t, p. 17 καλύπτω
κατακαλύπτω, ---, ---, ---, ---, ---
κατακαυχάομαι, cd, 4t, p. 53 καυχάομαι
κατακαυχῶμαι, ---, ---, ---, ---, ---
κατάκειμαι, md, 12t, p. 101 κεῖμαι
κατάκειμαι, ---, ---, ---, ---, ---
κατακλάω, c, 2t, p. 53 κλάω
---, ---, κατέκλασα, ---, ---, ---
κατακλείω, r, 2t, p. 18 κλείω
---, ---, κατέκλεισα, ---, ---, ---
κατακληρονομέω, c, 1t, p. 68 κληρονομέω
---, ---, κατεκληρονόμησα, ---, ---, ---
κατακλίνω, l, 5t, p. 93 κλίνω
---, ---, κατέκλινα, ---, ---, κατεκλίθην
κατακλύζω, r, 1t, p. 18 [κλύζω]
---, ---, ---, ---, ---, κατεκλύσθην
κατακολουθέω, c, 2t, p. 59 ἀκολουθέω
κατακολουθῶ, ---, κατηκολούθησα, ---, ---, ---

κατακόπτω, s, 1t, p. 44 κόπτω
κατακόπτω, ---, ---, ---, ---, ---
κατακρημνίζω, r, 1t, p. 19 [κρημνίζω]
---, ---, κατεκρήμνισα, ---, ---, ---
κατακρίνω, l, 18t, p. 94 κρίνω
κατακρίνω, κατακρινῶ, κατέκρινα, ---, κατακέκριμαι, κατεκρίθην
κατακύπτω, r, 1t, p. 20 κύπτω
---, ---, κατέκυψα, ---, ---, ---
κατακυριεύω, r, 4t, p. 20 κυριεύω
κατακυριεύω, ---, κατεκυρίευσα, ---, ---, ---
καταλαλέω, c, 5t, p. 69 λαλέω
καταλαλῶ, ---, ---, ---, ---, ---
καταλαμβάνω, i, 15t, p. 123 λαμβάνω
καταλαμβάνω, ---, κατέλαβον, κατείληφα, ---, κατελήμφθην
καταλέγω, r, 1t, p. 21 [λέγω]
καταλέγω, ---, ---, ---, ---, ---
καταλείπω, s, 24t, p. 44 λείπω
καταλείπω, καταλείψω, κατέλιπον, ---, καταλέλειμμαι, κατελείφθην
καταλιθάζω, r, 1t, p. 21 λιθάζω
---, ---, καταλιθάσω, ---, ---, ---
καταλλάσσω, s, 6t, p. 43 ἀλλάσσω
καταλλάσσω, ---, κατήλλαξα, ---, ---, κατηλλάγην
καταλύω, r, 17t, p. 22 λύω
καταλύω, καταλύσω, κατέλυσα, ---, ---, κατελύθην
καταμανθάνω, i, 1t, p. 125 μανθάνω
---, ---, κατέμαθον, ---, ---, ---
καταμαρτυρέω, c, 3t, p. 70 μαρτυρέω
καταμαρτυρῶ, ---, ---, ---, ---, ---
καταμένω, l, 1t, p. 95 μένω
καταμένω, ---, ---, ---, ---, ---
καταναλίσκω, i, 1t, p. 109 [ἁλίσκω]
καταναλίσκω, ---, ---, ---, ---, ---
καταναρκάω, c, 13t, p. 54 [ναρκάω]
---, καταναρκήσω, κατενάρκησα, ---, ---, ---
κατανεύω, r, 1t, p. 24 νεύω
---, ---, κατένευσα, ---, ---, ---
κατανοέω, c, 14t, p. 71 νοέω
κατανοῶ, ---, κατενόησα, ---, ---, ---
καταντάω, c, 13t, p. 51 [ἀντάω]
---, ---, κατήντησα, κατήντηκα, ---, ---
κατανύσσομαι, sd, 1t, p. 44 νύσσω
---, ---, ---, ---, ---, κατενύγην
καταξιόω, c, 3t, p. 80 ἀξιόω
---, ---, ---, ---, ---, κατηξιώθην
καταπατέω, c, 5t, p. 74 πατέω
καταπατῶ, καταπατήσω, κατεπάτησα, ---, ---, κατεπατήθην
καταπαύω, i, 4t, p. 128 παύω
---, ---, κατέπαυσα, ---, ---, ---

καταπίνω, i, 7t, p. 129 πίνω
καταπίνω, ---, κατέπιον, ---, ---, κατεπόθην
καταπίπτω, i, 3t, p. 130 πίπτω
καταπίπτω, ---, κατέπεσον, ---, ---, ---
καταπλέω, i, 1t, p. 130 πλέω
---, ---, κατέπλευσα, ---, ---, ---
καταπονέω, c, 2t, p. 75 [πονέω]
καταπονῶ, ---, ---, ---, ---, ---
καταποντίζω, r, 2t, p. 28 [ποντίζω]
καταποντίζω, ---, ---, ---, ---, κατεποντίσθην
καταράομαι, cd, 5t, p. 51 [ἀράομαι]
καταρῶμαι, ---, κατηρασάμην, ---, κατήραμαι, ---
καταργέω, c, 27t, p. 60 ἀργέω
καταργῶ, καταργήσω, κατήργησα, κατήργηκα, κατήργημαι, κατηργήθην
καταριθμέω, c, 1t, p. 60 ἀριθμέω
---, ---, ---, ---, κατηρίθμημαι, ---
καταρτίζω, r, 13t, p. 4 [ἀρτίζω]
καταρτίζω, καταρτίσω, κατήρτισα, ---, κατήρτισμαι, ---
κατασείω, r, 4t, p. 31 σείω
---, ---, κατέσεισα, ---, ---, ---
κατασκάπτω, r, 2t, p. 31 σκάπτω
---, ---, κατέσκαψα, ---, κατέσκαμμαι, ---
κατασκευάζω, r, 11t, p. 32 [σκευάζω]
κατασκευάζω, κατασκευάσω, κατεσκεύασα, ---, κατεσκεύασμαι, κατεσκευάσθην
κατασκηνόω, c, 4t, p. 85 σκηνόω
κατασκηνῶ, κατασκηνώσω, κατεσκήνωσα, ---, ---, ---
κατασκιάζω, r, 1t, p. 32 [σκιάζω]
κατασκιάζω, ---, ---, ---, ---, ---
κατασκοπέω, c, 1t, p. 75 σκοπέω
---, ---, κατεσκόπησα, ---, ---, ---
κατασοφίζομαι, rd, 1t, p. 32 σοφίζω
---, ---, κατεσοφισάμην, ---, ---, ---
καταστέλλω, l, 2t, p. 97 στέλλω
---, ---, κατέστειλα, ---, κατέσταλμαι, ---
καταστρέφω, s, 2t, p. 45 στρέφω
---, ---, κατέστρεψα, ---, ---, ---
καταστρηνιάω, c, 1t, p. 56 στρηνιάω
---, ---, κατεστρηνίασα, ---, ---, ---
καταστρωννύω, r, 1t, p. 33 στρωννύω
---, ---, ---, ---, ---, κατεστρώθην
κατασύρω, l, 1t, p. 97 σύρω
κατασύρω, ---, ---, ---, ---, ---
κατασφάζω, i, 1t, p. 131 σφάζω
---, ---, κατέσφαξα, ---, ---, ---
κατασφραγίζω, r, 1t, p. 34 σφραγίζω
---, ---, ---, ---, κατεσφράγισμαι, ---

κατατίθημι, m, 2t, p. 104 τίθημι
---, ---, κατέθηκα, ---, ---, ---

κατατρέχω, i, 1t, p. 132 τρέχω
---, ---, κατέδραμον, ---, ---, ---

καταφέρω, i, 4t, p. 134 φέρω
καταφέρω, ---, κατήνεγκα, ---, ---, κατήεχθην

καταφεύγω, i, 4t, p. 134 φεύγω
---, ---, κατέφυγον, ---, ---, ---

καταφθείρω, l, 1t, p. 98 φθείρω
---, ---, ---, ---, κατέφθαρμαι, ---

καταφιλέω, c, 6t, p. 78 φιλέω
καταφιλῶ, ---, κατεφίλησα, ---, ---, ---

καταφρονέω, c, 9t, p. 78 φρονέω
καταφρονῶ, καταφρονήσω, κατεφρόνησα, ---, ---, ---

καταχέω, i, 2t, p. 135 [χέω]
---, ---, κατέχεα, ---, ---, ---

καταχράομαι, cd, 2t, p. 57 χράομαι
καταχρῶμαι, ---, κατεχρησάμην, ---, ---, ---

καταψύχω, i, 1t, p. 135 ψύχω
---, ---, κατέψυξα, ---, ---, ---

κατεργάζομαι, id, 22t, p. 116 ἐργάζομαι
κατεργάζομαι, ---, κατειργασάμην, ---, κατείργασμαι, κατειργάσθην

κατεσθίω, i, 14t, p. 117 ἐσθίω
κατεσθίω, καταφάγομαι, κατέφαγον, ---, ---, ---

κατευθύνω, l, 3t, p. 92 ἅλλομαι
---, ---, κατεύθυνα, ---, ---, ---

κατευλογέω, c, 1t, p. 64 εὐλογέω
κατευλογῶ, ---, ---, ---, ---, ---

κατεξουσιάζω, r, 2t, p. 12 ἐξουσιάζω
κατεξουσιάζω, ---, ---, ---, ---, ---

κατέρχομαι, id, 16t, p. 116 ἔρχομαι
κατέρχομαι, ---, κατῆλθον, ---, ---, ---

κατεφίστημι, i, 5t, p. 121 ἵστημι/ἱστάνω
---, ---, κατεπέστην, ---, ---, ---

κατέχω, i, 2t, p. 118 ἔχω
κατέχω, ---, κατέσχον, ---, ---, ---

κατηγορέω, c, 23t, p. 68
κατηγορῶ, κατηγορήσω, κατηγόρησα, ---, ---, ---

κατηχέω, c, 8t, p. 66 ἠχέω
κατηχῶ, ---, κατήχησα, ---, κατήχημαι, κατηχήθην

κατιόω, c, 1t, p. 82
---, ---, ---, ---, κατίωμαι, ---

κατισχύω, r, 3t, p. 16 ἰσχύω
κατισχύω, κατισχύσω, κατίσχυσα, ---, ---, ---

κατοικέω, c, 44t, p. 72 οἰκέω
κατοικῶ, ---, κατῴκησα, ---, ---, ---

κατοικίζω, i, 1t, p. 126 [οἰκίζω]
---, ---, κατῴκισα, ---, ---, ---
κατοπτρίζω, r, 1t, p. 17
κατοπτρίζω, ---, ---, ---, ---, ---
καυματίζω, r, 4t, p. 17
---, ---, ἐκαυμάτισα, ---, ---, ἐκαυματίσθην
καυσόω, c, 2t, p. 82
καυσῶ, ---, ---, ---, ---, ---
καυστηριάζω, r, 1t, p. 17
---, ---, ---, ---, κεκαυστηρίασμαι, ---
καυχάομαι, cd, 37t, p. 53
καυχῶμαι, καυχήσομαι, ἐκαυχησάμην, ---, κεκαύχημαι, ---
κεῖμαι, md, 24t, p. 101
κεῖμαι, ---, ---, ---, ---, ---
κείρω, l, 4t, p. 93
---, ---, ἔκειρα, ---, ---, ---
κελεύω, r, 25t, p. 17
κελεύω, ---, ἐκέλευσα, ---, ---, ---
κενόω, c, 5t, p. 82
---, κενώσω, ἐκένωσα, ---, κεκένωμαι, ἐκενώθην
κεράννυμι, m, 3t, p. 102
---, ---, ἐκέρασα, ---, κεκέρασμαι, ---
κερδαίνω, i, 17t, p. 122
---, κερδήσω, ἐκέρδησα, ---, ---, ἐκερδήθην
κεφαλιόω, c, 1t, p. 83
---, ---, ἐκεφαλίωσα, ---, ---, ---
κημόω, c, 1t, p. 83
---, κημώσω, ---, ---, ---, ---
κηρύσσω, r, 61t, p. 18
κηρύσσω, ---, ἐκήρυξα, ---, ---, ἐκηρύχθην
κιθαρίζω, r, 2t, p. 18
κιθαρίζω, ---, ---, ---, ---, ---
κινδυνεύω, r, 4t, p. 18
κινδυνεύω, ---, ---, ---, ---, ---
κινέω, c, 8t, p. 68
κινῶ, κινήσω, ἐκίνησα, ---, ---, ἐκινήθην
κίχρημι, m, 1t, p. 102
---, ---, ἔχρησα, ---, ---, ---
κλαίω, r, 40t, p. 18
κλαίω, κλαύσω, ἔκλαυσα, ---, ---, ---
κλάω, c, 14t, p. 53
κλῶ, ---, ἔκλασα, ---, ---, ---
κλείω, r, 16t, p. 18
κλείω, κλείσω, ἔκλεισα, ---, κέκλεισμαι, ἐκλείσθην
κλέπτω, r, 13t, p. 18
κλέπτω, κλέψω, ἔκλεψα, ---, ---, ---
κληρονομέω, c, 18t, p. 68
κληρονομῶ, κληρονομήσω, ἐκληρονόμησα, κεκληρονόμηκα, ---, ---

κληρόω, c, 1t, p. 83
---, ---, ---, ---, ---, ἐκληρώθην
κλίνω, l, 7t, p. 93
κλίνω, ---, ἔκλινα, κέκλικα, ---, ---
κλυδωνίζομαι, rd, 1t, p. 18
κλυδωνίζομαι, ---, ---, ---, ---, ---
κνήθω, r, 1t, p. 19
κνήθω, ---, ---, ---, ---, ---
κοιμάω, c, 18t, p. 53
κοιμῶ, ---, ---, ---, κεκοίμημαι, ἐκοιμήθην
κοινόω, c, 14t, p. 83
κοινῶ, ---, ἐκοίνωσα, κεκοίνωκα, κεκοίνωμαι, ---
κοινωνέω, c, 8t, p. 68
κοινωνῶ, ---, ἐκοινώνησα, κεκοινώνηκα, ---, ---
κολάζω, r, 2t, p. 19
κολάζω, ---, ἐκόλασα, ---, ---, ---
κολαφίζω, r, 5t, p. 19
κολαφίζω, ---, ἐκολάφισα, ---, ---, ---
κολλάω, c, 12t, p. 53
κολλῶ, ---, ---, ---, ---, ἐκολλήθην
κολοβόω, c, 4t, p. 83
---, ---, ἐκολόβωσα, ---, ---, ἐκολοβώθην
κολυμβάω, c, 1t, p. 53
κολυμβῶ, ---, ---, ---, ---, ---
κομάω, c, 2t, p. 54
κομῶ, ---, ---, ---, ---, ---
κομίζω, i, 10t, p. 122
κομίζω, κομίσομαι, ἐκόμισα, ---, ---, ---
κονιάω, c, 2t, p. 54
---, ---, ---, ---, κεκονίαμαι, ---
κοπάζω, r, 3t, p. 19
---, ---, ἐκόπασα, ---, ---, ---,
κοπιάω, c, 23t, p. 54
κοπιῶ, ---, ἐκοπίασα, κεκοπίακα, ---, ---
κόπτω, s, 8t, p. 43
κόπτω, κόψω, ἔκοψα, ---, ---, ---
κορέννυμι, m, 2t, p. 102
---, ---, ---, ---, κεκόρεσμαι, ἐκορέσθην
κοσμέω, c, 10t, p. 69
κοσμῶ, ---, ἐκόσμησα, ---, κεκόσμημαι, ---
κουφίζω, r, 1t, p. 19
κουφίζω, ---, ---, ---, ---, ---
κράζω, i, 56t, p. 123
κράζω, κράξω, ἔκραξα, κέκραγα, ---, ---
κραταιόω, c, 4t, p. 83
κραταιῶ, ---, ---, ---, ---, ἐκραταιώθην
κρατέω, c, 47t, p. 69
κρατῶ, κρατήσω, ἐκράτησα, κεκράτηκα, κεκράτημαι, ---

κραυγάζω, r, 9t, p. 19
κραυγάζω, κραυγάσω, ἐκραύγασα, ---, ---, ---
κρέμαμαι, md, 7t, p. 102
κρέμαμαι, ---, ἐκρέμασα, ---, ---, ἐκρεμάσθην
κρίνω, l, 114t, p. 93
κρίνω, κρινῶ, ἔκρινα, κέκρικα, κέκριμαι, ἐκρίθην
κρούω, r, 9t, p. 19
κρούω, ---, ἔκρουσα, ---, ---, ---
κρύπτω, i, 18t, p. 123
κρύπτω, ---, ἔκρυψα, ---, κέκρυμμαι, ἐκρύβην
κρυσταλλίζω, r, 1t, p. 19
κρυσταλλίζω, ---, ---, ---, ---, ---
κτάομαι, cd, 7t, p. 54
κτῶμαι, ---, ἐκτησάμην, ---, ---, ---
κτίζω, r, 15t, p. 19
κτίζω, ---, ἔκτισα, ---, ἔκτισμαι, ἐκτίσθην
κυκλεύω, r, 1t, p. 19
---, ---, ἐκύκλευσα, ---, ---, ---
κυκλόω, c, 4t, p. 83
κυκλῶ, ---, ἐκύκλωσα, ---, ---, ἐκυκλώθην
κυλίω, r, 1t, p. 19
κυλίω, ---, ---, ---, ---, ---
κύπτω, r, 2t, p. 20
---, ---, ἔκυψα, ---, ---, ---
κυριεύω, r, 7t, p. 20
κυριεύω, κυριεύσω, ἐκυρίευσα, ---, ---, ---
κυρόω, c, 2t, p. 83
---, ---, ἐκύρωσα, ---, κεκύρωμαι, ---
κωλύω, r, 23t, p. 20
κωλύω, ---, ἐκώλυσα, ---, ---, ἐκωλύθην

λαγχάνω, i, 4t, p. 123
---, ---, ἔλαχον, ---, ---, ---
λακάω, c, 1t, p. 54
---, ---, ἐλάκησα, ---, ---, ---
λακτίζω, r, 1t, p. 20
λακτίζω, ---, ---, ---, ---, ---
λαλέω, c, 296t, p. 69
λαλῶ, λαλήσω, ἐλάλησα, λελάληκα, λελάλημαι, ἐλαλήθην
λαμβάνω, i, 258t, p. 123
λαμβάνω, λήμψομαι, ἔλαβον, εἴληφα, ---, ---
λάμπω, r, 7t, p. 20
λάμπω, λάμψω, ἔλαμψα, ---, ---, ---
λανθάνω, i, 6t, p. 124
λανθάνω, ---, ἔλαθον, ---, ---, ---
λατομέω, c, 2t, p. 69
---, ---, ἐλατόμησα, ---, λελατόμημαι, ---

λατρεύω, r, 21t, p. 20
λατρεύω, λατρεύσω, ἐλάτρευσα, ---, ---, ---
λέγω, i, 2354t, p. 124
λέγω, ἐρῶ, εἶπον, εἴρηκα, εἴρημαι, ἐρρέθην
λείπω, s, 6t, p. 44
λείπω, ---, ---, ---, ---, ---
λειτουργέω, c, 3t, p. 69
λειτουργῶ, ---, ἐλειτούργησα, ---, ---, ---
λευκαίνω, l, 2t, p. 94
---, ---, ἐλεύκανα, ---, ---, ---
λιθάζω, r, 9t, p. 21
λιθάζω, ---, ἐλίθασα, ---, ---, ἐλιθάσθην
λιθοβολέω, c, 7t, p. 69
λιθοβολῶ, ---, ἐλιθοβόλησα, ---, ---, ἐλιθοβολήθην
λικμάω, c, 2t, p. 54
---, λικμήσω, ---, ---, ---, ---
λογίζομαι, rd, 40, p. 21
λογίζομαι, ---, ἐλογισάμην, ---, ---, ἐλογίσθην
λογομαχέω, c, 1t, p. 70
λογομαχῶ, ---, ---, ---, ---, ---
λοιδορέω, c, 4t, p. 70
λοιδορῶ, ---, ---, ἐλοιδόρησα, ---, ---
λούω, r, 5t, p. 21
---, ---, ἔλουσα, ---, λέλουμαι, ---
λυμαίνω, l, 1t, p. 94
λυμαίνω, ---, ---, ---, ---, ---
λυπέω, c, 26t, p. 70
λυπῶ, ---, ἐλύπησα, λελύπηκα, ---, ἐλυπήθην
λυσιτελέω, c, 1t, p. 70
λυσιτελῶ, ---, ---, ---, ---, ---
λυτρόω, c, 3t, p. 83
λυτρῶ, ---, ἐλύτρωσα, ---, ---, ἐλυτρώθην
λύω, r, 42t, p. 21
λύω, ---, ἔλυσα, ---, λέλυμαι, ἐλύθην

μαγεύω, r, 1t, p. 22
μαγεύω, ---, ---, ---, ---, ---
μαθητεύω, r, 4t, p. 22
---, ---, ἐμαθήτευσα, ---, ---, ἐμαθητεύθην
μαίνομαι, ld, 5t, p. 94
μαίνομαι, ---, ---, ---, ---, ---
μακαρίζω, i, 2t, p. 125
μακαρίζω, μακαριῶ, ---, ---, ---, ---
μακροθυμέω, c, 10t, p. 70
μακροθυμῶ, ---, ἐμακροθύμησα, ---, ---, ---
μανθάνω, i, 25t, p. 125
μανθάνω, ---, ἔμαθον, μεμάθηκα, ---, ---

μαντεύομαι, rd, 1t, p. 22
μαντεύομαι, ---, ---, ---, ---, ---
μαραίνω, l, 1t, p. 94
---, ---, ---, ---, ---, ἐμαράνθην
μαρτυρέω, c, 76t, p. 70
μαρτυρῶ, μαρτυρήσω, ἐμαρτύρησα, μεμαρτύρηκα, μεμαρτύρημαι, ἐμαρτυρήθην
μαρτύρομαι, ld, 5t, p. 94
μαρτύρομαι, ---, ---, ---, ---, ---
μασάομαι, cd, 1t, p. 54
μασῶμαι, ---, ---, ---, ---, ---
μαστιγόω, c, 7t, p. 83
μαστιγῶ, μαστιγώσω, ἐμαστίγωσα, ---, ---, ---
μαστίζω, r, 1t, p. 22
μαστίζω, ---, ---, ---, ---, ---
ματαιόω, c, 1t, p. 83
---, ---, ---, ---, ---, ἐματαιώθην
μάχομαι, rd, 4t, p. 22
μάχομαι, ---, ---, ---, ---, ---
μεγαλύνω, l, 8t, p. 94
μεγαλύνω, ---, ἐμεγάλυνα, ---, ---, ἐμεγαλύνθην
μεθερμηνεύω, r, 8t, p. 13 ἑρμηνεύω
μεθερμηνεύω, ---, ---, ---, ---, ---
μεθίστημι, i, 5t, p. 121 ἵστημι/ἱστάνω
μεθίστημι, ---, μετέστησα, ---, ---, μετεστάθην
μεθύσκω, r, 5t, p. 22
μεθύσκω, ---, ---, ---, ---, ἐμεθύσθην
μεθύω, r, 5t, p. 23
μεθύω, ---, ---, ---, ---, ---
μέλει, i, 10t, p. 125 [μέλω]
μελετάω, c, 2t, p. 54
μελετῶ, ---, ἐμελέτησα, ---, ---, ---
μέλλω, i, 109t, p. 125
μέλλω, μελλήσω, ---, ---, ---, ---
μέμφομαι, rd, 2t, p. 23
μέμφομαι, ---, ---, ---, ---, ---
μένω, l, 118t, p. 94
μένω, μενῶ, ἔμεινα, μεμένηκα, ---, ---
μερίζω, r, 14t, p. 23
---, ---, ἐμέρισα, ---, μεμέρισμαι, ἐμερίσθην
μεριμνάω, c, 19t, p. 54
μεριμνῶ, μεριμνήσω, ἐμερίμνησα, ---, ---, ---
μεσιτεύω, r, 1t, p. 23
---, ---, ἐμεσίτευσα, ---, ---, ---
μεσόω, c, 1t, p. 84
μεσῶ, ---, ---, ---, ---, ---
μεστόω, c, 1t, p. 84
---, ---, ---, ---, μεμέστωμαι, ---

μεταβαίνω, i, 12t, p. 110 [βαίνω]
μεταβαίνω, μεταβήσομαι, μετέβην, μεταβέβηκα, ---, ---
μεταβάλλω, i, 1t, p. 111 βάλλω
---, ---, μετέβαλον, ---, ---, ---
μετάγω, i, 2t, p. 108 ἄγω
μετάγω, ---, ---, ---, ---, ---
μεταδίδωμι, m, 5t, p. 100 δίδωμι
μεταδίδωμι, ---, μετέδωκα, ---, ---, ---
μεταίρω, l, 2t, p. 91 αἴρω
---, ---, μετῆρα, ---, ---, ---
μετακαλέω, i, 4t, p. 122 καλέω
---, μετακαλέσω, μετεκάλεσα, ---, ---, ---
μετακινέω, c, 1t, p. 68 κινέω
μετακινῶ, ---, ---, ---, ---, ---
μεταλαμβάνω, i, 7t, p. 123 λαμβάνω
μεταλαμβάνω, ---, μετέλαβον, ---, ---, ---
μεταλλάσσω, s, 2t, p. 43 ἀλλάσσω
---, ---, μετήλλαξα, ---, ---, ---
μεταμέλομαι, id, 6t, p. 125 [μέλω]
μεταμέλομαι, ---, ---, ---, ---, μετεμελήθην
μεταμορφόω, c, 4t, p. 84 μορφόω
μεταμορφῶ, ---, ---, ---, ---, μετεμορφώθην
μετανοέω, c, 34t, p. 71 νοέω
μετανοῶ, μετανοήσω, μετενόησα, ---, ---, ---
μεταπέμπω, r, 9t, p. 27 πέμπω
μεταπέμπω, ---, μετέπεμψα, ---, ---, μετεπέμφθην
μεταστρέφω, s,2t, p. 45 στρέφω
---, ---, μετέστρεψα, ---, ---, μετεστράφην
μετασχηματίζω, r, 5t, p. 34 [σχηματίζω]
μετασχηματίζω, μετασχηματίσω, μετεσχημάτισα, ---, ---, ---
μετατίθημι, m, 6t, p. 104 τίθημι
μετατίθημι, ---, μετέθηκα, ---, ---, μετετέθην
μετέχω, i, 8t, p. 118 ἔχω
μετέχω, ---, μετέσχον, μετέσχηκα, ---, ---
μετεωρίζομαι, rd, 1t, p. 13 [ἐωρίζω]
μετεωρίζομαι, ---, ---, ---, ---, ---
μετοικίζω, i, 2t, p. 126 [οἰκίζω]
---, μετοικιῶ, μετῴκοισα, ---, ---, ---
μετατρέπω, s, 1t, p. 46 [τρέπω]
---, ---, ---, ---, ---, μετετράπην
μετρέω, c, 11t, p. 70
μετρῶ, ---, ἐμέτρησα, ---, ---, ἐμετρήθην
μετριοπαθέω, c, 1t, p. 71
μετριοπαθῶ, ---, ---, ---, ---, ---
μηκύνω, l, 1t, p. 95
μηκύνω, ---, ---, ---, ---, ---
μηνύω, r, 4t, p. 23
---, ---, ἐμήνυσα, ---, ---, ἐμηνύθην

μιαίνω, l, 5t, p. 95
μιαίνω, ---, ---, ---, μεμίαμμαι, ἐμιάνθην
μίγνυμι, m, 4t, p. 102
---, ---, ἔμιξα, ---, μέμιγμαι, ---
μιμέομαι, cd, 4t, p. 71
μιμοῦμαι, ---, ---, ---, ---, ---
μιμνήσκομαι, id, 23t, p. 125
μιμνήσκομαι, ---, ---, ---, μέμνημαι, ἐμνήσθην
μισέω, c, 40t, p. 71
μισῶ, μισήσω, ἐμίσησα, μεμίσηκα, μεμίσημαι, ---
μισθόω, c, 2t, p. 84
---, ---, ἐμίσθωσα, ---, ---, ---
μνημονεύω, r, 21t, p. 23
μνημονεύω, ---, ἐμνημόνευσα, ---, ---, ---
μνηστεύω, r, 3t, p. 23
---, ---, ---, ---, ἐμνήστευμαι, ἐμνηστεύθην
μοιχάω, c, 4t, p. 54
μοιχῶ, ---, ---, ---, ---, ---
μοιχεύω, r, 15t, p. 23
μοιχεύω, μοιχεύσω, ἐμοίχευσα, ---, ---, ἐμοιχεύθην
μολύνω, l, 3t, p. 95
μολύνω, ---, ἐμόλυνα, ---, ---, ἐμολύνθην
μονόω, c, 1t, p. 84
---, ---, ---, ---, μεμόνωμαι, ---
μορφόω, c, 1t, p. 84
---, ---, ---, ---, ---, ἐμορφώθην
μοσχοποιέω, c, 1t, p. 71
---, ---, ἐμοσχοποίησα, ---, ---, ---
μυέω, c, 1t, p. 71
---, ---, ---, ---, μεμύημαι, ---
μυκάομαι, cd, 1t, p. 54
μυκῶμαι, ---, ---, ---, ---, ---
μυκτηρίζω, r, 1t, p. 23
μυκτηρίζω, ---, ---, ---, ---, ---
μωμάομαι, cd, 2t, p. 54
---, ---, ἐμωμησάμην, ---, ---, ἐμωμήθην
μωραίνω, l, 4t, p. 95
---, ---, ἐμώρανα, ---, ---, ἐμωράνθην
μυρίζω, r, 1t, p. 23
---, ---, ἐμύρισα, ---, ---, ---
μυωπάζω, r, 1t, p. 23
μυωπάζω, ---, ---, ---, ---, ---

ναυαγέω, c, 2t, p. 71
---, ---, ἐναυάγησα, ---, ---, ---
νεκρόω, c, 3t, p. 84
---, ---, ἐνέκρωσα, ---, νενέκρωμαι, ---

νεύω, r, 2t, p. 24
νεύω, ---, ἔνευσα, ---, ---, ---
νήθω, r, 2t, p. 24
νήθω, ---, ---, ---, ---, ---
νηπιάζω, r, 1t, p. 24
νηπιάζω, ---, ---, ---, ---, ---
νηστεύω, r, 20t, p. 24
νηστεύω, νηστεύσω, ενήστευσα, ---, ---, ---
νήφω, r, 6t, p. 24
νήφω, ---, ἔνηψα, ---, ---, ---
νικάω, c, 28t, p. 55
νικῶ, νικήσω, ἐνίκησα, νενίκηκα, ---, ---
νίπτω, r, 17t p. 24
νίπτω, ---, ἔνιψα, ---, ---, ---
νοέω, c, 14t, p. 71
νοῶ, ---, ἐνόησα, ---, ---, ---
νομίζω, r, 15t, p. 24
νομίζω, ---, ἐνόμισα, ---, ---, ---
νοσέω, c, 1t, p. 71
νοσῶ, ---, ---, ---, ---, ---
νοσφίζω, r, 3t, p. 24
νοσφίζω, ---, ἐνόσφισα, ---, ---, ---
νουθετέω, c, 8t, p. 71
νουθετῶ, ---, ---, ---, ---, ---
νύσσω, s, 1t, p. 44
---, ---, ἔνυξα, ---, ---, ---
νυστάζω, i, 2t, p. 126
νυστάζω, ---, ἐνύσταξα, ---, ---, ---

ξενίζω, r, 10t, p. 25
ξενίζω, ---, ἐξένισα, ---, ---, ἐξενίσθην
ξενοδοχέω, c, 1t, p. 72
---, ---, ἐξενοδόχησα, ---, ---, ---
ξηραίνω, l, 15t, p. 95
ξηραίνω, ---, ἐξήρανα, ---, ἐξήραμμαι, ἐξηράνθην
ξυράω, c, 3t, p. 55
ξυρῶ, ξυρήσω, ---, ---, ἐξύρημαι, ---

ὁδεύω, r, 1t, p. 25
ὁδεύω, ---, ---, ---, ---, ---
ὁδηγέω, c, 5t, p. 72
ὁδηγῶ, ὁδηγήσω, ---, ---, ---, ---
ὁδοιπορέω, c, 1t, p. 72
ὁδοιπορῶ, ---, ---, ---, ---, ---
ὀδυνάω, c, 4t, p. 55
ὀδυνῶ, ---, ---, ---, ---, ---

ὄζω, r, 1t, p. 25
ὄζω, ---, ---, ---, ---, ---
οἶδα, i, 318t, p. 126
οἰκέω, c, 9t, p. 72
οἰκῶ, ---, ---, ---, ---, ---
οἰκοδεσποτέω, c, 1t, p. 72
οἰκοδεσποτῶ, ---, ---, ---, ---, ---
οἰκοδομέω, c, 40t, p. 72
οἰκοδομῶ, οἰκοδομήσω, ᾠκοδόμησα, ---, ᾠκοδόμημαι, οἰκοδομήθην
οἰκονομέω, c, 1t, p. 72
οἰκονομῶ, ---, ---, ---, ---, ---
οἰκτίρω, r, 2t, p. 25
οἰκτίρω, οἰκτιρήσω, ---, ---, ---, ---
οἴομαι, id, 3t, p. 126
οἴομαι, ---, ---, ---, ---, ---
ὀκνέω, c, 1t, p. 73
---, ---, ὤκνησα, ---, ---, ---
ὀλιγωρέω, c, 1t, p. 73
ὀλιγωρῶ, ---, ---, ---, ---, ---
ὀλοθρεύω, r, 1t, p. 25
ὀλοθρεύω, ---, ---, ---, ---, ---
ὀλολύζω, r, 1t, p. 25
ὀλολύζω, ---, ---, ---, ---, ---
ὀνειδίζω, r, 9t, p. 25
ὀνειδίζω, ---, ὠνείδισα, ---, ---, ---
ὁμείρομαι, Id, 1t, p. 95
ὁμείρομαι, ---, ---, ---, ---, ---
ὁμιλέω, c, 4t, p. 73
ὁμιλῶ, ---, ὡμίλησα, ---, ---, ---
ὀμνύω, i, 26t, p. 127
ὀμνύω, ---, ὤμοσα, ---, ---, ---
ὁμοιόω, c, 15t, p. 84
---, ὁμοιώσω, ὡμοίωσα, ---, ---, ὡμοιώθην
ὁμολογέω, c, 26t, p. 73
ὁμολογῶ, ὁμολογήσω, ὡμολόγησα, ---, ---, ---
ὀνίνημι, i, 1t, p. 127
---, ---, ὤνην, ---, ---, ---
ὀνομάζω, r, 10t, p. 25
ὀνομάζω, ---, ὠνόμασα, ---, ---, ὠνομάσθην
ὁπλίζω, r, 1t, p. 26
---, ---, ὥπλισα, ---, ---, ---
ὀπτάνομαι, rd, 1t, p. 26
ὀπτάνομαι, ---, ---, ---, ---, ---
ὁράω, i, 454t, p. 127
ὁρῶ, ὄψομαι, εἶδον, ἑώρακα, ---, ὤφθην
ὀργίζω, i, 8t, p. 128
ὀργίζω, ---, ---, ---, ---, ὠργίσθην

ὀρέγω, r, 3t, p. 26
ὀρέγω, ---, ---, ---, ---, ---
ὀρθοποδέω, c, 1t, p. 73
ὀρθοποδῶ, ---, ---, ---, ---, ---
ὀρθοτομέω, c, 1t, p. 73
ὀρθοτομῶ, ---, ---, ---, ---, ---
ὀρθρίζω, r, 1t, p. 26
ορθρίζω, ---, ---, ---, ---, ---
ὁρίζω, i, 8t, p. 128
ὁρίζω, ---, ὥρισα, ---, ὥρισμαι, ὡρίσθην
ὁρκίζω, r, 2t, p. 26
ὁρκίζω, ---, ---, ---, ---, ---
ὁρμάω, c, 5t, p. 55
---, ---, ὥρμησα, ---, ---, ---
ὀρύσσω, r, 3t, p. 26
---, ---, ὤρυξα, ---, ---, ---
ὀρχέομαι, cd, 4t, p. 73
---, ---, ὠρχησάμην, ---, ---, ---
ὀφείλω, l, 35t, p. 96
ὀφείλω, ---, ---, ---, ---, ---
ὀχλέω, c, 1t, p. 74
ὀχλῶ, ---, ---, ---, ---, ---
ὀχλοποιέω, c, 1t, p. 74
---, ---, ὠχλοποίησα, ---, ---, ---

παγιδεύω, r, 1t, p. 27
---, ---, ἐπαγίδευσα, ---, ---, ---
παιδεύω, r, 13t, p. 27
παιδεύω, ---, ἐπαίδευσα, ---, πεπαίδευμαι, ἐπαιδεύθην
παίζω, i, 1t, p. 128
παίζω, ---, ---, ---, ---, ---
παίω, r, 5t, p. 27
---, ---, ἔπαισα, ---, ---, ---
παλαιόω, c, 4t, p. 84
παλαιῶ, ---, ---, πεπαλαίωκα, ---, ἐπαλαιώθην
παραβαίνω, i, 3t, p. 110 [βαίνω]
παραβαίνω, ---, παρέβην, ---, ---, ---
παραβάλλω, i, 1t, p. 111 βάλλω
---, ---, παρέβαλον, ---, ---, ---
παραβιάζομαι, rd, 2t, p. 6 βιάζομαι
---, ---, παρεβιασάμην, ---, ---, ---
παραβολεύομαι, rd, 1t, p. 7 [βολεύομαι]
---, ---, παρεβολευσάμην, ---, ---, ---
παραγγέλλω, l, 32t, p. 91 ἀγγέλλω
παραγγέλλω, ---, παρήγγειλα, ---, παρήγγελμαι, ---
παραγίνομαι, id, 37t, p. 112 γίνομαι
παραγίνομαι, ---, παρεγενόμην, ---, ---, ---

INDEX

παράγω, i, 10t, p. 108 ἄγω
παράγω, ---, ---, ---, ---, ---
παραδειγματίζω, r, 1t, p. 9 δειγματίζω
παραδειγματίζω, ---, ---, ---, ---, ---
παραδέχομαι, rd, 6t, p. 10 δέχομαι
παραδέχομαι, παραδέξομαι, ---, ---, ---, παρεδέχθην
παραδίδωμι, m, 119t, p. 100 δίδωμι
παραδίδωμι, παραδώσω, παρέδωκα, παραδέδωκα, παραδέδομαι, παρεδόθην
παραζηλόω, c, 4t, p. 82 ζηλόω
παραζηλῶ, παραζηλώσω, παρεζήλωσα, ---, ---, ---
παραθεωρέω, c, 1t, p. 66 θεωρέω
παραθεωρῶ, ---, ---, ---, ---, ---
παραινέω, c, 2t, p. 58 αἰνέω
παραινῶ, ---, ---, ---, ---, ---
παραιτέομαι, cd, 12t, p. 59 αἰτέω
παραιτοῦμαι, ---, παρητησάμην, ---, παρήτημαι, ---
παρακαθέζομαι, rd, 1t, p. 16 καθέζομαι
---, ---, ---, ---, ---, παρεκαθέσθην
παρακαλέω, i, 109t, p. 122 καλέω
παρακαλῶ, ---, παρεκάλεσα, ---, παρακέκλημαι, παρεκλήθην
παρακαλύπτω, r, 1t, p. 17 καλύπτω
---, ---, ---, ---, παρακεκάλυμμαι, ---
παράκειμαι, md, 2t, p. 102 κεῖμαι
παράκειμαι, ---, ---, ---, ---, ---
παρακολουθέω, c, 4t, p. 59 ἀκολουθέω
---, παρακολουθήσω, παρηκολούθησα, παρηκολούθηκα, ---, ---
παρακούω, i, 3t, p. 109 ἀκούω
---, ---, παρήκουσα, ---, ---, ---
παρακύπτω, r, 5t, p. 20 κύπτω
---, ---, παρέκυψα, ---, ---, ---
παραλαμβάνω, i, 49t, p. 124 λαμβάνω
παραλαμβάνω, παραλήμψομαι, παρέλαβον, ---, ---, παρελήμφθην
παραλέγομαι, rd, 2t, p. 21 [λέγω]
παραλέγομαι, ---, ---, ---, ---, ---
παραλογίζομαι, rd, 2t, p. 21 λογίζομαι
παραλογίζομαι, ---, ---, ---, ---, ---
παραλύω, r, 5t, p. 22 λύω
---, ---, ---, ---, παραλέλυμαι, ---
παραμένω, l, 4t, p. 95 μένω
παραμένω, παραμενῶ, παρέμεινα, ---, ---, ---
παραμυθέομαι, cd, 4t, p. 71 [μυθέομαι]
παραμυθοῦμαι, ---, παρεμυθησάμην, ---, ---, ---
παρανομέω, c, 1t, p. 71 [νομέω]
παρανομῶ, ---, ---, ---, ---, ---
παραπικραίνω, l, 1t, p. 96 πικραίνω
---, ---, παρεπίκρανα, ---, ---, ---

παραπλέω, i, 1t, p. 130 πλέω
---, ---, παρέπλευσα, ---, ---, ---
παραπίπτω, i, 1t, p. 130 πίπτω
---, ---, παρέπεσον, ---, ---, ---
παραπορεύομαι, rd, 5t, p. 29 πορεύομαι
παραπορεύομαι, ---, ---, ---, ---, ---
παραρρέω, i, 1t, p. 131 ῥέω
---, ---, ---, ---, ---, παρερύην
παρασκευάζω, r, 4t, p. 32 [σκευάζω]
παρασκευάζω, παρασκευάσω, ---, ---, παρεσκεύασμαι, ---
παρατείνω, l, 1t, p. 98 [τείνω]
παρατείνω, ---, ---, ---, ---, ---
παρατηρέω, c, 6t, p. 77 τηρέω
παρατηρῶ, ---, παρετήρησα, ---, ---, ---
παρατίθημι, m, 19t, p. 104 τίθημι
παρατίθημι, παραθήσω, παρέθηκα, ---, ---, ---
παρατυγχάνω, i, 1t, p. 133 τυγχάνω
παρατυγχάνω, ---, ---, ---, ---, ---
παραφέρω, i, 4t, p. 134 φέρω
παραφέρω, ---, παρήνεγκον, ---, ---, ---
παραφρονέω, c, 1t, p. 78 φρονέω
παραφρονῶ, ---, ---, ---, ---, ---
παραχειμάζω, r, 4t, p. 38 χειμάζω
---, παραχειμάσω, ---, παρεχείμασα, παραχείμακα, ---, ---
παρεδρεύω, r, 1t, p. 11 [ἐδρεύω]
παρεδρεύω, ---, ---, ---, ---, ---
πάρειμι, i, 24t, p. 114 εἰμί
πάρειμι, παρέσομαι, ---, ---, ---, ---
παρεισάγω, i, 1t, p. 108 ἄγω
---, παρεισάξω, ---, ---, ---
παρεισδύω, r, 1t, p. 11 [δύω]
---, ---, παρεισέδυσα, ---, ---, ---
παρεισέρχομαι, id, 2t, p. 116 ἔρχομαι
---, ---, παρεισῆλθον, ---, ---, ---
παρεισφέρω, i, 1t, p. 134 φέρω
---, ---, παρεισήνεγκα, ---, ---, ---
παρεμβάλλω, i, 1t, p. 112 βάλλω
---, παρεμβαλῶ, ---, ---, ---, ---
παρενοχλέω, c, 1t, p. 74 ὀχλέω
παρενοχλῶ, ---, ---, ---, ---, ---
παρέρχομαι, id, 29t, p. 117 ἔρχομαι
παρέρχομαι, παρελεύσομαι, παρῆλθον, παρελήλυθα, ---, ---
παρέχω, i, 16t, p. 118 ἔχω
παρέχω, παρέξω, παρέσχον, ---, ---, ---
παρίημι, i, 2t, p. 119 [ἵημι]
---, ---, παρῆκα, ---, παρεῖμαι, ---
παρίστημι, i, 41t, p. 121 ἵστημι/ἱστάνω
παριστάνω, παραστήσω, παρέστην, παρέστηκα, ---, ---

παροικέω, c, 2t, p. 72 οἰκέω
παροικῶ, ---, παρῴκησα, ---, ---, ---
παροίχομαι, rd, 1t, p. 25 [οἴχομαι]
---, ---, ---, ---, παρῴχημαι, ---
παρομοιάζω, r, 1t, p. 25 [ὁμοιάζω]
παρομοιάζω, ---, ---, ---, ---, ---
παροξύνω, l, 2t, p. 96 [ὀξύνω]
παροξύνω, ---, ---, ---, ---, ---
παροργίζω, i, 2t, p. 128 ὀργίζω
παροργίζω, παροργιῶ, ---, ---, ---, ---
παροτρύνω, l, 1t, p. 96 [ὀτρύνω]
---, ---, παρώτρυνα, ---, ---, ---
παρρησιάζομαι, rd, 9t, p. 27
παρρησιάζομαι, ---, ἐπαρρησιασάμην, ---, ---, ---
πάσχω, i, 42t, p. 128
πάσχω, ---, ἔπαθον, πέπονθα, ---, ---
πατάσσω, r, 10t, p. 27
---, πατάξω, ἐπάταξα, ---, ---, ---
πατέω, c, 5t, p. 74
πατῶ, πατήσω, ---, ---, ---, ἐπατήθην
παύω, i, 15t, p. 128
παύω, παύσω, ἔπαυσα, ---, πέπαυμαι, ---
παχύνω, l, 2t, p. 96
---, ---, ---, ---, ---, ἐπαχύνθην
πεζεύω, r, 1t, p. 27
πεζεύω, ---, ---, ---, ---, ---
πειθαρχέω, c, 4t, p. 74
πειθαρχῶ, ---, ἐπειθάρχησα, ---, ---, ---
πείθω, i, 52t, p. 129
πείθω, πείσω, ἔπεισα, πέποιθα, πέπεισμαι, ἐπείσθην
πεινάω, c, 23t, p. 55
πεινῶ, πεινάσω, ἐπείνασα, ---, ---, ---
πειράζω, r, 38t, p. 27
πειράζω, ---, ἐπείρασα, ---, πεπείρασμαι, ἐπειράσθην
πειράομαι, cd, 1t, p. 55
πειροῦμαι, ---, ---, ---, ---, ---
πελεκίζω, r, 1t, p. 27
---, ---, ---, ---, πεπελέκισμαι, ---
πέμπω, r, 79t, p. 27
πέμπω, πέμψω, ἔπεμψα, ---, ---, ἐπέμφθην
πενθέω, c, 10t, p. 74
πενθῶ, πενθήσω, ἐπένθησα, ---, ---, ---
περιάγω, i, 6t, p. 108 ἄγω
περιάγω, ---, ---, ---, ---, ---
περιαιρέω, i, 5t, p. 109 [αἱρέω]
περιαιρῶ, ---, περιεῖλον, ---, ---, ---
περιάπτω, r, 1t, p. 3 ἄπτω
---, ---, περιῆψα, ---, ---, ---

περιαστράπτω, r, 2t, p. 4 ἀστράπτω
---, ---, περιήστραψα, ---, ---, ---
περιβάλλω, i, 23t, p. 112 βάλλω
---, περιβαλῶ, περιέβαλον, ---, περιβέβλημαι, ---
περιβλέπω, r, 7t, p. 7 βλέπω
περιβλέπω, ---, περιέβλεψα, ---, ---, ---
περιδέω, c, 1t, p. 62 δέω
---, ---, ---, ---, περιδέδεμαι, ---
περιεργάζομαι, id, 1t, p. 116 ἐργάζομαι
περιεργάζομαι, ---, ---, ---, ---, ---
περιέρχομαι, id, 3t, p. 117 ἔρχομαι
περιέρχομαι, ---, περιῆλθον, ---, ---, ---
περιέχω, i, 2t, p. 118 ἔχω
περιέχω, ---, περιέσχον, ---, ---, ---
περιζώννυμι, m, 6t, p. 101 ζώννυμι
---, περιζώσω, περιέζωσα, ---, περιέζωσμαι, ---
περιΐστημι, i, 4t, p. 121 ἵστημι/ἱστάνω
περιΐστημι, ---, περιέστην, περιΐστα, ---, ---
περικαλύπτω, r, 3t, p. 17 καλύπτω
περικαλύπτω, ---, περιεκάλυψα, ---, περικεκάλυμμαι, ---
περίκειμαι, md, 5t, p. 102 κεῖμαι
περίκειμαι, ---, ---, ---, ---, ---
περικρύβω, r, 1t, p. 19 [κρύβω]
περικρύβω, ---, ---, ---, ---, ---
περικυκλόω, c, 1t, p. 83 κυκλόω
---, περικυκλώσω, ---, ---, ---, ---
περιλάμπω, r, 2t, p. 20 λάμπω
---, ---, περιέλαμψα, ---, ---, ---
περιλείπομαι, sd, 2t, p. 44 λείπω
περιλείπομαι, ---, ---, ---, ---, ---
περιμένω, l, 1t, p. 95 μένω
περιμένω, ---, ---, ---, ---, ---
περιοικέω, c, 1t, p. 72 οἰκέω
περιοικῶ, ---, ---, ---, ---, ---
περιπατέω, c, 95t, p. 74 πατέω
περιπατῶ, περιπατήσω, περιεπάτησα, ---, ---, ---
περιπείρω, l, 1t, p. 96 [πείρω]
---, ---, περιέπειρα, ---, ---, ---
περιπίπτω, i, 3t, p. 130 πίπτω
---, ---, περιέπεσον, ---, ---, ---
περιποιέω, c, 3t, p. 75 ποιέω
περιποιῶ, ---, περιεποίησα, ---, ---, ---
περιρήγνυμι, m, 1t, p. 103 ῥήγνυμι/ῥήσσω
---, ---, περιέρηξα, ---, ---, ---
περισπάω, c, 1t, p. 56 σπάω
περισπῶ, ---, ---, ---, ---, ---
περισσεύω, r, 39t, p. 28
περισσεύω, ---, ἐπερίσσευσα, ---, ---, ἐπερισσεύθην

INDEX

περιτέμνω, i, 17t, p. 132 [τέμνω]
περιτέμνω, ---, περιέτεμον, ---, περιτέτμημαι, περιετμήθην
περιτίθημι, m, 8t, p. 104 τίθημι
περιτίθημι, ---, περιέθηκα, ---, ---, ---
περιτρέπω, s, 1t, p. 46 [τρέπω]
περιτρέπω, ---, ---, ---, ---, ---
περιτρέχω, i, 1t, p. 132 τρέχω
---, ---, περιέδραμον, ---, ---, ---
περιφέρω, i, 3t, p. 134 φέρω
περιφέρω, ---, ---, ---, ---, ---
περιφρονέω, c, 1t, p. 78 φρονέω
πειφρονῶ, ---, ---, ---, ---, ---
περπερεύομαι, rd, 1t, p. 28
περπερεύομαι, ---, ---, ---, ---, ---
πέτομαι, rd, 5t, p. 28
πέτομαι, ---, ---, ---, ---, ---
πήγνυμι, m, 1t, p. 103
---, ---, ἔπηξα, ---, ---, ---
πιάζω, i, 12t, p. 129
---, ---, ἐπίασα, ---, ---, ἐπιάσθην
πιέζω, r, 1t, p. 28
---, ---, ---, ---, πεπίεσμαι, ---
πικραίνω, l, 4t, p. 96
πικραίνω, πικρανῶ, ---, ---, ---, ἐπικράνθην
πίμπλημι, m, 24t, p. 102
---, ---, ἔπλησα, ---, ---, ἐπλήσθην
πίμπρημι, m, 1t, p. 103
πίμπρημι, ---, ---, ---, ---, ---
πίνω, i, 73t, p. 129
πίνω, πίομαι, ἔπιον, πέπωκα, ---, ---
πιπράσκω, i, 9t, p. 129
πιπράσκω, ---, ---, πέπρακα, πέπραμαι, ἐπράθην
πίπτω, i, 90t, p. 129
πίπτω, πεσοῦμαι, ἔπεσον, πέπτωκα, ---, ---
πιστεύω, r, 241t, p. 28
πιστεύω, πιστεύσω, ἐπίστευσα, πεπίστευκα, πεπίστευμαι, ἐπιστεύθη
πιστόω, c, 1t, p. 84
---, ---, ---, ---, ---, ἐπιστώθην
πλανάω, c, 39t, p. 55
πλανῶ, πλανήσω, ἐπλάνησα, ---, πεπλάνημαι, ἐπλανήθην
πλάσσω, i, 2t, p. 130
---, ---, ἔπλασα, ---, ---, ἐπλάσθην
πλατύνω, l, 3t, p. 96
πλατύνω, ---, ---, ---, πεπλάτυμμαι, ἐπλατύνθην
πλέκω, s, 3t, p. 44
---, ---, ἔπλεξα, ---, ---, ---
πλεονάζω, r, 5t, p. 28
πλεονάζω, ---, ἐπλεόνασα, ---, ---, ---

πλεονεκτέω, c, 5t, p. 74
πλεονεκτῶ, ---, ἐπλεονέκτησα, ---, ---, ἐπλεονεκτήθην
πλέω, i, 6t, p. 130
πλέω, ---, ---, ---, ---, ---
πληθύνω, l, 12t, p. 96
πληθύνω, πληθυνῶ, ---, ---, ---, ἐπληθύνθην
πληροφορέω, c, 6t, p. 74
πληροφορῶ, ---, ἐπληροφόρησα, ---, πεπληροφόρημαι, ἐπληροφορήθην
πληρόω, c, 86t, p. 85
πληρῶ, πληρώσω, ἐπλήρωσα, πεπλήρωκα, πεπλήρωμαι, ἐπληρώθην
πλήσσω, s, 13t, p. 44
---, ---, ---, ---, ---, ἐπλήγην
πλουτέω, c, 12t, p. 74
πλουτῶ, ---, ἐπλούτησα, πεπλούτηκα, ---, ---
πλουτίζω, r, 3t, p. 28
πλουτίζω, ---, ---, ---, ---, ἐπλουτίσθην
πλύνω, l, 3t, p. 96
πλύνω, ---, ἔπλυνα, ---, ---, ---
πνέω, i, 7t, p. 130
πνέω, ---, ἔπνευσα, ---, ---, ---
πνίγω, s, 3t, p. 45
πνίγω, ---, ἔπνιξα, ---, ---, ---
ποιέω, c, 568t, p. 75
ποιῶ, ποιήσω, ἐποίησα, πεποίηκα, πεποίημαι, ---
ποιμαίνω, l, 11t, p. 96
ποιμαίνω, ποιμανῶ, ἐποίμανα, ---, ---, ---
πολεμέω, c, 7t, p. 75
πολεμῶ, πολεμήσω, ἐπολέμησα, ---, ---, ---
πολιτεύομαι, rd, 2t, p. 28
πολιτεύομαι, ---, ---, ---, πεπολίτευμαι, ---
πορεύομαι, rd, 153t, p. 28
πορεύομαι, πορεύσομαι, ---, ---, πεπόρευμαι, ἐπορεύθην
πορθέω, c, 3t, p. 75
πορθῶ, ---, ἐπόρθησα, ---, ---, ---
πορνεύω, r, 8t, p. 29
πορνεύω, ---, ἐπόρνευσα, ---, ---, ---
ποτίζω, r, 15t, p. 29
ποτίζω, ---, ἐπότισα, πεπότικα, ---, ἐποτίσθην
πραγματεύομαι, rd, 1t, p. 29
---, ---, ἐπραγματευσάμην, ---, ---, ---
πράσσω, s, 39t, p. 45
πράσσω, πράξω, ἔπραξα, πέπραχα, πέπραγμαι, ---
πρέπω, r, 7t, p. 29
πρέπω, ---, ---, ---, ---, ---
πρεσβεύω, r, 2t, p. 29
πρεσβεύω, ---, ---, ---, ---, ---
πρίζω, r, 1t, p. 29
---, ---, ---, ---, ---, ἐπρίσθην

INDEX

προάγω, i, 20t, p. 108 ἄγω
προάγω, προάξω, προήγαγον, ---, ---, ---
   προαιρέω, i, 1t, p. 109 [αἱρέω]
---, ---, ---, ---, προῄρημαι, ---, ---
   προαιτιάομαι, cd, 1t, p. 50 [αἰτιάομαι]
---, ---, προητιασάμην, ---, ---, ---
   προακούω, i, 1t, p. 109 ἀκούω
---, ---, προήκουσα, ---, ---, ---
   προαμαρτάνω, i, 2t, p. 110 ἀμαρτάνω
---, ---, ---, προημάρτηκα, ---, ---
   προβαίνω, i, 5t, p. 111 [βαίνω]
---, ---, προέβην, προβέβηκα, ---, ---
   προβάλλω, i, 2t, p. 112 βάλλω
---, ---, προέβαλον, ---, ---, ---
   προβιβάζω, r, 1t, p. 6 [βιβάζω]
---, ---, ---, ---, ---, προεβιβάσθην
   προβλέπω, r, 1t, p. 7 βλέπω
---, ---, προέβλεψα, ---, ---, ---
   προγίνομαι, id, 1t, p. 112 γίνομαι
---, ---, ---, προγέγονα, ---, ---
   προγινώσκω, i, 5t, p. 113 γινώσκω
προγινώσκω, ---, προέγνων, ---, προέγνωσμαι, ---
   προγράφω, s, 4t, p. 43 γράφω
---, ---, προέγραψα, ---, προγέγραμμαι, προεγράφην
   προδίδωμι, m, 1t, p. 101 δίδωμι
---, ---, προέδωκα, ---, ---, ---
   προελπίζω, i, 1t, p. 115 ἐλπίζω
---, ---, ---, προήλπικα, ---, ---
   προενάρχομαι, rd, 2t, p. 4 ἄρχω
---, ---, προενηρξάμην, ---, ---, ---
   προεπαγγέλλομαι, ld, 2t, p. 91 ἀγγέλλω
---, ---, προεπηγγειλάμην, ---, προεπήγγελμαι, ---
   προέρχομαι, id, 9t, p. 117 ἔρχομαι
προέρχομαι, προελεύσομαι, προῆλθον, ---, ---, ---
   προετοιμάζω, r, 2t, p. 13 ἑτοιμάζω
---, ---, προητοίμασα, ---, ---, ---
   προευαγγελίζομαι, rd, 1t, p. 13 εὐαγγελίζω
---, ---, προευηγγελιζσάμην, ---, ---, ---
   προέχω, i, 1t, p. 118 ἔχω
προέχω, ---, ---, ---, ---, ---
   προηγέομαι, cd, 1t, p. 66 ἡγέομαι
προηγοῦμαι, ---, ---, ---, ---, ---
   προΐστημι, ι, 8t, p. 121 ἵστημι/ἱστάνω
προΐστημι, ---, προέστην, προέστα, ---, ---
   προκαλέω, i, 1t, p. 122 καλέω
προκαλῶ, ---, ---, ---, ---, ---
   προκαταγγέλλω, l, 2t, p. 91 ἀγγέλλω
---, ---, προκατήγγειλα, ---, ---, ---

προκαταρτίζω, r, 1t, p. 4 [ἀρτίζω]
---, ---, προκατήρτισα, ---, ---, ---
πρόκειμαι, md, 5t, p. 102 κεῖμαι
πρόκειμαι, ---, ---, ---, ---, ---
προκηρύσσω, r, 1t, p. 18 κηρύσσω
---, ---, προεκήρυξα, ---, ---, ---
προκόπτω, s, 6t, p. 44 κόπτω
προκόπτω, προκόψω, προέκοψα, ---, ---, ---
προκυρόω, c, 1t, p. 83 κυρόω
---, ---, ---, ---, προκεκύρωμαι, ---
προλαμβάνω, i, 3t, p. 124 λαμβάνω
προλαμβάνω, ---, προέλαβον, ---, ---, προελήμφθην
προλέγω, i, 15t, p. 125 λέγω
προλέγω, ---, προεῖπον, προείρηκα, προείρημαι, ---
προμαρτύρομαι, ld, 1t, p. 94 μαρτύρομαι
προμαρτύρομαι, ---, ---, ---, ---, ---
προμελετάω, c, 1t, p. 54 μελετάω
προμελετῶ, ---, ---, ---, ---, ---
προμεριμνάω, c, 1t, p. 54 μεριμνάω
προμεριμνῶ, ---, ---, ---, ---, ---
προνοέω, c, 3t, p. 71 νοέω
προνοῶ, ---, ---, ---, ---, ---
προοράω, i, 4t, p. 127 ὁράω
προορῶ, ---, προεῖδον, προεώρακα, ---, ---
προορίζω, i, 6t, p. 128 ὁρίζω
---, ---, προώρισα, ---, ---, προωρίσθην
προπάσχω, i, 1t, p. 128 πάσχω
---, ---, προέπαθον, ---, ---, ---
προπέμπω, r, 9t, p. 27 πέμπω
προπέμπω, ---, προέπεμψα, ---, ---, προεπέμφθην
προπορεύομαι, rd, 2t, p. 29 πορεύομαι
---, προπορεύσομαι, ---, ---, ---, ---
προσαγορεύω, r, 4t, p. 1 [ἀγορεύω]
---, ---, ---, ---, ---, προσηγορεύθην
προσάγω, i, 4t, p. 108 ἄγω
προσάγω, ---, προσήγαγον, ---, ---, ---
προσαιτέω, c, 1t, p. 59 αἰτέω
προσαιτῶ, ---, ---, ---, ---, ---
προσαναβαίνω, i, 1t, p. 111 [βαίνω]
---, ---, προσανέβην, ---, ---, ---
προσαναλίσκω, i, 1t, p. 109 [ἁλίσκω]
---, ---, προσανήλωσα, ---, ---, ---
προσαναπληρόω, c, 2t, p. 85 πληρόω
προσαναπληρῶ, ---, προσανεπλήρωσα, ---, ---, ---
προσανατίθημι, m, 2t, p. 104 τίθημι
---, ---, προσανέθηκα, ---, ---, ---
προσαπειλέω, c, 1t, p. 63 [εἰλέω]
---, ---, προσαπείλησα, ---, ---, ---

προσδαπανάω, c, 1t, p. 52 δαπανάω
---, ---, προσεδαπάνησα, ---, ---, ---
προσδέομαι, rd, 1t, p. 9 δέομαι
προσδέομαι, ---, ---, ---, ---, ---
προσδέχομαι, rd, 14t, p. 10 δέχομαι
προσδέχομαι, ---, προσεδεξάμην, ---, ---, ---
προσδοκάω, c, 16t, p. 52 [δοκάω]
προσδοκῶ, ---, ---, ---, ---, ---
προσεάω, c, 1t, p. 52 ἐάω
προσεῶ, ---, ---, ---, ---, ---
προσεργάζομαι, id, 1t, p. 116 ἐργάζομαι
---, ---, προσηργασάμην, ---, ---, ---
προσέρχομαι, id, 86t, p. 117 ἔρχομαι
προσέρχομαι, ---, προσῆλθον, προσελήλυθα, ---, ---
προσεύχομαι, rd, 85t, p. 13 εὔχομαι
προσεύχομαι, προσεύξομαι, προσηυξάμην, ---, ---, ---
προσέχω, i, 24t, p. 118 ἔχω
προσέχω, ---, ---, προσέσχηκα, ---, ---
προσηλόω, c, 1t, p. 82 [ἡλόω]
---, ---, προσήλωσα, ---, ---, ---
προσκαλέω, i, 29t, p. 122 καλέω
προσκαλῶ, ---, προσεκαλεσάμην, ---, προσκέκλημαι, ---
προσκαρτερέω, c, 10t, p. 68 καρτερέω
προσκαρτερῶ, προσκαρτερήσω, ---, ---, ---, ---
προσκληρόω, c, 1t, p. 83 κληρόω
---, ---, ---, ---, ---, προσεκληρώθην
προσκλίνω, l, 1t, p. 93 κλίνω
---, ---, ---, ---, ---, προσεκλίθην
προσκολλάω, c, 2t, p. 53 κολλάω
---, ---, ---, ---, ---, προσεκολλήθην
προσκόπτω, s, 8t, p. 44 κόπτω
προσκόπτω, ---, προσέκοψα, ---, ---, ---
προσκυλίω, r, 2t, p. 20 κυλίω
---, ---, προσεκύλισα, ---, ---, ---
προσκυνέω, c, 60t, p. 69 [κυνέω]
προσκυνῶ, προσκυνήσω, προσεκύνησα, ---, ---, ---
προσλαλέω, c, 2t, p. 69 λαλέω
προσλαλῶ, ---, προσελάλησα, ---, ---, ---
προσλαμβάνω, i, 12t, p. 124 λαμβάνω
προσλαμβάνω, ---, προσέλαβον, ---, ---, ---
προσμένω, l, 7t, p. 95 μένω
προσμένω, ---, προσέμεινα, ---, ---, ---
προσορμίζω, r, 1t, p. 26 [ὁρμίζω]
---, ---, ---, ---, ---, προσωρμίσθην
προσοφείλω, l, 1t, p. 96 ὀφείλω
προσοφείλω, ---, ---, ---, ---, ---
προσοχθίζω, r, 2t, p. 27 [ὀχθίζω]
---, ---, προσώχθισα, ---, ---, ---

προσπήγνυμι, m, 1t, p. 103 πήγνυμι
---, ---, προσέπηξα, ---, ---, ---
προσπίπτω, i, 8t, p. 130 πίπτω
προσπίπτω, ---, προσέπεσον, ---, ---, ---
προσποιέω, c, 1t, p. 75 ποιέω
---, ---, προσεποίησα, ---, ---, ---
προσπορεύομαι, rd, 1t, p. 29 πορεύομαι
προσπορεύομαι, ---, ---, ---, ---, ---
προσρήγνυμι, m, 2t, p. 103 ῥήγνυμι/ῥήσσω
---, ---, προσέρηξα, ---, ---, ---
προστάσσω, s, 7t, p. 46 τάσσω
προστάσσω, ---, προσέταξα, ---, προστέταγμαι, ---
προστίθημι, m, 18t, p. 104 τίθημι
προστίθημι, ---, προσέθηκα, ---, ---, προσετέθην
προστρέχω, i, 3t, p. 132 τρέχω
προστρέχω, ---, προσέδραμον, ---, ---, ---
προσφέρω, i, 47t, p. 134 φέρω
προσφέρω, ---, προσήνεγκα, προσενήνοχα, ---, προσηνέχθην
προσφωνέω, c, 7t, p. 79 φωνέω
προσφωνῶ, ---, προσεφώνησα, ---, ---, ---
προσψαύω, r, 1t, p. 39 [ψαύω]
προσψαύω, ---, ---, ---, ---, ---
προσωπολημπτέω, c, 1t, p. 75
προσωπολημπτῶ, ---, ---, ---, ---, ---
προτείνω, l, 1t, p. 98 [τείνω]
---, ---, προέτεινα, ---, ---, ---
προτίθημι, m, 3t, p. 104 τίθημι
---, ---, προέθηκα, ---, ---, ---
προτρέπω, s, 1t, p. 46 [τρέπω]
---, ---, προέτρεψα, ---, ---, ---
προτρέχω, i, 2t, p. 132 τρέχω
---, ---, προέδραμον, ---, ---, ---
προϋπάρχω, r, 2t, p. 4 ἄρχω
προϋπάρχω, ---, ---, ---, ---, ---
προφέρω, i, 2t, p. 134 φέρω
προφέρω, ---, ---, ---, ---, ---
προφητεύω, r, 28t, p. 29
προφητεύω, προφητεύσω, ἐπροφήτευσα, ---, ---, ---
προφθάνω, r, 1t, p. 36 φθάνω
---, ---, προέφθασα, ---, ---, ---
προχειρίζομαι, rd, 3t, p. 38 [χειρίζω]
---, ---, προεχειρισάμην, ---, προκεχείρισμαι, ---
προχειροτονέω, c, 1t, p. 79 χειροτονέω
---, ---, ---, ---, προκεχειροτόνημαι, ---
πρωτεύω, r, 1t, p. 29
πρωτεύω, ---, ---, ---, ---, ---
πταίω, r, 5t, p. 30
πταίω, ---, ἔπταισα, ---, ---, ---

πτοέω, c, 2t, p. 75
---, ---, ---, ---, ---, ἐπτοήθην
πτύρω, l, 1t, p. 96
πτύρω, ---, ---, ---, ---, ---
πτύσσω, r, 1t, p. 30
---, ---, ἔπτυξα, ---, ---, ---
πτύω, r, 1t, p. 30
---, ---, ἔπτυσα, ---, ---, ---
πτωχεύω, r, 1t, p. 30
---, ---, ἐπτώχευσα, ---, ---, ---
πυκτεύω, r, 1t, p. 30
πυκτεύω, ---, ---, ---, ---, ---
πυνθάνομαι, id, 12t, p. 131
πυνθάνομαι, ---, ἐπυθόμην, ---, ---, ---
πυρέσσω, r, 2t, p. 30
πυρέσσω, ---, ---, ---, ---, ---
πυρόω, c, 6t, p. 85
πυρῶ, ---, ---, ---, πεπύρωμαι, ---
πυρράζω, r, 2t, p. 30
πυρράζω, ---, ---, ---, ---, ---
πωλέω, c, 22t, p. 75
πωλῶ, ---, ἐπώλησα, ---, ---, ---
πωρόω, c, 5t, p. 85
---, ---, ἐπώρωσα, ---, πεπώρωμαι, ἐπωρώθην

ῥαβδίζω, r, 2t, p. 30
ῥαβδίζω, ---, ---, ---, ---, ἐραβδίσθην
ῥαντίζω, r, 4t, p. 30
ῥαντίζω, ---, ἐράντισα, ---, ῥεράντισμαι, ---
ῥαπίζω, r, 2t, p. 30
ῥαπίζω, ---, ἐράπισα, ---, ---, ---
ῥέω, i, 1t, p. 131
---, ῥεύσω, ---, ---, ---, ---
ῥήγνυμι/ῥήσσω, m, 7t, p. 103
ῥήγνυμι, ῥήξω, ἔρρηξα, ---, ---, ---
ῥιζόω, c, 2t, p. 85
---, ---, ---, ---, ἐρρίζωμαι, ---
ῥιπίζω, r, 1t, p. 30
ῥιπίζω, ---, ---, ---, ---, ---
ῥιπτέω, i, 8t, p. 131
ῥιπτῶ, ---, ἔρριψα, ---, ἔρριμμαι, ---
ῥύομαι, rd, 17t, p. 31
ῥύομαι, ῥύσομαι, ἐρρυσάμην, ---, ---, ἐρρύσθην
ῥυπαίνω, l, 1t, p. 96
---, ---, ---, ---, ---, ἐρρυπάνθην
ῥώννυμι, m, 1t, p. 103
---, ---, ---, ---, ἔρρωμαι, ---

σαίνω, l, 1t, p. 96
σαίνω, ---, ---, ---, ---, ---
σαλεύω, r, 15t, p. 31
σαλεύω, ---, ἐσάλευσα, ---, σεσάλευμαι, ἐσαλεύθην
σαλπίζω, r, 12t, p. 31
σαλπίζω, σαλπίσω, ἐσάλπισα, ---, ---, ---
σαρόω, c, 3t, p. 85
σαρῶ, ---, ---, ---, σεσάρωμαι, ---
σβέννυμι, m, 6t, p. 103
σβέννυμι, σβέσω, ἔσβεσα, ---, ---, ---
σεβάζομαι, rd, 1t, p. 31
---, ---, ---, ---, ---, ἐσεβάσθην
σέβω, r, 10t, p. 31
σέβω, ---, ---, ---, ---, ---
σείω, r, 5t, p. 31
σείω, σείσω, ---, ---, ---, ἐσείσθην
σεληνιάζομαι, rd, 2t, p. 31
σεληνιάζομαι, ---, ---, ---, ---, ---
σημαίνω, l, 6t, p. 97
σημαίνω, ---, ἐσήμανα, ---, ---, ---
σημειόω, c, 1t, p. 85
σημειῶ, ---, ---, ---, ---, ---
σήπω, s, 1t, p. 45
---, ---, ---, σέσηπα, ---, ---, ---
σθενόω, c, 1t, p. 85
---, σθενώσω, ---, ---, ---, ---
σιγάω, c, 10t, p. 55
σιγῶ, ---, ἐσίγησα, ---, σεσίγημαι, ---
σινιάζω, r, 1t, p. 31
---, ---, ἐσινίασα, ---, ---, ---
σιωπάω, c, 10t, p. 55
σιωπῶ, σιωπήσω, ἐσιώπησα, ---, ---, ---
σκανδαλίζω, r, 29t, p. 31
σκανδαλίζω, ---, ἐσκανδάλισα, ---, ---, ἐσκανδαλίσθην
σκάπτω, r, 3t, p. 31
σκάπτω, ---, ἔσκαψα, ---, ---, ---
σκηνόω, c, 5t, p. 85
σκηνῶ, σκηνώσω, ἐσκήνωσα, ---, ---, ---
σκιρτάω, c, 3t, p. 56
---, ---, ἐσκίρτησα, ---, ---, ---
σκληρύνω, l, 6t, p. 97
σκληρύνω, ---, ἐσκλήρυνα, ---, ---, ἐσκληρύνθην
σκοπέω, c, 6t, p. 75
σκοπῶ, ---, ---, ---, ---, ---
σκορπίζω, r, 5t, p. 32
σκορπίζω, ---, ἐσκόρπισα, ---, ---, ἐσκορπίσθην
σκοτίζω, r, 5t, p. 32
---, ---, ---, ---, ---, ἐσκοτίσθην

σκοτόω, c, 3t, p. 86
---, ---, ---, ---, ἐσκότωμαι, ἐσκοτώθην
σκύλλω, l, 4t, p. 97
σκύλλω, ---, ---, ---, ἔσκυλμαι, ---
σμυρνίζω, r, 1t, p. 32
---, ---, ---, ---, ἐσμύρνισμαι, ---
σοφίζω, r, 2t, p. 32
---, ---, ἐσόφισα, ---, σεσόφισμαι, ---
σπαράσσω, r, 3t, p. 32
σπαράσσω, ---, ἐσπάραξα, ---, ---, ---
σπαργανόω, c, 2t, p. 86
---, ---, ἐσπαργάνωσα, ---, ἐσπαργάνωμαι, ---
σπαταλάω, c, 2t, p. 56
σπαταλῶ, ---, ἐσπατάλησα, ---, ---, ---
σπάω, c, 2t, p. 56
---, ---, ἔσπασα, ---, ---, ---
σπείρω, l, 52t, p. 97
σπείρω, ---, ἔσπειρα, ---, ἔσπαρμαι, ἐσπάρην
σπένδω, r, 2t, p. 32
σπένδω, ---, ---, ---, ---, ---
σπεύδω, r, 6t, p. 33
σπεύδω, ---, ἔσπευσα, ---, ---, ---
σπιλόω, c, 2t, p. 86
σπιλῶ, ---, ---, ---, ἐσπίλωμαι, ---
σπλαγχνίζομαι, rd, 12t, p. 33
σπλαγχνίζομαι, ---, ---, ---, ---, ἐσπλαγχνίσθην
σπουδάζω, r, 11t, p. 33
σπουδάζω, σπουδάσω, ἐσπούδασα, ---, ---, ---
σταυρόω, c, 46t, p. 86
σταυρῶ, σταυρώσω, ἐσταύρωσα, ---, ἐσταύρωμαι, ἐσταυρώθην
στέγω, r, 4t, p. 33
στέγω, ---, ---, ---, ---, ---
στέλλω, l, 2t, p. 97
στέλλω, ---, ---, ---, ---, ---
στενάζω, i, 6t, p. 131
στενάζω, ---, ἐστέναξα, ---, ---, ---
στερεόω, c, 3t, p. 86
στερεῶ, ---, ἐστερέωσα, ---, ---, ἐστερεώθην
στεφανόω, c, 3t, p. 86
στεφανῶ, ---, ἐστεφάνωσα, ---, ἐστεφάνωμαι, ---
στήκω, r, 10t, p. 33
στήκω, ---, ---, ---, ---, ---
στηρίζω, i, 13t, p. 131
---, στηρίξω, ἐστήριξα, ---, ἐστήριγμαι, ἐστηρίχθην
στίλβω, r, 1t, p. 33
στίλβω, ---, ---, ---, ---, ---
στοιχέω, c, 5t, p. 76
στοιχῶ, στοιχήσω, ---, ---, ---, ---

στρατεύομαι, rd, 7t, p. 33
στρατεύομαι, ---, ---, ---, ---, ---
στρατολογέω, c, 1t, p. 76
---, ---, ἐστρατολόγησα, ---, ---, ---
στρεβλόω, c, 1t, p. 86
στρεβλῶ, ---, ---, ---, ---, ---
στενοχωρέω, c, 3t, p. 76
στενοχωρῶ, ---, ---, ---, ---, ---
στρέφω, s, 21t, p. 45
στρέφω, ---, ἔστρεψα, ---, ---, ἐστράφην
στρηνιάω, c, 2t, p. 56
---, ---, ἐστρηνίασα, ---, ---, ---
στρωννύω, r, 6t, p. 33
στρωννύω, ---, ἔστρωσα, ---, ἔστρωμαι, ---
στυγνάζω, r, 2t, p. 34
στυγνάζω, ---, ἐστύγνασα, ---, ---, ---
συγκάθημαι, md, 2t, p. 101 κάθημαι
συγκάθημαι, ---, ---, ---, ---, ---
συγκαθίζω, r, 2t, p. 16 καθίζω
---, ---, συνεκάθισα, ---, ---, ---
συγκακοπαθέω, c, 2t, p. 67 κακοπαθέω
---, ---, συνεκακοπάθησα, ---, ---, ---
συγκακουχέομαι, cd, 1t, p. 68 κακουχέω
συγκακουχοῦμαι, ---, ---, ---, ---, ---
συγκαλέω, i, 8t, p. 122 καλέω
συγκαλῶ, ---, συνεκάλεσα, ---, ---, ---
συγκαλύπτω, r, 1t, p. 17 καλύπτω
---, ---, ---, ---, συγκεκάλυμμαι, ---
συγκάμπτω, r, 1t, p. 17 κάμπτω
---, ---, συνέκαμψα, ---, ---, ---
συγκαταβαίνω, i, 1t, p. 111 [βαίνω]
---, ---, συγκατέβην, ---, ---, ---
συγκατατίθημι, m, 1t, p. 104 τίθημι
---, ---, ---, ---, συγκατατέθειμαι, ---
συγκαταψηφίζομαι, rd, 1t, p. 39 ψηφίζω
---, ---, ---, ---, ---, συγκατεψηφίσθην
συγκεράννυμι, m, 2t, p. 102 κεράννυμι
---, ---, συνεκέρασα, ---, συγκεκέρασμαι, ---
συγκινέω, c, 1t, p. 68 κινέω
---, ---, συνεκίνησα, ---, ---, ---
συγκλείω, r, 4t, p. 18 κλείω
συγκλείω, ---, συνέκλεισα, ---, ---, ---
συγκοινωνέω, c, 3t, p. 69 κοινωνέω
συγκοινωνῶ ---, συνεκοινώνησα, ---, ---, ---
συγκομίζω, i, 1t, p. 123 κομίζω
---, ---, ---, ---, συνεκόμισα, ---, ---, ---
συγκρίνω, l, 3t, p. 94 κρίνω
συγκρίνω, ---, συνέκρινα, ---, ---, ---

συγκύπτω, r, 1t, p. 20 κύπτω
συγκύπτω, ---, ---, ---, ---, ---
συγχαίρω, l, 7t, p. 134 χαίρω
συγχαίρω, ---, ---, ---, ---, συνεχάρην
συγχέω, i, 1t, p. 135 [χέω]
συγχέω, ---, ---, ---, ---, ---
συγχράομαι, cd, 1t, p. 57 χράομαι
συγχρῶμαι, ---, ---, ---, ---, ---
συγχύννω, r, 4t, p. 39 [χύννω]
συγχύννω, ---, ---, ---, συγκέχυμαι, συνεχύθην
συζεύγνυμι, m, 2t, p. 101 [ζεύγνυμι]
---, ---, συνέζευξα, ---, ---, ---
συζητέω, c, 10t, p. 65 ζητέω
συζητῶ, ---, ---, ---, ---, ---
συζήω, i, 3t, p. 118 ζήω
συζῶ, συζήσω, ---, ---, ---, ---
συζωοποιέω, c, 2t, p. 66 ζωοποιέω
---, ---, συνεζωοποίησα, ---, ---, ---
συκοφαντέω, c, 2t, p. 76
---, ---, ἐσυκοφάντησα, ---, ---, ---
συλαγωγέω, c, 1t, p. 76
συλαγωγῶ, ---, ---, ---, ---, ---
συλάω, c, 1t, p. 56
---, ---, ἐσύλησα, ---, ---, ---
συλλαλέω, c, 6t, p. 69 λαλέω
συλλαλῶ, ---, συνελάλησα, ---, ---, ---
συλλαμβάνω, i, 16t, p. 124 λαμβάνω
συλλαμβάνω, συλλήμψομαι, συνέλαβον, συνείληφα, ---, συνελήμφθην
συλλέγω, r, 8t, p. 21 [λέγω]
συλλέγω, συλλέξω, συνέλεξα, ---, ---, ---
συλλογίζομαι, rd, 1t, p. 21 λογίζομαι
---, ---, συνελογισάμην, ---, ---, ---
συλλυπέω, c, 1t, p. 70 λυπέω
συλλυπῶ, ---, ---, ---, ---, ---
συμβαίνω, i, 8t, p. 111 [βαίνω]
συμβαίνω, ---, συνέβην, συμβέβηκα, ---, ---
συμβάλλω, i, 6t, p. 112 βάλλω
συμβάλλω, ---, συνέβαλον, ---, ---, ---
συμβασιλεύω, r, 2t, p. 5 βασιλεύω
---, συμβασιλεύσω, συνεβασίλευσα, ---, ---, ---
συμβιβάζω, r, 7t, p. 6 [βιβάζω]
συμβιβάζω, συμβιβάσω, συνεβίβασα, ---, ---, συνεβιβάσθην
συμβουλεύω, r, 4t, p. 7 βουλεύω
συμβουλεύω, ---, συνεβούλευσα, ---, ---, ---
συμμαρτυρέω, c, 3t, p. 70 μαρτυρέω
συμμαρτυρῶ, ---, ---, ---, ---, ---
συμμερίζω, r, 1t, p. 23 μερίζω
συμμερίζω, ---, ---, ---, ---, ---

συμμορφίζω, r, 1t, p. 23 [μορφίζω]
συμμορφίζω, ---, ---, ---, ---, ---
συμπαθέω, c, 2t, p. 74 [παθέω]
---, ---, συνεπάθησα, ---, ---, ---
συμπαραγίνομαι, id, 1t, p. 112 γίνομαι
---, ---, συμπαρεγενόμην, ---, ---, ---
συμπαρακαλέω, i, 1t, p. 122 καλέω
---, ---, ---, ---, ---, συμπαρεκλήθην
συμπαραλαμβανω, i, 4t, p. 124 λαμβάνω
συμπαραλαμβανω, ---, συμπαρέλαβον, ---, ---, ---
συμπάρειμι, i, 1t, p. 114 εἰμί
συμπάρειμι, ---, ---, ---, ---, ---
συμπάσχω, i, 2t, p. 128 πάσχω
συμπάσχω, ---, ---, ---, ---, ---
συμπέμπω, r, 2t, p. 27 πέμπω
---, ---, συνέπεμψα, ---, ---, ---
συμπεριλαμβάνω, i, 1t, p. 124 λαμβάνω
---, ---, συμπεριέλαβον, ---, ---, ---
συμπληρόω, c, 3t, p. 85 πληρόω
συμπληρῶ, ---, ---, ---, ---, ---
συμπίνω, i, 1t, p. 129 πίνω
---, ---, συνέπιον, ---, ---, ---
συμπίπτω, i, 1t, p. 130 πίπτω
---, ---, συνέπεσον, ---, ---, ---
συμπνίγω, s, 5t, p. 45 πνίγω
συμπνίγω, ---, συνέπνιξα, ---, ---, ---
συμπορεύομαι, rd, 4t, p. 29 πορεύομαι
συμπορεύομαι, ---, ---, ---, ---, ---
συμφέρω, i, 15t, p. 134 φέρω
συμφέρω, ---, συνήνεγκα, ---, ---, ---
σύμφημι, m, 1t, p. 104 φημί
σύμφημι, ---, ---, ---, ---, ---
συμφύω, s, 1t, p. 47 φύω
---, ---, ---, ---, ---, συμέφυην
συμφωνέω, c, 6t, p. 79 φωνέω
συμφωνῶ, συμφωνήσω, συνεφώνησα, ---, ---, συνεφωνήθην
συμψηφίζω, r, 1t, p. 39 ψηφίζω
---, ---, συνεψήφισα, ---, ---, ---
συνάγω, i, 59t, p. 108 ἄγω
συνάγω, συνάξω, συνήγαγον, ---, συνῆγμαι, συνήχθην
συναγωνίζομαι, rd, 1t, p. 2 ἀγωνίζομαι
---, ---, συνηγωνισάμην, ---, ---, ---
συναθροίζω, r, 2t, p. 2 ἀθροίζω
---, ---, συνήθροισα, ---, συνήθροισμαι, ---
συναίρω, l, 3t, p. 91 αἴρω
συναίρω, ---, συνῆρα, ---, ---, ---
συνακολουθέω, c, 3t, p. 59 ἀκολουθέω
συνακολουθῶ, ---, συνηκολούθησα, ---, ---, ---

συναλίζω, r, 1t, p. 3 ἁλίζω
συναλίζω, ---, ---, ---, ---, ---
συναλλάσσω, s, 1t, p. 43 ἀλλάσσω
συναλλάσσω, ---, ---, ---, ---, ---
συναναβαίνω, i, 2t, p. 111 [βαίνω]
---, ---, συνανέβην, ---, ---, ---
συνανάκειμαι, md, 7t, p. 102 κεῖμαι
συνανάκειμαι, ---, ---, ---, ---, ---
συναναμίγνυμι, m, 3t, p. 102 μίγνυμι
συναναμίγνυμι, ---, ---, ---, ---, ---
συναναπαύομαι, id, 1t, p. 128 παύω
---, ---, συνανεπαυσάμην, ---, ---, ---
συναντάω, c, 6t, p. 51 [ἀντάω]
---, συναντήσω, συνήντησα, ---, ---, ---
συναντιλαμβάνομαι, id, 2t, p. 124 λαμβάνω
συναντιλαμβάνομαι, ---, συναντελαβόμην, ---, ---, ---
συναπάγω, i, 3t, p. 108 ἄγω
συναπάγω, ---, ---, ---, ---, συναπήχθην
συναποθνήσκω, i, 3t, p. 119 θνήσκω
---, ---, συναπέθανον, ---, ---, ---
συναπόλλυμι, i, 1t, p. 127 [ὄλλυμι]
---, ---, συναπῶλον, ---, ---, ---
συναποστέλλω, l, 1t, p. 97 στέλλω
---, ---, συναπέστειλα, ---, ---, ---
συναρπάζω, i, 4t, p. 110 ἁρπάζω
---, ---, συνήρπασα, συνήρπακα, ---, συνηρπάσθην
συναυξάνω, i, 1t, p. 110 αὐξάνω
συναυξάνω, ---, ---, ---, ---, ---
συνδέω, c, 1t, p. 62 δέω
---, ---, ---, ---, συνδέδεμαι, ---
συνδοξάζω, r, 1t, p. 10 δοξάζω
---, ---, ---, ---, ---, συνεδοξάσθην
συνεγείρω, i, 3t, p. 114 ἐγείρω
---, ---, συνήγειρα, ---, ---, συνηγέρθην
σύνειμι, i, 2t, p. 114 εἰμί
σύνειμι, ---, ---, ---, ---, ---
σύνειμι, i, 1t, p. 115 [εἶμι]
σύνειμι, ---, ---, ---, ---, ---
συνεισέρχομαι, id, 2t, p. 117 ἔρχομαι
---, ---, συνεισῆλθον, ---, ---, ---
συνεπιμαρτυρέω, c, 1t, p. 70 μαρτυρέω
συνεπιμαρτυρῶ, ---, ---, ---, ---, ---
συνεπιτίθημι, m, 1t, p. 104 τίθημι
---, ---, συνεπέθηκα, ---, ---, ---
συνέπομαι, rd, 1t, p. 12 [ἕπομαι]
συνέπομαι, ---, ---, ---, ---, ---
συνεργέω, c, 5t, p. 63 [ἐργέω]
συνεργῶ, ---, ---, ---, ---, ---

συνέρχομαι, id, 30t, p. 117 ἔρχομαι
συνέρχομαι, ---, συνῆλθον, συνελήλυθα, ---, ---
συνεσθίω, i, 5t, p. 117 ἐσθίω
συνεσθίω, ---, συνέφαγον, ---, ---, ---
συνευδοκέω, c, 6t, p. 64 εὐδοκέω
συνευδοκῶ, ---, ---, ---, ---, ---
συνευωχέομαι, cd, 2t, p. 65 [εὐωχέομαι]
συνευωχοῦμαι, ---, ---, ---, ---, ---
συνεφίστημι, i, 1t, p. 121 ἵστημι
---, ---, συνεπέστην, ---, ---, ---
συνέχω, i, 12t, p. 118 ἔχω
συνέχω, συνέξω, συνέσχον, ---, ---, ---
συνήδομαι, rd, 1t, p. 14 [ἥδομαι]
συνήδομαι, ---, ---, ---, ---, ---
συνθάπτω, i, 2t, p. 118 θάπτω
---, ---, ---, ---, ---, συνετάφην
συνθλάω, c, 2t, p. 53 [θλάω]
---, ---, ---, ---, ---, συνεθλάσθην
συνθλίβω, r, 2t, p. 15 θλίβω
συνθλίβω, ---, ---, ---, ---, ---
συνθρύπτω, r, 1t, p. 15 [θρύπτω]
συνθρύπτω, ---, ---, ---, ---, ---
συνίημι, i, 26t, p. 119 [ἵημι]
συνίημι, συνήσω, συνῆκα, ---, ---, ---
συνίστημι, i, 16t, p. 121 ἵστημι/ἱστάνω
συνίστημι, ---, συνέστησα, συνέστηκα, ---, ---
συνοδεύω, r, 1t, p. 25 ὁδεύω
συνοδεύω, ---, ---, ---, ---, ---
σύνοιδα, i, 2t, p. 126 οἶδα
συνοικέω, c, 1t, p. 72 οἰκέω
συνοικῶ, ---, ---, ---, ---, ---
συνοικοδομέω, c, 1t, p. 72 οἰκοδομέω
συνοικοδομῶ, ---, ---, ---, ---, ---
συνομιλέω, c, 1t, p. 73 ὁμιλέω
συνομιλῶ, ---, ---, ---, ---, ---
συνομορέω, c, 1t, p. 73 [ὁμορέω]
συνομορῶ, ---, ---, ---, ---, ---
συνοράω, i, 2t, p. 127 ὁράω
---, ---, συνεῖδον, ---, ---, ---
συντάσσω, s, 3t, p. 46 τάσσω
---, ---, συνέταξα, ---, ---, ---
συντελέω, c, 6t, p. 77 τελέω
συντελῶ, συντελέσω, συνετέλεσα, ---, ---, συνετελέσθην
συντέμνω, i, 1t, p. 132 [τέμνω]
συντέμνω, ---, ---, ---, ---, ---
συντηρέω, c, 3t, p. 77 τηρέω
συντηρῶ, ---, ---, ---, ---, ---

συντίθημι, m, 3t, p. 104 τίθημι
---, ---, συνέθηκα, ---, συντέθειμαι, ---
συντρέχω, i, 3t, p. 132 τρέχω
συντρέχω, ---, συνέδραμον, ---, ---, ---
συντρίβω, s, 7t, p. 47 [τρίβω]
συντρίβω, συντρίψω, συνέτριψα, ---, συντέτριμμαι, συνετρίβην
συντυγχάνω, i, 1t, p. 133 τυγχάνω
---, ---, συνέτυχον, ---, ---, ---
συνυποκρίνομαι, ld, 1t, p. 94 κρίνω
---, ---, ---, ---, ---, συνυπεκρίθην
συνυπουργέω, c, 1t, p. 64 [ἐργέω]
συνυπουργῶ, ---, ---, ---, ---, ---
συνωδίνω, l, 1t, p. 98 ὠδίνω
συνωδίνω, ---, ---, ---, ---, ---
σύρω, l, 5t, p. 97
σύρω, ---, ---, ---, ---, ---
συσπαράσσω, r, 2t, p. 32 σπαράσσω
---, ---, συνεσπάραξα, ---, ---, ---
συσταυρόω, c, 5t, p. 86 σταυρόω
---, ---, ---, ---, συνεσταύρωμαι, συνεσταυρώθην
συστέλλω, l, 2t, p. 97 στέλλω
---, ---, συνέστειλα, ---, συνέσταλμαι, ---
συστενάζω, i, 1t, p. 131 στενάζω
συστενάζω, ---, ---, ---, ---, ---
συστοιχέω, c, 1t, p. 76 στοιχέω
συστοιχῶ, ---, ---, ---, ---, ---
συστρέφω, s, 2t, p. 45 στρέφω
συστρέφω, ---, συνέστρεψα, ---, ---, ---
συσχηματίζω, r, 2t, p. 34 [σχηματίζω]
συσχηματίζω, ---, ---, ---, ---, ---
σφάζω, i, 10t, p. 131
σφάζω, σφάξω, ἔσφαξα, ---, ἔσφαγμαι, ἐσφάγην
σφραγίζω, r, 15t, p. 34
σφραγίζω, ---, ἐσφράγισα, ---, ἐσφράγισμαι, ἐσφραγίσθην
σχίζω, r, 11t, p. 34
σχίζω, σχίσω, ἔσχισα, ---, ---, ἐσχίσθην
σχολάζω, r, 2t, p. 34
σχολάζω, ---, ἐσχόλασα, ---, ---, ---
σώζω, r, 106t, p. 34
σώζω, σώσω, ἔσωσα, σέσωκα, σέσῳσμαι, ἐσώθην
σωρεύω, r, 6t, p. 34
---, σωρεύσω, ---, ---, σεσώρευμαι, ---
σωφρονέω, c, 6t, p. 76
σωφρονῶ, ---, ἐσωφρόνησα, ---, ---, ---
σωφρονίζω, r, 1t, p. 34
σωφρονίζω, ---, ---, ---, ---, ---

ταλαιπωρέω, c, 1t, p. 76
---, ---, ἐταλαιπώρησα, ---, ---, ---
ταπεινόω, c, 14t, p. 86
ταπεινῶ, ταπεινώσω, ἐταπείνωσα, ---, ---, ἐταπεινώθην
ταράσσω, r, 17t, p. 34
ταράσσω, ---, ἐτάραξα, ---, τετάραγμαι, ἐταράχθην
ταρταρόω, c, 1t, p. 86
---, ---, ἐταρτάρωσα, ---, ---, ---
τάσσω, s, 8t, p. 46
τάσσω, ---, ἔταξα, ---, τέταγμαι, ---
τελειόω, c, 23t, p. 86
τελειῶ, ---, ἐτελείωσα, τετελείωκα, τετελείωμαι, ἐτελειώθην
τεφρόω, c, 1t, p. 86
---, ---, ἐτέφρωσα, ---, ---, ---
τελευτάω, c, 11t, p. 56
τελευτῶ, ---, ἐτελεύτησα, τετελεύτηκα, ---, ---
τεκνογονέω, c, 1t, p. 76
τεκνογονῶ, ---, ---, ---, ---, ---
τεκνοτροφέω, c, 1t, p. 76
---, ---, ἐτεκνοτρόφησα, ---, ---, ---
τελεσφορέω, c, 1t, p. 76
τελεσφορῶ, ---, ---, ---, ---, ---
τελέω, c, 28t, p. 76
τελῶ, ---, ἐτέλεσα, τετέλεκα, τετέλεσμαι, ἐτελέσθην
τετρααρχέω, c, 3t, p. 77
τετραταρχῶ, ---, ---, ---, ---, ---
τήκω, r, 1t, p. 35
τήκω, ---, ---, ---, ---, ---
τηρέω, c, 70t, p. 77
τηρῶ, τηρήσω, ἐτήρησα, τετήρηκα, τετήρημαι, ἐτηρήθην
τίθημι, m, 100t, p. 103
τίθημι, θήσω, ἔθηκα, τέθεικα, τέθειμαι, ἐτέθην
τίκτω, i, 18t, p. 132
τίκτω, τέξομαι, ἔτεκον, ---, --- ἐτέχθην
τίλλω, l, 3t, p. 98
τίλλω, ---, ---, ---, ---, ---
τιμάω, c, 21t, p. 56
τιμῶ, τιμήσω, ἐτίμησα, ---, τετίμημαι, ---
τιμωρέω, c, 2t, p. 77
τιμωρῶ, ---, ---, ---, ---, ἐτιμωρήθην
τίνω, r, 1t, p. 35
---, τίσω, ---, ---, ---, ---
τολμάω, c, 16t, p. 56
τολμῶ, τολμήσω, ἐτόλυησα, ---, ---, ---
τραυματίζω, r, 2t, p. 35
---, ---, ἐτραυμάτισα, ---, τετραυμάτισμαι, ---
τραχηλίζω, r, 1t, p. 35
---, ---, ---, ---, τετραχήλισμαι, ---

τρέμω, l, 3t, p. 98
τρέμω, ---, ---, ---, ---, ---
τρέφω, i, 9t, p. 132
τρέφω, ---, ἔθρεψα, ---, τέθραμμαι, ---
τρέχω, i, 20t, p. 132
τρέχω, ---, ἔδραμον, ---, ---, ---
τρίζω, r, 1t, p. 35
τρίζω, ---, ---, ---, ---, ---
τροποφορέω, c, 1t, p. 77
---, ---, ἐτροποφόρησα, ---, ---, ---
τρυγάω, c, 3t, p. 56
τρυγῶ, ---, ἐτρύγησα, ---, ---, ---
τρυφάω, c, 1t, p. 57
---, ---, ἐτρύφησα, ---, ---, ---
τρώγω, r, 6t, p. 35
τρώγω, ---, ---, ---, ---, ---
τυγχάνω, i, 12t, p. 133
τυγχάνω, ---, ἔτυχον, τέτυχα, ---, ---
τυμπανίζω, r, 1t, p. 35
---, ---, ---, ---, ---, ἐτυμπανίσθην
τύπτω, r, 13t, p. 35
τύπτω, ---, ---, ---, ---, ---
τυφλόω, c, 3t, p. 87
---, ---, ἐτύφλωσα, τετύφλωκα, ---, ---
τυφόω, c, 3t, p. 87
---, ---, ---, ---, τετύφωμαι, ἐτυφώθην
τύφω, r, 1t, p. 35
τύφω, ---, ---, ---, ---, ---

ὑβρίζω, r, 5t, p. 36
ὑβρίζω, ---, ὕβρισα, ---, ---, ὑβρίσθην
ὑγιαίνω, l, 12t, p. 98
ὑγιαίνω, ---, ---, ---, ---, ---
ὑδροποτέω, c, 1t, p. 77
ὑδροποτῶ, ---, ---, ---, ---, ---
ὑμνέω, c, 4t, p. 77
ὑμνῶ, ὑμνήσω, ὕμνησα, ---, ---, ---
ὑπάγω, i, 79t, p. 108 ἄγω
ὑπάγω, ---, ---, ---, ---, ---
ὑπακούω, i, 21t, p. 109 ἀκούω
ὑπακούω, ---, ὑπήκουσα, ---, ---, ---
ὑπαντάω, c, 10t, p. 51 [ἀντάω]
---, ---, ὑπήντησα, ---, ---, ---
ὑπάρχω, r, 60t, p. 4 ἄρχω
ὑπάρχω, ---, ---, ---, ---, ---
ὑπείκω, r, 1t, p. 11 εἴκω
ὑπείκω, ---, ---, ---, ---, ---

ὑπεραίρω, l, 3t, p. 91 αἴρω
ὑπεραίρω, ---, ---, ---, ---, ---
ὑπεραυξάνω, i, 1t, p. 110 αὐξάνω
ὑπεραυξάνω, ---, ---, ---, ---, ---
ὑπερβαίνω, i, 1t, p. 111 [βαίνω]
ὑπερβαίνω, ---, ---, ---, ---, ---
ὑπερβάλλω, i, 5t, p. 112 βάλλω
ὑπερβάλλω, ---, ---, ---, ---, ---
ὑπερεκτείνω, l, 1t, p. 98 [τείνω]
ὑπερεκτείνω, ---, ---, ---, ---, ---
ὑπερεκχύννω, r, 1t, p. 39 [χύννω]
ὑπερεκχύννω, ---, ---, ---, ---, ---
ὑπερεντυγχάνω, i, 1t, p. 133 τυγχάνω
ὑπερεντυγχάνω, ---, ---, ---, ---, ---
ὑπερέχω, i, 5t, p. 118 ἔχω
ὑπερέχω, ---, ---, ---, ---, ---
ὑπερνικάω, c, 1t, p. 55 νικάω
ὑπερνικῶ, ---, ---, ---, ---, ---
ὑπεροράω, i, 1t, p. 127 ὁράω
---, ---, υπερεῖδον, ---, ---, ---
ὑπερπερισσεύω, r, 2t, p. 28 περισσεύω
ὑπερπερισσεύω, ---, υπερεπερίσσευσα, ---, ---, ---
ὑπερπλεονάζω, r, 1t, p. 28 πλεονάζω
---, ---, ὑπερεπλεόνασα, ---, ---, ---
ὑπερυψόω, c, 1t, p. 87 ὑψόω
---, ---, ὑπερύψωσα, ---, ---, ---
ὑπερφρονέω, c, 1t, p. 78 φρονέω
ὑπερφρονῶ, ---, ---, ---, ---, ---
ὑπέχω, i, 1t, p. 118 ἔχω
ὑπέχω, ---, ---, ---, ---, ---
ὑπηρετέω, c, 3t, p. 77
ὑπηρετῶ, ---, ὑπηρέτησα, ---, ---, ---
ὑποβάλλω, i, 1t, p. 112 βάλλω
---, ---, ὑπέβαλον, ---, ---, ---
ὑποδείκνυμι, m, 6t, p. 100 δείκνυμι
---, ὑποδείξω, ὑπέδειξα, ---, ---, ---
ὑποδέχομαι, rd, 4t, p. 10 δέχομαι
---, ---, ὑπεδεξάμην, ---, ὑποδέδεγμαι, ---
ὑποδέω, c, 3t, p. 62 δέω
---, ---, ὑπέδησα, ---, ὑποδέδεγμαι, ---
ὑποζώννυμι, m, 1t, p. 101 ζώννυμι
ὑποζώννυμι, ---, ---, ---, ---, ---
ὑποκρίνομαι, ld, 1t, p. 94 κρίνω
ὑποκρίνομαι, ---, ---, ---, ---, ---
ὑπολαμβάνω, i, 5t, p. 124 λαμβάνω
ὑπολαμβάνω, ---, ὑπέλαβον, ---, ---, ---
ὑπολείπω, s, 1t, p. 44 λείπω
---, ---, ---, ---, ---, ὑπελείφθην

ὑπολιμπάνω, r, 1t, p. 21 [λιμπάνω]
ὑπολιμπάνω, ---, ---, ---, ---, ---
ὑπομένω, l, 17t, p. 95 μένω
ὑπομενω, ὑπομενῶ, ὑπέμεινα, ὑπομεμένηκα, ---, ---
ὑπομιμνήσκω, i, 7t, p. 125 μιμνήσκομαι
ὑπομιμνήσκω, ὑπομνήσω, ὑπέμνησα, ---, ---, ὑπεμνήσθην
ὑπονοέω, c, 3t, p. 71 νοέω
ὑπονοῶ, ---, ---, ---, ---, ---
ὑποπλέω, i, 2t, p. 130 πλέω
---, ---, ὑπέπλευσα, ---, ---, ---
ὑποπνέω, i, 1t, p. 131 πνέω
---, ---, ὑπέπνευσα, ---, ---, ---
ὑποστέλλω, l, 4t, p. 97 στέλλω
ὑποστέλλω, ---, ὑπέστειλα, ---, ---, ---
ὑποστρέφω, s, 35t, p. 45 στρέφω
ὑποστρέφω, ὑποστρέψω, ὑπέστρεψα, ---, ---, ---
ὑποστρωννύω, r, 1t, p. 33 στρωννύω
ὑποστρωννύω, ---, ---, ---, ---, ---
ὑποτάσσω, s, 38t, p. 46 τάσσω
ὑποτάσσω, ---, ὑπέταξα, ---, ὑποτέταγμαι, ὑπετάγην
ὑποτίθημι, m, 2t, p. 104 τίθημι
ὑποτίθημι, ---, ὑπέθηκα, ---, ---, ---
ὑποτρέχω, i, 1t, p. 133 τρέχω
---, ---, ὑπέδραμον, ---, ---, ---
ὑποφέρω, i, 3t, p. 134 φέρω
ὑποφέρω, ---, ὑπήνεγκα, ---, ---, ---
ὑποχωρέω, c, 2t, p. 79 χωρέω
ὑποχωρῶ, ---, ὑπεχώρησα, ---, ---, ---
ὑπωπιάζω, i, 2t, p. 129 πιάζω
ὑπωπιάζω, ---, ---, ---, ---, ---
ὑστερέω, c, 16t, p. 77
ὑστερῶ, ---, ὑστέρησα, ὑστέρηκα, ---, ὑστερήθην
ὑψηλοφρονέω, c, 1t, p. 77
ὑψηλοφρονῶ, ---, ---, ---, ---, ---
ὑψόω, c, 20t, p. 87
ὑψῶ, ὑψώσω, ὕψωσα, ---, ---, ὑψώθην

φαίνω, i, 31t, p. 133
φαίνω, φανοῦμαι, ἔφανα, ---, ---, ἐφάνην
φανερόω, c, 49t, p. 87
φανερῶ, φανερώσω, ἐφανέρωσα, ---, πεφανέρωμαι, ἐφανερώθην
φαντάζω, r, 1t, p. 36
φαντάζω, ---, ---, ---, ---, ---
φάσκω, r, 3t, p. 36
φάσκω, ---, ---, ---, ---, ---
φείδομαι, rd, 10t, p. 36
φείδομαι, φείσομαι, ἐφεισάμην, ---, ---, ---

φέρω, i, 66t, p. 133
φέρω, οἴσω, ἤνεγκα, ---, ---, ἠνέχθην
φεύγω, i, 29t, p. 134
φεύγω, φεύξομαι, ἔφυγον, ---, ---, ---
φημί, m, 66t, p. 104
φημί, ---, ---, ---, ---, ---
φθάνω, r, 7t, p. 36
---, ---, ἔφθασα, ---, ---, ---
φθέγγομαι, rd, 3t, p. 36
φθέγγομαι, ---, ἐφθεγξάμην, ---, ---, ---
φθείρω, l, 9t, p. 98
φθείρω, φθερῶ, ἔφθειρα, ---, ---, ἐφθάρην
φθονέω, c, 1t, p. 78
φθονῶ, ---, ---, ---, ---, ---
φιλέω, c, 25t, p. 78
φιλῶ, ---, ἐφίλησα, πεφίληκα, ---, ---
φιλοπρωτεύω, r, 1t, p. 37
φιλοπρωτεύω, ---, ---, ---, ---, ---
φιλοτιμέομαι, cd, 3t, p. 78
φιλοτιμοῦμαι, ---, ---, ---, ---, ---
φιμόω, c, 7t, p. 87
φιμῶ, φιμώσω, ἐφίμωσα, ---, πεφίμωμαι, ἐφιμώθην
φλογίζω, r, 2t, p. 37
φλογίζω, ---, ---, ---, ---, ---
φλυαρέω, c, 1t, p. 78
φλυαρῶ, ---, ---, ---, ---, ---
φοβέω, c, 95t, p. 78
φοβῶ, ---, ---, ---, ---, ἐφοβήθην
φονεύω, r, 12t, p. 37
φονεύω, φονεύσω, ἐφόνευσα, ---, ---, ---
φορέω, c, 6t, p. 78
φορῶ, φορέσω, ἐφόρεσα, ---, ---, ---
φορτίζω, r, 2t, p. 37
φορτίζω, ---, ---, ---, πεφόρτισμαι, ---
φραγελλόω, c, 2t, p. 87
---, ---, ἐφραγέλλωσα, ---, ---, ---
φράζω, r, 1t, p. 37
---, ---, ἔφρασα, ---, ---, ---
φράσσω, s, 3t, p. 47
---, ---, ἔφραξα, ---, ---, ἐφράγην
φρεναπατάω, c, 1t, p. 57
φρεναπατῶ, ---, ---, ---, ---, ---
φρίσσω, r, 3t, p. 37
φρίσσω, ---, ---, ---, ---, ---
φρονέω, c, 26t, p. 78
φρονῶ, φρονήσω, ---, ---, ---, ---
φροντίζω, r, 1t, p. 37
φροντίζω, ---, ---, ---, ---, ---

φρουρέω, c, 4t, p. 78
φρουρῶ, φρουρήσω, ---, ---, ---, ---
φρυάσσω, r, 1t, p. 37
---, ---, ἐφρύαξα, ---, ---, ---
φυλακίζω, r, 1t, p. 37
φυλακίζω, ---, ---, ---, ---, ---
φυλάσσω, r, 3t, p. 37
φυλάσσω, φυλάξω, ἐφύλαξα, ---, ---, ---
φυσιόω, c, 7t, p. 87
φυσιῶ, ---, ---, ---, πεφυσίωμαι, ἐφυσιώθην
φυτεύω, r, 11t, p. 37
φυτεύω, ---, ἐφύτευσα, ---, πεφύτευμαι, ἐφυτεύθην
φύω, s, 3t, p. 47
φύω, ---, ---, ---, ---, ἐφύην
φωνέω, c, 43t, p. 78
φωνῶ, φωνήσω, ἐφώνησα, ---, ---, ἐφωνήθην
φωτίζω, r, 11t, p. 37
φωτίζω, φωτίσω, ἐφώτισα, ---, πεφώτισμαι, ἐφωτίσθην

χαίρω, l, 74t, p. 134
χαίρω, ---, ---, ---, ---, ἐχάρην
χαλάω, c, 7t, p. 57
χαλῶ, χαλάσω, ἐχάλασα, ---, ---, ἐχαλάσθην
χαλιναγωγέω, c, 2t, p. 79
χαλιναγωγῶ, ---, ἐχαλιναγώγησα, ---, ---, ---
χαρίζομαι, rd, 23t, p. 38
χαρίζομαι, χαρίσομαι, ἐχαρισάμην, ---, κεχάρισμαι, ἐχαρίσθην
χαριτόω, c, 2t, p. 87
---, ---, ἐχαρίτωσα, ---, κεχαρίτωμαι, ---
χειμάζω, r, 1t, p. 38
χειμάζω, ---, ---, ---, ---, ---
χειραγωγέω, c, 2t, p. 79
χειραγωγῶ, ---, ---, ---, ---, ---
χειροτονέω, c, 2t, p. 79
---, ---, ἐχειροτόνησα, ---, ---, ἐχειροτονήθην
χλευάζω, r, 1t, p. 38
χλευάζω, ---, ---, ---, ---, ---
χολάω, c, 1t, p. 57
χολῶ, ---, ---, ---, ---, ---
χορηγέω, c, 2t, p. 79
χορηγῶ, χορηγήσω, ---, ---, ---, ---
χορτάζω, r, 16t, p. 38
χορτάζω, ---, ἐχόρτασα, ---, ---, ἐχορτάσθην
χράομαι, cd, 11t, p. 57
χρῶμαι, ---, ἐχρησάμην, ---, κέχρημαι, ---
χρῄζω, r, 5t, p. 38
χρῄζω, ---, ---, ---, ---, ---

χρηματίζω, r, 9t, p. 38
χρηματίζω, χρηματίσω, ἐχρημάτισα, ---, κεχρημάτισμαι, ἐχρηματίσθην
χρηστεύομαι, rd, 1t, p. 38
χρηστεύομαι, ---, ---, ---, ---, ---
χρίω, r, 5t, p. 38
---, ---, ἔχρισα, ---, ---, ---
χρονίζω, r, 5t, p. 38
χρονίζω, χρονίσω, ---, ---, ---, ---
χρονοτριβέω, c, 1t, p. 79
---, ---, ἐχρονοτρίβησα, ---, ---, ---
χρυσόω, c, 2t, p. 87
---, ---, ---, ---, κεχρύσωμαι, ---
χωρέω, c, 10t, p. 79
χωρῶ, ---, ἐχώρησα, ---, ---, ---
χωρίζω, r, 13t, p. 39
χωρίζω, χωρίσω, ἐχώρισα, ---, κεχώρισμαι, ἐχωρίσθην

ψάλλω, l, 5t, p. 98
ψάλλω, ψαλῶ, ---, ---, ---, ---
ψεύδομαι, rd, 12t, p. 39
ψεύδομαι, ---, ἐψευσάμην, ---, ---, ---
ψευδομαρτυρέω, c, 5t, p. 79
ψευδομαρτυρῶ, ψευδομαρτυρήσω, ἐψευδομαρτύρησα, ---, ---, ---
ψηλαφάω, c, 4t, p. 57
ψηλαφῶ, ---, ἐψηλάφησα, ---, ---, ---
ψηφίζω, r, 2t, p. 39
ψηφίζω, ---, ἐψήφισα, ---, ---, ---
ψύχω, i, 1t, p. 135
---, ---, ---, ---, ---, ἐψύγην
ψωμίζω, r, 2t, p. 39
ψωμίζω, ---, ἐψώμισα ---, ---, ---
ψώχω, r, 1t, p. 39
ψώχω, ---, ---, ---, ---, ---

ὠδίνω, l, 3t, p. 98
ὠδίνω, ---, ---, ---, ---, ---
ὠνέομαι, cd, 1t, p. 80
---, ---, ὠνησάμην, ---, ---, ---
ὠρύομαι, rd, 2t, p. 39
ὠρύομαι, ---, ---, ---, ---, ---
ὠφελέω, c, 15t, p. 80
ὠφελῶ, ὠφελήσω, ὠφέλησα, ---, ---, ὠφελήθην

LINGUIST'S SOFTWARE GREEK FONTS
FOR MACINTOSH® OR WINDOWS®:
LaserGreek® in Unicode $99.95 each
($50 for each additional typestyle, or $249.95 for all typestyles)

SymbolGreekU: Ἐν ἀρχῇ ἦν ὁ λόγος, καὶ ὁ λόγος ἦν πρὸς τὸν θεόν, καὶ θεὸς ἦν ὁ λόγος.

SymbolGreekTU: πᾶς

GraecaUBSU: Ἐν ἀρχῇ ἦν ὁ λόγος, καὶ ὁ λόγος ἦν πρὸς τὸν θεόν, καὶ θεὸς ἦν ὁ λόγος.

OdysseaU: Ἐν ἀρχῇ ἦν ὁ λόγος, καὶ ὁ λόγος ἦν πρὸς τὸν θεόν, καὶ θεὸς ἦν ὁ λόγος.

HellenicaU: Ἐν ἀρχῇ ἦν ὁ λόγος, καὶ ὁ λόγος ἦν πρὸς τὸν θεόν, καὶ θεὸς ἦν ὁ λόγος.

PayneU: Ἐν ἀρχῇ ἦν ὁ λόγος, καὶ ὁ λόγος ἦν πρὸς τὸν θεόν, καὶ θεὸς ἦν ὁ λόγος.

UncialLSU: Ἐν ἀρχῇ ἦν ὁ λόγος, καὶ ὁ λόγος ἦν πρὸς τὸν θεόν, καὶ θεὸς ἦν ὁ λόγος.

Or GraecaU • GreekSansLSU

LaserGreek Converter $79.95
Converts LaserGreek ASCII text to Unicode format.

LINGUIST'S SOFTWARE, Tel: (425) 775-1130 • Fax: (425) 771-5911
Web: www.linguistsoftware.com • E-mail: sales@linguistsoftware.com

LINGUIST'S SOFTWARE GREEK FONTS
FOR MACINTOSH® OR WINDOWS®:

LaserGreek® ASCII Fonts $99.95
(Professional Package - $149.95 for LaserGreek & LaserGreek II)

SymbolGreekII: Οὕτως γὰρ ἠγάπησεν ὁ θεὸς τὸν κόσμον, ὥστε τὸν υἱὸν τὸν μονογενῆ ἔδωκεν
GraecaII: Οὕτως γὰρ ἠγάπησεν ὁ θεὸς τὸν κόσμον,
GreekSansLS: Οὕτως γὰρ ἠγάπησεν ὁ θεὸς τὸν κόσμον,
UncialII: ΟΥ̓ΤΩΣ ΓᾺΡ ἨΓΆΠΗΣΕΝ Ὁ ΘΕῸΣ ΤῸΝ ΚΌΣΜΟΝ,
NominaSacraLS: θ̄ε̄ θ̄ῡ θ̄ς̄ θ̄ω̄ θ̄ν̄ κ̄ς̄ ῑϒ̄ χ̄ω̄ ϒ̄ν̄ π̄ν̄ᾱ

LaserGreek® II ASCII Fonts $99.95
(Professional Package - $149.95 for LaserGreek & LaserGreek II)

GraecaUBS: *Οὕτως γὰρ ἠγάπησεν ὁ θεὸς τὸν κόσμον*
OdysseaUBS: Οὕτως γὰρ ἠγάπησεν ὁ θεὸς τὸν κόσμον,
Odyssea: Οὕτως γὰρ ἠγάπησεν ὁ θεὸς τὸν κόσμον
  OdysseaExtras: ϰ λ ϻ Ϙ ϛ ϝ ᾱ ᾰ ʻ ῑ ῐ ῐ ῠ ῠ ῡ ῡ ς
Payne: Οὕτως γὰρ ἠγάπησεν ὁ θεὸς τὸν κόσμον
PayneCondensed: Οὕτως γὰρ ἠγάπησεν ὁ θεὸς τὸν κόσμον
Hellenica: Οὕτως γὰρ ἠγάπησεν ὁ θεὸς τὸν κόσμον
  HellenicaExtras: ϰ λ ϻ Ϙ ϛ ϝ ᾱ ᾰ ʻ ῑ ῐ ῐ ῠ ῠ ῡ ῡ ς
GreekSansII: Οὕτως γὰρ ἠγάπησεν ὁ θεὸς τὸν κόσμον

Greek NT or LXX in Unicode or ASCII $59.95
LaserGreek CrossPlatform Converter $79.95
Converts LaserGreek ASCII text between Mac and Windows Word documents.

Greek NT Manuscripts Font Collection
VaticanusLS • SinaiticusLS • AlexandrinusLS • WashingtonianusLS BezaeLS
BezaeLatinLS • P46LS • P66LS • POxy4401LS • P39LS • IkonyaLS

LINGUIST'S SOFTWARE, Tel: (425) 775-1130 • Fax: (425) 771-5911
Web: www.linguistsoftware.com • E-mail: sales@linguistsoftware.com

CLASSIC REPRINTS

Classic Reprints, an imprint of Vance Publications, reprints old and rare books and journal articles that are considered profitable for scholarly research. Most of the works selected for reprint are from the nineteenth century, and have therefore been out of print for many years. All books and articles are digitally reproduced "as is"—nothing has been altered or updated. The reader should note, however, that the quality of the finished copy ultimately depends on the quality of the original, which in some cases is a well-worn book or journal or a microfilm copy of the same. The opinions expressed by each individual author are not necessarily those of Vance Publications. Books are reproduced one original page per page, and, in the case of books with small original pages, two original pages per page (never two pages sideways), in a slightly enlarged 8.5 x 11 size with a hardcover binding and endsheets. The title and author of the book appear on the spine. All books are printed on demand and shipped postage paid. Order online or directly from Vance Publications.

The following partial list of available Classic Reprints of Greek New Testaments and works related to Greek, with abbreviated descriptions, is taken from the complete list of 120 titles in the Classic Reprints series. A complete description of these and all the other titles is available on the Vance Publications website.

79. *Codex Vaticanus*, 286 pages, $50.00
Originally published in 1868, this is a reprint of a facsimile of the New Testament of the fourth-century Greek Codex Vaticanus.

80. *Codex Sinaiticus*, 298 pages, $50.00
Originally published in 1911, this is a reprint of a facsimile of the New Testament of the fourth-century Greek Codex Sinaiticus.

83. *The Greek New Testament*, Hermann Freiherr von Soden, 1913, 464 pages, $50.00
A reprint of von Soden's Greek New Testament. Includes an introduction in German and a critical apparatus.

84. *The Greek New Testament*, F. H. A. Scrivener, Fourth Edition, 1906, 615 pages, $60.00
Using the 1550 edition of Stephanus as the text, this edition of the Greek New Testament by Scrivener contains an apparatus listing the variations of this text from the texts of other editors.

85. *The Greek New Testament*, Bonaventura and Abraham Elzevir, First Edition, 1624, 874 pages, $50.00
A reprint of the first Elzevir edition of the Greek New Testament.

86. *The Greek New Testament*, Robert Stephanus, First Edition, 1546, 898 pages, $50.00
A reprint of the first edition of the Greek New Testament by Robert Stephanus (1503-1559).

87. *The Greek New Testament*, Robert Stephanus, Third Edition, 1550, 507 pages, $50.00
A reprint of the third edition of the Greek New Testament by Robert Stephanus (1503-1559).

88. *An Introduction to the Textual Criticism of the New Testament*, Benjamin B. Warfield, Seventh Edition, 1907, 231 pages, $35.00
Benjamin Warfield (1851-1921), professor for many years at Princeton Theological Seminary, was one of the leading biblical scholars of his day.

89. *The Greek New Testament*, Theodore Beza, 1565, 1168 pages, $100.00
A reprint of the first edition of the Greek New Testament by Theodore Beza (1519-1605). Includes in parallel columns the Latin Vulgate and Beza's own Latin translation.

90. *The Greek New Testament*, Desiderius Erasmus, First Edition, 1516, 583 pages, $60.00
A reprint of the first edition of the Greek New Testament by Desiderius Erasmus (1466-1536). Includes his own Latin translation in a parallel column.

91. *The Greek New Testament*, Desiderius Erasmus, Third Edition, 1522, 630 pages, $60.00
A reprint of the third edition of the Greek New Testament by Desiderius Erasmus (1466-1536). Includes his own Latin translation in a parallel column.

96, *An Account of the Printed Text of the Greek New Testament*, Samuel Prideaux Tregelles, 1854, 391 pages, $40.00
A history of the printed editions of the Greek New Testament.

97. *The Greek New Testament*, Theodore Beza, 1588, 1128 pages, $100.00
A reprint of the third edition of the Greek New Testament by Theodore Beza (1519-1605). Includes in parallel columns the Latin Vulgate and Beza's own Latin translation.

98. *The Greek New Testament*, Theodore Beza, 1598, 1193 pages, $100.00
A reprint of the fourth edition of the Greek New Testament by Theodore Beza (1519-1605). Includes in parallel columns the Latin Vulgate and Beza's own Latin translation.

104. *A New Method of Learning with Greater Facility the Greek Tongue*, Claude Lancelot, Two Volumes in One, 1655, 754 pages, $50.00
Translated from the French by Thomas Nugent in 1746, this is a reprint of one of the oldest, and most exhaustive, Greek grammars ever written.